Daniela Kebel
Andrea Lammert

101 Reisen für die Seele

Relaxen & Genießen in aller Welt

IWANOWSKI'S *i* **REISEBUCHVERLAG**

Im Internet:

www.iwanowski.de

Hier finden Sie aktuelle Infos zu allen Titeln, interessante Links – und vieles mehr!

Einfach anklicken!

Schreiben Sie uns, wenn sich etwas verändert hat. Wir sind bei der Aktualisierung unserer Bücher auf Ihre Mithilfe angewiesen: **info@iwanowski.de**

101 Reisen für die Seele
1. Auflage 2011

© Reisebuchverlag Iwanowski GmbH
Salm-Reifferscheidt-Allee 37 • 41540 Dormagen
Telefon 0 21 33/26 03 11 • Fax 0 21 33/26 03 33
info@iwanowski.de
www.iwanowski.de

Titelfoto: Wharariki Beach, Hauke Dressler/Look-Foto, München
Alle anderen Farbabbildungen: siehe Bildnachweis Seite 244
Idee und Texte: Daniela Kebel und Andrea Lammert
Redaktionelles Copyright, Konzeption und dessen ständige Überarbeitung: Michael Iwanowski
Layout: Aiga Kornemann, Bielefeld
Umschlagkarten: Astrid Fischer-Leitl, München
Titelgestaltung: Studio Schübel, München

Gesamtherstellung: B.o.s.s Druck und Medien, Goch
Printed in Germany

ISBN: 978-3-86197-011-8

Inhaltsverzeichnis

EINLEITUNG   10

DEUTSCHLAND   12

1 Allgäu / Ottobeuren: Mit Musik in andere Sphären gleiten   14
2 Allgäu: Vollmondkäse, Wünschelruten und Kräuterhexen   16
3 Baltrum: Mit sich und dem Meer allein   18
4 Bayerischer Wald: Collagen aus Moos und Stöcken   20
5 Darß: Märchenwald und Strandkunstwerke   22
6 Eifel: Das Kloster Himmerod als Kraftort   24
7 Hamburg: Fernwehplatz Strandperle   26
8 Hiddensee: Klar werden beim Fasten   28
9 Lüneburger Heide: Klein-Tibet in der Lüneburger Heide   30
10 München: Still ruht der Wald   32
11 München: Ein Moment der Musik   34
12 Niederrhein: Stille im Nebel   36
13 Ostsee: Töpfern in Warnsdorf   38
14 Rheingau: Fernab vom Rheinsteig   40
15 Schwarzwald / Glottertal: Steine sammeln im Fluss   42
16 Spessart: Die Welt der kleinen Teilchen   44
17 Thüringen: In die Höhe am Rennsteig   46
18 Weimar: Den Geist Goethes spüren   48
19 Westerwaldsteig: Wenn die Seele grün sieht   50

ÖSTERREICH   52

20 Tirol / Serfaus: Höhenangst überwinden   54
21 Kärnten / Irschen: Efeu gegen Hühneraugen   56
22 Kärnten / Klagenfurt: Inspirierender Wörthersee   58
23 Kärnten / Lammersdorfer Hütte: 60
   Edelsteinrausch beim Wandern
24 Zillertal: Urlaub für die Ohren   62

SCHWEIZ   64

25 Graubünden / Safiental: Luxus des Nichterreichbar-Seins   66
26 St. Gallen / Rapperswil: Eine Woche im Kapuzinerkloster   68
27 Tessin / St. Gotthard: Romantik im Bergmassiv   70
28 Wallis / Visperterminen: Eigenwillige Bräuche   72

EUROPA   74

29 Dänemark / Grönland: Klare Luft und anderer Rhythmus   76
30 Frankreich / Provence: Mystische Maria Magdalena   78
31 Frankreich / Voiteur: Abtauchen in die Natur   80
32 Griechenland / Karpathos: Tanzen wie die Griechen   82
33 Griechenland / Samos: Ein Kloster in den Bergen   84
34 Griechenland / Kos: Eine Reise in die griechische Antike   86

35 Großbritannien / Glastonbury: Feen und der Heilige Gral 88
36 Italien / Modena: Oase des Genusses 90
37 Italien / Sabina: Malen und Bildhauern 92
38 Italien / Salina: Insel der duftenden Wälder 94
39 Italien / Schnalstal: Mit 3000 Schafen im Schnee 96
40 Italien / Stromboli: Trekking mit Lava-Fontänen 98
41 Niederlande / Amsterdam: Grübeln und Philosophieren 100
42 Niederlande / Texel: Insel der Ruhe 102
43 Norwegen / Arktis: Die Stille am Gletscher 104
44 Norwegen / Arktis: Grenzerfahrung im ewigen Eis 106
45 Portugal / Centro: Lavendelhonig und Gemeinschaftsöfen 108
46 Portugal / Madeira: Einen Hauch von 110
Geschichte erwandern
47 Schottland / Äußere Hebriden: Wo die Seele fliegen lernt 112
48 Schweden / Småland: Naturwald und ein Baum-Uropa 114
49 Spanien / La Graciosa: Eine Insel der Einsamkeit 116
50 Spanien / Fuerteventura: Die Kraft des Meeres 118
51 Spanien / Gibraltar: Das Geheimnis der Wale 120

AFRIKA 122
52 Ägypten / Kalawy: Schillernde Unterwasserwelt 124
53 Marokko / Taroudant: Schutzpulver und Liebesparfum 126
54 Mauritius: Im Tal der Flughunde 128
55 Namibia: Panoramablick auf die Kalahari 130
56 Namibia: Die Magie der Wüste 132
57 Indischer Ozean / Rodrigues: Der Zeit entrückt 134
58 Sambia: Allein unter Löwen 136
59 Simbabwe / Sambia: Sprung in die Victoria Falls 138
60 Südafrika: Mit dem Heißluftballon über Kapstadt 140
61 Tansania / Ngorongoro: Löwenjagd und pinkfarbener See 142
62 Tansania / Mount Meru: Zauber der Langsamkeit 144
63 Tansania / Sansibar: Malen, wo der Pfeffer wächst 146

AMERIKA 148
64 Brasilien / Bélem: Gänsehaut am Ver-o-peso-Markt 150
65 Chile: Glück und großes Glitzern in der Atacamawüste 152
66 Kanada und Alaska: Träumen unter den Polarlichtern 154
67 Karibik / Jamaika: Mystische Blue Mountains 156
68 Karibik / St. Lucia: Adrenalin im Regenwald 158
69 Peru: Der Geist der Anden 160
70 USA / Miami: Zurück zum Ursprung 162

ASIEN 164
71 China: Yangtze – der magische Fluss 166
72 Indien / Madras: Schicksalsblätter der Stechpalme 168
73 Indien / Rajasthan: Reisehoroskop im Zug 170
74 Indonesien / Bali: Vor der Ruhe kommt das Abenteuer! 172

75 Japan: Seelenreise auf dem Pilgerweg — 174
76 Japan: Kyoto – Die Großstadt ausblenden — 176
77 Nepal und China / Kailash: Wandern um den heiligsten Berg der Welt — 178
78 Singapur: Innehalten in der Metropole — 180
79 VAE / Abu Dhabi: Märchen aus 1001 Nacht — 182
80 VAE / Sharjah: Der strenge Nachbar Dubais — 184

AUSTRALIEN — **186**
81 Australien / Adelaide: Einmal Cowboy sein — 188

BESONDERE ORTE — **190**
82 Dänemark / Fünen: Versinken in Kindheitsträumen — 192
83 Deutschland / Neißeaue: Schlafen in den Baumkronen — 194
84 Frankreich / Ségur-le-Château: Genießen wie Gott in Frankreich — 196
85 Italien / Balestrino: Verwunschenes Dorf in Ligurien — 198

SPAS — **200**
86 Deutschland / Kiel: Algen für Haut und Magen — 202
87 Deutschland / München: Wellness nach den Jahreszeiten — 204
88 Griechenland / Kos: Wellness wie bei den alten Griechen — 206
89 Indien / Kerala: Entgiften mit Ayurveda — 208
90 Italien / Meran: Wollwellness und Traubenpeeling — 210
91 Japan: Onsen – Bad mit göttlicher Wirkung — 212
92 Kanada: Ste. Anne's Spa – Ein heilendes Fleckchen Erde — 214
93 Mauritius: Ein Spa wie eine Burg — 216
94 Namibia: Mit einer Giraffe ins Spa — 218
95 Österreich / Mühlviertel: Aviva – nur für Singles — 220
96 Österreich / Turracher Höhe: Entspannung für Eltern — 222
97 Peru / The Spa at Valle Sagrado: Im Schatten der Anden — 224
98 Sambia: Kafue Nationalpark – Wellness in der Wildnis — 226
99 Türkei: Antalya – Behandlungen, die die Seele berühren — 228
100 USA / Florida: Im Spa von Al Capone — 230
101 Zypern: Wo die Liebesgöttin den Wellen entstieg — 232

ANHANG — **234**
Auszeit in Berlin: Interview mit Markus Dallmann — 236
Berlins Orte für die Seele — 238
Auszeit-Reisen in Namibia: Interview mit Beate Schindler — 240
Auszeit in der Natur: Interview mit Michael Haeser — 242
Bildnachweis — 244
Autorinnen — 245

Reisen für die Seele
nach Kategorien

Kategorien

AKTIV DEN KOPF FREI MACHEN

52 **Ägypten / Kalawy –** 124
Schillernde Unterwasserwelt am Roten Meer
81 **Australien / Adelaide: Einmal Cowboy sein** 188
71 **China / Yangtze – der magische Fluss** 166
1 **Deutschland /Ottobeuren –** 14
Mit Musik in andere Sphären gleiten
15 **Deutschland / Glottertal: Steine sammeln im Fluss** 42
12 **Deutschland / Niederrhein: Stille im Nebel** 36
17 **Deutschland / Thüringen:** 46
In die Höhe am Thüringer Rennsteig
32 **Griechenland / Karpathos: Tanzen wie die Griechen** 82
74 **Indonesien / Bali: Vor der Ruhe kommt das Abenteuer!** 172
22 **Österreich / Klagenfurt: Inspirierender Wörthersee** 58
20 **Österreich / Serfaus: Höhenangst überwinden** 54
60 **Südafrika: Mit dem Heißluftballon über Kapstadt** 140

AUSZEIT MIT BEDACHT

3 **Deutschland / Baltrum: Mit sich und dem Meer allein** 18
8 **Deutschland / Hiddensee: Klar werden beim Fasten** 28
6 **Deutschland / Himmerod: Das Kloster als Kraftort** 24
9 **Deutschland: Klein-Tibet in der Lüneburger Heide** 30
55 **Namibia / Kalahari: Panoramablick auf die Wüste** 130
24 **Österreich / Zillertal: Urlaub für die Ohren** 62
26 **Schweiz / Rapperswil: Eine Woche im Kapuzinerkloster** 68
27 **Schweiz / St. Gotthard: Romantik im Bergmassiv** 70
49 **Spanien / La Graciosa: Eine Insel der Einsamkeit** 116
62 **Tansania / Mount Meru: Zauber der Langsamkeit** 144
80 **VAE / Sharjah: Der strenge Nachbar Dubais** 184

PILGERN UND WANDERN

5 **Deutschland / Darß: Märchenwald und Strandkunstwerke** 22
14 **Deutschland / Rheingau: Fernab vom Rheinsteig** 40
19 **Deutschland / Westerwaldsteig: Wenn die Seele grün sieht** 50
30 **Frankreich / Provence: Mystische Maria Magdalena** 78
33 **Griechenland / Samos: Ein Kloster in den Bergen** 84
38 **Italien / Salina: Insel der duftenden Wälder** 94
39 **Italien / Schnalstal: Mit 3000 Schafen im Schnee** 96
40 **Italien / Stromboli: Trekking mit Lava-Fontänen** 98
75 **Japan: Seelenreise auf dem Pilgerweg** 174
54 **Mauritius: Im Tal der Flughunde** 128

77   Nepal und China / Kailash: Wandern um   178
     den heiligsten Berg der Welt
46   Portugal / Madeira: Einen Hauch von   110
     Geschichte erwandern
25   Schweiz / Graubünden: Luxus des Nichterreichbar-Seins   66

NATUR PUR

57   Afrika / Indischer Ozean / Rodrigues: Der Zeit entrückt   134
68   Amerika / Karibik / St. Lucia: Adrenalin im Regenwald   158
65   Chile / Atacamawüste: Glück und großes Glitzern   152
29   Dänemark / Grönland: Klare Luft und anderer Rhythmus   76
 4   Deutschland / Bayerischer Wald: Collagen   20
     aus Moos und Stöcken
31   Frankreich / Voiteur: Abtauchen in die Natur   80
66   Kanada und Alaska: Träumen unter den Polarlichtern   154
56   Namibia: Die Magie der Wüste   132
42   Niederlande / Texel: Insel der Ruhe   102
43   Norwegen / Arktis: Die Stille am Gletscher   104
44   Norwegen / Arktis: Grenzerfahrung im ewigen Eis   106
69   Peru / Cusco: Der Geist der Anden   160
58   Sambia: Allein unter Löwen   136
59   Sambia / Simbabwe: Sprung in die Victoria Falls   138
50   Spanien / Fuerteventura: Die Kraft des Meeres   118
51   Spanien / Gibraltar: Das Geheimnis der Wale   120
61   Tansania / Ngorongoro: Löwenjagd und pinkfarbener See   142
70   USA / Miami: Zurück zum Ursprung   162
79   VAE / Abu Dhabi: Märchen aus 1001 Nacht   182

ALTES WISSEN UND MYSTISCHE ORTE

67   Amerika / Jamaika: Mystische Blue Mountains   156
 2   Deutschland / Allgäu: Vollmondkäse,   16
     Wünschelruten und Kräuterhexen
18   Deutschland / Weimar: Den Geist Goethes spüren   48
34   Griechenland / Kos: Eine Reise in die griechische Antike 86
35   Großbritannien / Glastonbury: Feen und der Heilige Gral 88
72   Indien / Madras: Schicksalsblätter der Stechpalme   168
73   Indien / Rajasthan: Reisehoroskop im Zug   170
53   Marokko / Taroudant: Schutzpulver und Liebesparfum   126
21   Österreich / Irschen: Efeu gegen Hühneraugen   56
23   Österreich / Lammersdorfer Hütte: 60
     Edelsteinrausch beim Wandern
45   Portugal / Centro: Lavendelhonig und Gemeinschaftsöfen 108
47   Schottland / Äußere Hebriden: Wo die Seele fliegen lernt 112
48   Schweden / Småland: Naturwald und ein Baum-Uropa   114
28   Schweiz / Wallis: Visperterminen – Eigenwillige Bräuche 72

OASEN IM TRUBEL

64	Brasilien / Bélem: Gänsehaut am Ver-o-peso-Markt	150
7	Deutschland / Hamburg: Fernwehplatz Strandperle	26
11	Deutschland / München: Ein Moment der Musik	34
10	Deutschland / München: Still ruht der Wald	32
36	Italien / Modena: Oase des Genusses	90
76	Japan: Kyoto – Die Großstadt ausblenden	176
41	Niederlande / Amsterdam: Grübeln und Philosophieren	100
78	Singapur: Innehalten in der Metropole	180

KREATIV SEIN

13	Deutschland / Ostsee: Töpfern in Warnsdorf	38
16	Deutschland / Spessart: Die Welt der kleinen Teilchen	44
37	Italien / Sabina: Malen und Bildhauern	92
63	Tansania / Sansibar: Malen, wo der Pfeffer wächst	146

BESONDERE ORTE 190

82	Dänemark / Fünen: Versinken in Kindheitsträumen	192
83	Deutschland / Neißeaue: Schlafen in den Baumkronen	194
84	Frankreich / Ségur-le-Château: Genießen wie Gott in Frankreich	196
85	Italien / Balestrino: Verwunschenes Dorf in Ligurien	198

SPAS 200

86	Deutschland / Kiel: Algen für Haut und Magen	202
87	Deutschland / München: Wellness nach den Jahreszeiten	204
88	Griechenland / Kos: Wellness wie bei den alten Griechen	206
89	Indien / Kerala: Entgiften mit Ayurveda	208
90	Italien / Meran: Wollwellness und Traubenpeeling	210
91	Japan: Onsen – Bad mit göttlicher Wirkung	212
92	Kanada: Ste. Anne's Spa – Ein heilendes Fleckchen Erde	214
93	Mauritius: Ein Spa wie eine Burg	216
94	Namibia: Mit einer Giraffe ins Spa	218
95	Österreich / Mühlviertel: Aviva – nur für Singles	220
96	Österreich / Turracher Höhe: Entspannung für Eltern	222
97	Peru / The Spa at Valle Sagrado: Im Schatten der Anden	224
98	Sambia: Kafue Nationalpark – Wellness in der Wildnis	226
99	Türkei: Antalya – Behandlungen, die die Seele berühren	228
100	USA /Florida: Im Spa von Al Capone	230
101	Zypern: Wo die Liebesgöttin den Wellen entstieg	232

Einleitung

*Massagen sind Balsam
für Körper, Seele und Geist*

Reise zu den Inseln der Ruhe

Einfach mal abschalten – mehr und mehr Menschen haben Sehnsucht nach Pausen der Immer-Erreichbar-Gesellschaft. So groß ist dieser Wunsch, dass dafür sogar in den vergangenen Jahren ein neuer Begriff entstanden ist: Entschleunigung. Dauernde Erreichbarkeit und unbegrenzte Mobilität fordern ihren Preis – den der Ruhe und Entspannung. Viele suchen eine Auszeit, einmal ganz ohne Handy und Internet. Möglichkeiten für einen solchen Rückzug gibt es wie Sand am Meer, aber was verbirgt sich eigentlich hinter Meditation, Schweigen im Kloster und Mantra-Singen? Und wo kann man was am besten lernen?

Dieses Buch kann auch nur einige Schlaglichter setzen. Dabei wurden vor allem Orte herausgepickt, an denen die Reisenden in eine andere Welt eintauchen und ihre Alltagshektik einmal hinter sich lassen. Von der Wanderung, der Weite in der Namib-Wüste, einem Malkurs in Italien bis hin zum Leben in einem afrikanischem Dorf. Inseln der Ruhe gibt es überall. Seine ganz persönliche zu finden, aber ist die große Kunst.

Eine ganz andere Art, den Kopf frei zu bekommen, bietet die Natur, der in diesem Buch großer Raum unter dem Stichwort „Natur pur" eingeräumt ist. Es ist immer eine gute Idee, sich den Wind um die Nase wehen zu lassen und den Blick weit schweifen zu lassen. Die Wellen des Meeres bringen Stressgeplagten Beruhigung. Kaum an einem anderen Ort kann man seine Gedanken besser ordnen und sich in den Fluss des Lebens bringen, als dort. So gehört es zur einfachsten Art, einmal abzuschalten, einen Tag ans Meer zu fahren. Nein, nicht im Sommer, wenn alle dort in der Sonne liegen. Sondern im Herbst oder Winter, wenn man den Strand für sich allein hat und der Wind den Kopf frei weht. Momente wie diese hat unser Buch für seine Leser eingefangen. Kommen Sie mit auf unsere Reise zu den Inseln der Ruhe.

Möchte man eine Zeit lang schweigen, so haben sich auch in Deutschland die Klöster für Besucher geöffnet. Schweigen bedeutet dabei wirklich, die ganze Zeit über nichts zu sagen, höchstens zu singen oder zu beten.

Vielen Menschen gelingt es mit der Meditation. Sie soll den Geist frei machen vom täglichen Gedankenwirrwarr. Östliche Kulturen wie etwa die der Japaner, Tibeter oder Inder sehen in der Meditation sogar ein Mittel zur Bewusstseinserweiterung. Im religiösen Sinne soll die Versenkung dazu dienen, dem Göttlichen in sich näher zu kommen. Gar nicht so weit entfernt, schon in der Lüneburger Heide gibt es die Möglichkeit, sich dieser fernöstlichen Lehre zu nähern. Auch Yoga, die alte indische Lehre, ist eine Form des In-sich-Kehrens. Grundprinzip ist dabei, mit einer speziellen Art der Gymnastik den Körper so anzuspannen, dass die Konzentration auf die Muskeltätigkeit übergeht und der Kopf frei wird. Im Kapitel Spas werden im In- und Ausland einige Möglichkeiten der Entspannung über Yoga aufgezeigt.

Daniela Kebel   Andrea Lammert

Deutschland

Der erste Schritt zur Entspannung:
Frische Luft und weiter Blick

❶ Ottobeuren –
Mit Musik in andere Sphären gleiten

Kann ein Kloster wirklich eine ganz eigene Ruhe entfalten? Welche Auswirkungen hat es, wenn Mönche seit 1200 Jahren am selben Ort leben? Eine Woche im bayerischen Kloster Ottobeuren beantwortet diese Fragen. Wer zu den Benediktinern fährt, sollte **Musikmeditation** versuchen, denn dazu bietet das Kloster spezielle Wochen an.

„Wichtigste Voraussetzung für die Musikmeditation ist das innere Schweigen", bereitet der Mann am Telefon die Anrufer auf den Aufenthalt im Kloster Ottobeuren vor. Damit trifft er den Nagel auf den Kopf, denn die meisten Menschen kommen ins Benediktinerkloster, um ihre Gedanken zu ordnen. Diese vielen inneren Stimmen mal zum Schweigen zu bringen – und **einfach nichts zu denken**. Genau das ist das Schwierigste in Ottobeuren. Wer auf dem Holzboden sitzt, und dem Adagio in B-Dur aus Beethovens 9. Sinfonie nicht nur zuhört, sondern sich die Zeit nimmt, sich in die Töne zu versenken, entdeckt ganz neue Welten. **Klänge und Zwischentöne** tauchen plötzlich auf. Ganz unmittelbar ohne den Filter des Verstandes sprechen die Melodien Herz und Gefühle an. Dabei entfachen sie sogar heilende Wirkung, denn längst ist bewiesen, dass Musik sich positiv auf den Heilungsprozesses etwa von Schlaganfall auswirkt. Also hinsetzen auf den Holzboden, den Blick von den alten Ölgemälden an den weißen Klosterwänden abwenden und Ohren auf!

Schöner Anblick: die Benediktinerabtei von oben

Zunächst aber heißt es, locker werden. Kursleiter Michael Swiatkowski, ausgebildeter Musikpädagoge, setzt seine Schüler zunächst in die Stille, lässt sie **auf den eigenen Atem hören**. Die zumeist durch Bürosessel verrenkten Körper dehnen sich anschließend mit Yogaübungen wie Baum, Katze oder Kobra in einen biegsameren Zustand zurück, bevor sie endlich die ersten Klänge hören.

Eine ganze Woche lang verbringen die Teilnehmer dieser Kurse im Kloster Ottobeuren mitten im Allgäu. Doch die Umgebung wird mit jeder Stunde nebensächlicher – es erwachen plötzlich ganz andere Qualitäten. Bei Spaziergängen oder beim Frühstück klingt plötzlich Beethovens 9. im inneren Ohr. Die **Sinne sind geschärft**, vor allem natürlich der Hörsinn, aber auch alle anderen – Musikmeditation ist eine Schulung der Achtsamkeit.

Obwohl die **barocke Klosteranlage Ottobeuren** zu den gut besuchten Sehenswürdigkeiten des Allgäus gehört, entfliehen die Seminarteilnehmer dem

Für eine Woche kann man sich hier ins Kloster zurückziehen

touristischen Trubel. Sie sind hinter den Klostermauern, wenn die Besucher die goldgelben Deckengemälde bewundern, durch die Kreuzgänge schlendern oder ungläubig die mehr als 800 Fenster bestaunen. Die Touristen sind weit weg. Schließlich hat die Anlage mehr als 200 Räume – da finden sich immer Orte der Stille.

Wem das noch nicht genug Einkehr ist, taucht tiefer ins Klosterleben ein und besucht die Mönche bei ihren Exerzitien. Denn dass die Musikmeditation ausgerechnet in Ottobeuren stattfindet, hat seinen Grund: Noch immer sitzen dort 22 Mönche zusammen und beten viermal am Tag in gregorianischen Gesängen. Das erste Mal im Morgengrauen um 5.30 Uhr.

(AL)

Informationen: Die Musikmeditationswochen sind buchbar über Studien-Kontakt-Reisen, Postfach 201051, 53140 Bonn, Tel. 0228-935730, Preise ab 695 Euro für sechs Übernachtungen, Vollpension und Kurs. www.skr.de.

Kontakt: Das Kloster Ottobeuren direkt erreichen Reisende unter dieser Adresse: Benediktinerabtei Ottobeuren, Sebastian-Kneipp-Str. 1, 87724 Ottobeuren, Tel. 08332-7980; www.abtei-ottobeuren.de.

② Allgäu – Vollmondkäse, Wünschelruten und Kräuterhexen

Wer mit Lamas durchs Allgäu wandert, übernimmt bald die meditative Gelassenheit der Tiere. Nicht nur das: Im Süden Deutschlands zeigt sich **allerlei Mystisches am Wegesrand**. Wünschelrutengänger und Kräuterhexen weihen in ihr Wissen ein.

Lama Pedro schaut verdächtig linkisch. Und vor allem zuckt seine Lippe so verräterisch. „Nein, er spuckt nicht", beruhigt Pedros Besitzer Leo Fellmann seine Wandergruppe, mit der er heute auf **Lamatrekking** geht. Doch der Ruf eilt dem Spucktier voraus, die Besucher weichen sofort zur Seite. Pedro hingegen wirft selbstbewusst den Kopf zurück, trägt sein zotteliges Brustfell zu Schau und setzt seine gepolsterten Schwielenfüße auf den befestigten Weg – ganz geräuschlos. Selbst Menschen in Wanderstiefeln sind lauter als Lamas. Und hektischer, was die sensiblen Tiere gar nicht mögen. Solch eine Unruhe der Menschen überträgt sich sofort, warnt Fellmann.

Also ruhig bleiben, runterkommen und gehen. Jeder Schritt bringt Entspannung. Schon eine halbe Stunde nach dem Start zieht **meditative Gelassenheit** in die Gruppe ein, eine Wanderung durch die Wiesen mit Panoramablick auf die Bergketten und ganz in der Ferne den Niedersonthofner See.

Eine Landschaft mit Zauber – und Bewohnern, die altes Wissen bewahren. In Oberstaufen verrät Käsermeister Georg Gründl, warum er seine Kupferkessel am liebsten bei Vollmond anheizt und **in den Dörfern hüten Kräuterfrauen die Rezepte** für Cremes und Heiltees auf pflanzlicher Basis.

Kräuterfrau Gertrud Dippon führt gerade ihre Gäste durch einen dichten Wald bei Niedersonthofen, pflückt im Vorbeigehen ein gezacktes Blatt und erklärt: „Giersch ist ungeliebt bei Gartenbesit-

Sorgt für Beruhigung: Lamatrekking

zern. Aber wussten Sie, dass man seine Wurzeln wie Spargel essen kann und dass sie bei Gelenkschmerzen helfen?" Mit mütterlichem Witz führt die Pflanzenkundlerin ihre Wandergruppe über knorrige Wurzeltreppen an den Hängen des Bergbuchenwaldes. Die Geschichten lenken die Aufmerksamkeit der Zuhörer auf sich. Die Kräuterfrau zeigt auf eine spitzblättrige Pflanze: „**Bingelkraut, gut gegen Husten und Warzen**. Und haben Sie mal Brennnesseln ins Brot gebacken? Das schmeckt gut und fördert den Mineralienhaushalt."

Und wer von Mystischem jetzt immer noch nicht genug hat, geht **mit einem Wünschelrutengänger auf Schnuppertour.** Am besten in Buchenberg, dort gibt es extra einen Wanderweg als Training für Wünschelrutengänger. „Das kann eigentlich jeder lernen", ist „Wasserschmecker" Fritz Eiba überzeugt, als er seine Gäste über den dortigen Wasserschmeckerwanderweg führt. „Wichtig ist nur, dass man sich oben ganz frei schalten kann", scherzt er und tippt an seine Stirn. Aber genau dafür sind die Reisenden ja ins Allgäu gekommen.

(AL)

Meditation

Mitten in der Einsamkeit der Berge versteckt sich das buddhistische Kloster und Meditationshaus Metta Vihara. Hier können sich Erfahrene zum Meditieren und zu längeren Einzelretreats zurückziehen. Kontakt übers Buddha-Haus, Meditations- und Studienzentrum e.V., Tel. 08376-502, www.buddha-haus.de

Wasserfall bei Niedersonthofen: Ideal zum Füße kühlen

Information: Kräuterwanderungen, Wünschelrutentouren und Abende, bei denen man eigenes Räucherwerk herstellt, sind buchbar über die Touristeninformation des Allgäuer Seenlandes, Rathausplatz 4, 87477 Sulzberg, Tel. 08376-920119, www.sulzberg.de.

INFO

❸ Baltrum – Mit sich und dem Meer allein

Die kleinste der ostfriesischen Inseln ist nur fünf Kilometer lang und autofrei. Feriengäste können hier wirklich nicht viel machen, denn es gibt noch nicht mal einen Fahrradverleih, dafür **Gelassenheit im Überfluss.**

Das ist **Entschleunigung pur**: Endlose Strandwanderungen, einen gemütlichen Ostfriesentee bei „Kluntje" trinken oder eine Tüte Nordseekrabben kaufen und sich zum Pulen der Schalentiere ans Meer setzen. Warten, bis die ersten Möwen am Himmel kreisen, um die Reste zu ergattern. Immer wieder fällt der Blick auf die Linie zwischen Meer und Himmel sowie das wechselnde Farbspiel des Horizonts. Manchmal taucht ein Schiff auf, meistens aber ist es ruhig, nur die Wellen schlagen klackernd Steine aneinander und reiben sie jahrzehntelang unermüdlich zu feinem Sand. Ein Rhythmus, der auch Baltrums knapp 500 Einwohner erreicht hat. Sie leben hier, wie Menschen am Meer so sind: gelassen und stressfrei. Und sie haben diesen weiten Blick in den Augen.

Wer mehr Aktivität braucht, wandert mit einem Guide **durchs Watt bis ans Festland** zum Hafen Neßmersiel – dort ist aber genauso wenig los wie auf der Insel selbst. Doch vielleicht zeigen sich ja heute die Seehunde, wenn die Wanderer an den Sandbänken vorbeikommen und halten ihre pelzigen Bäuche in die wärmende Sonne. Sie machen es vor, wie Entspannung geht.

Selbst zur Hochsaison im Sommer bleiben die Touristen auf Baltrum fast unbemerkt. Wer nicht gerade an den nahen Hauptstrand geht, sondern etwas weiter weg in den Dünen ein Plätzchen fin-

Zuckersand und Weite – entspanntes Strandleben auf Baltrum

Wer vom Meer nicht genug bekommt, fährt mit dem Fischkutter raus

det, ist **mit sich und der Welt allein**. Schaut den Wolken zu, wie sie ihre Form verändern – so wie er es vielleicht als Kind zuletzt getan hat. Kommt ins Grübeln über den Nutzen von Handys und die Vorzüge des einfachen Lebens.

Noch tiefere Ruhe bietet die Yogalehrerin Regine Moschner an. Die gebürtige Baltrumerin kommt regelmäßig in den Sommermonaten auf die Insel und hat verschiedene **Yogaseminare** im Programm, darunter die Woche der Achtsamkeit, Prana-Vidya-Heilyoga oder auch Hormonyoga für Frauen in den Wechseljahren. Wer sich einmal selbst verwöhnen will, geht ins inseleigene **Schwimmbad „Sindbad"** und bucht eine Thalasso-Therapie mit halbstündigem Meersalzmilchbad und anschließender Entspannungsmassage. Meerholung pur!

(AL)

Hotel: Im kleinen Naturhotel Baltrum (DZ ab 72 Euro pro Person) gibt es nicht nur gesundes Essen, sondern auch Bewegungsmeditationen und Massagen.

Kontakt: Naturhotel Baltrum, Ostdorf 171, 26579 Baltrum, Tel. 04939-273980, www.naturhotel-baltrum.de, www.yoga-integral.de und www.baltrum.de.

INFO

④ Bayerischer Wald – Collagen aus Moos und Stöcken

Der bayerische Wald gehört zu den letzten wilden Landschaften Deutschlands. Hier können Reisende eine Auszeit der besonderen Art erleben und ein Wochenende lang **Kunstwerke in der Natur bauen**.

Mückenstiche, Sonnenbrand auf der Nase und total dreckige Fingernägel – aber glücklich. Zwei Tage mit den Künstlern Wolfgang Buntrock und Frank Nordiek in der Natur bedeuten totales Abschalten. Für Handy und Internet bleibt einfach keine Zeit, wenn man mit den beiden LandArt-Künstlern über Wald und Wiesen streift, **auf der Suche nach Farnblättern, dünnen Ästen oder runden Kieseln**. Dann durchforsten Erwachsene den Wald und machen Dinge, die sonst nur Kinder tun: Im Matsch wühlen, auf Lehm die eigenen Handabdrücke studieren oder Schatten mit Reihen aus Tannenzapfen und Bucheckern umrahmen.

Ein Wochenende lang dreht sich alles nur um die Natur. Jeder sucht sich sein Plätzchen im Wald und baut ein Kunstwerk aus Fundstücken. Das können in Reih und Glied gepflanzte Heidelbeersetzlinge ebenso sein wie ordentlich zu einem Kreis gebogene Haselnusszweige oder ein liebevoll mit Blüten verzierter Baumstamm. Mit jedem Handgriff rücken Mensch und Natur wieder näher zusammen.

Besprechung unter Weiden

Die Teilnehmer nehmen Bäume, Wiesen und Berge ganz anders wahr. Ihre Hände fühlen unregelmäßig gewachsene, raue Äste oder streichen über die faszinierende Symmetrie eines Farnblattes, bevor es kunstvoll zu Collagen zusammenlegen.

Diese Arbeit an dem eigenen Kunstwerk ist **eine Form der Meditation, der Versenkung und inneren Einkehr.** „Ein Wochenende im Wald schärft nicht nur die eigene Wahrnehmung, sondern führt zu einer ganz besonderen Verbindung mit der Natur", erklärt der Landschaftskünstler Wolfgang Buntrock, während wenige Meter weiter zwei Frauen Moos zu einem Kreis formen. Egal, ob es regnet, schneit oder die Sonne

Kunstwerke aus Farnblättern

vom Himmel brennt, die Teilnehmer des Workshops verbringen die Tage im Wald und bearbeiten ihr Kunstwerk, von dem hinterher nicht mehr als ein Foto übrigbleibt. **Eine gute Übung, um loszulassen und über die Vergänglichkeit nachzudenken**.

Damit die Neukünstler nach dem Seminar nicht völlig aus dem natürlichen Leben herausgerissen werden, wartet auf sie eine **ungewöhnliche Art der Übernachtung:** Sie schlafen in Baumhäusern oder Erdhöhlen – Wildniscamp nennt der Nationalpark Bayerischer Wald seine europaweit einzigartige Vielfalt der Übernachtungsmöglichkeiten. Vom vietnamesischen Langhaus über Nomadenzelte bis hin zu Heuhütten reichen die Varianten der Unterkünfte.

(AL)

Informationen: Die Waldwochenenden sind buchbar über WaldZeit e.V., Reutecker Str. 21b, 94518 Spiegelau, Tel. 08553-92 06 52. Ein Wochenende kostet 265 Euro; www.waldzeit.de. Die Künstler Wolfgang Buntrock und Frank Nordiek bieten auch in anderen Gegenden Deutschlands solche Auszeiten an. Weidestraße 22/24, 30453 Hannover, Tel. 0511-3351442; www.landart.de.

Kontakt: Tourismusverband Ostbayern e. V. , Luitpoldstr. 20, 93047 Regensburg, Tel. 0941-585390; www.bayerischer-wald.de.

INFO

5 Darß – Märchenwald und Strandkunstwerke

Dieser Wald zaubert Märchenbilder in den Kopf: Der Darßwald in Mecklenburg-Vorpommern ist verwunschen. Bei einer Wanderung dort kommen **Fantasie und Kreativität** wieder in Gang.

Durch die dichten Baumkronen der Buchen bricht sich das Sonnenlicht und landet golden in nadeldünnen Streifen vor den Füßen der Wanderer. Manche der Baumstämme sehen aus, als hätte jemand **Masken von alten weisen Menschen** in sie hineingeschnitzt – doch das waren Wind und Regen. Seildicke Lianen baumeln von den Ästen, auf dem Boden wächst hoher Adlerfarn. Sofort landen die Gedanken in anderen Zeiten, schweifen in Sagen und Legenden ab. Weiter rechts beginnt der Bruchwald, Roterlen baden in Sumpfpfützen. So sehen eigentlich nur Wälder in Fantasiefilmen aus. Aber mitten in Deutschland? Einfach nur staunen und hindurch wandern, am besten frühmorgens, bevor die anderen Touristen unterwegs sind. Wer den Weg zum Leuchtturm wählt und gar erst um 10 Uhr startet, hat zumindest im Sommer kaum eine Chance auf Alleinsein.

Wie eine Skulptur: Baum am Ostseestrand

Schon ein Stückchen fernab dieses Hauptweges wird es ruhiger und mit etwas Glück haben Reisende die Westküste der kleinen Halbinsel ganz für sich allein. Hier ragen **Baumskelette wie Kunstwerke** in die Luft, niemand räumt sie weg, täglich gestalten sie neue Formen, verlieren Äste. Wind und salzige Luft schmirgeln die Rinde ab. Diese braunen Holzstücke vor blendend weißem Sandstrand – ein Bild zum Malen schön. Da die meisten Touristen nur zum Leuchtturm und zurück wandern und die Gegend um den Weststrand vom urigen Wald abgeschirmt ist, kann es hier sehr einsam sein. Den Waldrand säumen krüppelige Kiefern. Manche haben Äste wie Leitern – es ist verlockend bis in die Krone zu klettern. Warum machen das eigentlich nur Kinder? Die schaumigen Wellen der Ostsee rauschen an den Strand und spülen Algen und Holzstücke auf den Sand. Hinsetzen, **kleine Kunstwerke aus Strandgut bauen und dabei über Vergänglichkeit nachdenken**. Oder einfach nur aufs Meer schauen und nichts hören außer dem Wind und den Wellen. Die Gedanken reichen weit, der Atem wird tiefer. Jetzt setzt Entspannung ein. Die salzige Luft auf der Haut genießen.

Auf dem Weg zum Strand von Ahrenshoop

Mit genügend Wasser und Proviant im Rucksack lässt sich hier ein ganzer Tag verbringen. Am Weststrand entlang wandern, einen kurzen Abstecher in den Wald machen und mit Glück sogar einen Kranich hören. Oder das heisere Röhren eines Rothirsches, der seine Nebenbuhler damit vertreiben will. Auf dem Weg zurück genießen Urlauber das Gefühl, Zeit zu haben, endlich mal keine Termine auf dem Tagesprogramm. Doch ewig ruft das Meer, deswegen geht es ganz langsam am Ufer zurück. Einzige Beschäftigung ist nach Muscheln und schönen Steinen zu suchen und auf Bernsteinfunde zu hoffen. Das Gold der Ostsee versteckt sich am liebsten in Algenknäueln. Danach vielleicht einen Abstecher ins **Künstlerdorf Ahrenshoop** und später dann im Hafen von Barth Fischbrötchen essen. Und im Biohotel ganz gesund schlemmen und schlafen. Eine Wohltat für Körper und Geist.

(AL)

Kontakt: Tourismusverband Fischland–Darß-Zingst, Barther Straße 16, 18314 Löbnitz, Tel. 038324-6400, www.darss.net.
Hotel-Tipp: Hotel Walfischhaus, Übernachtung: Doppelzimmer pro Person ab 62 Euro, Chausseestr. 74, 18375 Borna. Darß, Tel. 038234-55784; www.walfischhaus.de.
Künstlerdorf Ahrenshoop, weitere Informationen unter www.kunstmuseum-ahrenshoop.de.

INFO

⑥ Eifel – Das Kloster Himmerod als Kraftort

Die Zisterzienserabtei Himmerod in Rheinland-Pfalz bietet Besuchern das **Erlebnis der Einkehr**. Ob als Herberge für eine Nacht, als Meditation für ein Wochenende oder länger – die Mauern eines Klosters üben eine besondere Kraft auf den Geist aus.

Andreas ist seit einer Woche in der Eifel unterwegs. Für ihn ist Wandern vor allem eine körperliche Herausforderung, er testet, wie weit ihn seine Beine tragen, wenn er mit dem Rucksack unterwegs ist. Während seiner Wandertour sucht er abends eine kleine Pension oder ein gemütliches Hotel. Im Wald entdeckt Andreas immer wieder Neues, hat ausprobiert, ob er sich besser per Kompass, Karte oder GPS-Gerät orientieren kann. „Das ist ein bisschen wie eine Schnitzeljagd", erzählt er lachend.

Nach einer Woche entdeckt er das Zisterzienserkloster Himmerod. Umgeben von hohen Bäumen, sind gerade einmal die Dächer mit den kleinen Erkern und Türmchen zu sehen. Andreas ist neugierig, das Tor steht offen, rechts der kleine Klosterladen. Während er sich interessiert umschaut, spricht ihn ein Mönch an: **„Suchen Sie eine Übernachtungsmöglichkeit?"** Andreas fragt überrascht zurück: „Haben Sie denn Zimmer?" Die Antwort des Zisterziensermönchs ist einen leises „Folgen Sie mir, bitte."

Das Kloster ist umgeben von herrlichen Apfelbäumen

Die beiden betreten das Hauptgebäude, in einem Vorraum stehen bereits mehrere Paare Wanderschuhe. „Sie sind nicht unser einziger Gast", sagt der Mönch schmunzelnd. Der Neuankömmling stellt die Schuhe ebenfalls dort ab. Der Pater begleitet ihn zu einem kleinen Raum in der ersten Etage, durch ein Mansardenfenster fällt das Nachmittagslicht. „Wir essen gemeinsam", sagt der Mönch im Hinausgehen. Andreas schaut sich um: ein Bett, ein Schrank, ein kleiner Tisch mit Stuhl, ein Waschbecken mit Spiegel – und natürlich ein Kreuz an der Wand. Im Leben des Solingers spielt Religiosität keine Rolle, auch hier ist ihm das christliche Symbol gleichgültig. „Hallo, kommen Sie mit zur Vesper?", zwei ältere Damen begegnen ihm im Flur. Gemeinsam gehen sie zur Kirche hinüber, die schwere Holztür steht offen. **Lateinischer Gesang ist zu hören**, merkwür-

Einkehr hinter dicken Mauern: Wie eine Insel liegt Himmerod am Waldesrand

dig wellenförmig dringt er nach außen. Leise schleichen sich die Besucher hinein, setzen sich in eine der hinteren Reihen. „Hier ist die beste Akustik", verrät eine der Damen. Tatsächlich hallt der Gesang von Wänden und Gewölbe wider, **voluminös, dramatisch, mit lang gezogenen Vokalen**. Die Mönche sitzen sich gegenüber zu beiden Seiten in der Kirche, singen die Verse im Wechsel. Andreas ist beeindruckt. Das hat etwas Mystisches! Schon bald sitzt er völlig selbstvergessen, lauscht dem eindringlichen Singen und merkt, dass diese Wanderung weit mehr ist als eine körperliche Erfahrung.

(DK)

INFO

Kloster: Das Zisterzienserkloster Himmerod wurde im Jahr 1134 gegründet. Gäste sind in einem Kloster, bei dem die Mönche nach der Regel des hl. Benedikt von Nursia leben, immer herzlich willkommen. Kloster Himmerod bietet für seine Gäste sowohl ein Gäste- und Exerzitienhaus an als auch Gästezimmer im eigentlichen Klostergebäude. Für die Übernachtung mit Vollpension wird eine Pauschale von derzeit 38 Euro pro Person und Tag erhoben.
Kontakt: Abtei Himmerod, 54534 Großlittgen/Eifel, www.kloster-himmerod.de, per Mail an gast@abteihimmerod.de oder direkt über P. Stephan (Gäste- und Exerzitienhaus) Tel. 06575-951317 Br. Oliver (Konventgebäude) Tel. 06575-951359
Tipp: Zur Abtei gehört ein Lehr- und Erlebnispfad zum Thema „ora et labora".

➐ Hamburg – Fernwehplatz Strandperle

Der feine Sand unter den Sohlen ist ganz warm und die Luft riecht leicht nach Elbe. Dieser typische Geruch, ein wenig nach Chemikalien, ein wenig nach Brackwasser und irgendwie säuerlich. Hier an der **Strandperle ist Hamburg** wirklich Hamburg.

Blaue Stunde an der Strandperle

Tee bei Lühmanns

Wer sich von der Strandperle loseisen kann, sollte unbedingt auf einen Tee bei Lühmanns vorbei. Das weiße Jugendstilhaus mit seinen Erkern und Anbauten wirkt wie aus einem Rosamunde-Pilcher-Film entsprungen. Statt stylischem Stahl und Glas gibt es an der Blankeneser Landstraße Holz und filmreife Romantik, etwa im langen Wintergarten. Lühmanns ist voll, kein Wunder, hier wird echte englische Tee-Time serviert, samt Scones und Pies. Die Produkte sind reine Bioqualität. Plätze müssen vorher reserviert werden.
Lühmanns Teestube, Blankeneser Landstraße 29, Hamburg/Blankenese, Tel. 040-863442, www.luehmanns-teestube.de.

Das Geld im Rücken mit den feudalen Villen der Elbchaussee, nebenan quirliges Stadtleben und vor einem der große Fluss. Breit strömt die Elbe gen Meer, stets ist ein großer Dampfer oder ein langer Lastenkahn unterwegs. Ihr Tuten durchbricht die Geräusche von schwatzenden Menschen und schwappenden Wellen. Am anderen Ufer zeichnen Kräne ihre Silhouetten am Parkhafen in den Abendhimmel, während die Wellen sich am Strand brechen. Nur eine Viertelstunde Autofahrt entfernt liegt das sündige St. Pauli. Doch **hier und jetzt bleibt die Zeit stehen**. Bollerwagen parken im Sand, Familien feiern Piratenfeste auf großen Decken.

In Sicherheitsabstand haben sich die Singles und Strandschönheiten niedergelassen und zeigen neue Tops, edle BHs und Tattoos. Noch weiter weg sitzen Jugendliche mit Gitarre und Mundharmonika und spielen voller Inbrunst Joan Baez, obwohl die Saiten verstimmt sind. Strandperlenromantik, die Sucht des Fernwehs – jeder findet hier sein Plätzchen.

Zur Oase führt ein kleiner steiler Weg. Brombeeren bilden dichtes Gestrüpp, wenige Meter weiter liegt ein kleiner Garten mit Hortensien und gepflastertem Hinterhof. **Mitten in der Millionenstadt eine Oase**: Hier in Övelgönne ist Hamburg plötzlich nicht mehr hektisch, sondern voller Fernweh. Der Weg führt vorbei an alten Kapitänshäusern. Hinter ihren welligen alten Fensterscheiben steht eine Sammlung von Buddelschiffen. Stockrosen blühen und Efeu rankt die Wände hoch. In dieser ländlichen Idylle wird es abends ganz

Trubelige Stimmung elbaufwärts

schön trubelig, morgens aber steckt dieser Ort voller Zauber. Wenn die Menschen in den kleinen Kapitänshäuschen bei der Arbeit sind und die Ausflügler noch nicht den Weg zur Strandperle suchen, dann ist hier der Platz, um sich mit den Schiffen elbabwärts zu träumen.

Reisende wandern zwischen den Häusern durch, bis zum Jenischpark. Am besten mit Hund, denn Vierbeiner fühlen sich hier so richtig wohl, wälzen sich im Sand, springen in die Elbe und apportieren Miesmuscheln. Wer einmal hergefunden hat, den vertreiben höchstens Regentropfen oder nächtliche Kälte. Vergessen ist die geplante Beatles-Tour auf dem Kiez, Drag Queen Olivia Jones führt auch morgen noch durch Transvestitenbars und einschlägige Sexclubs.
(AL)

Strandperle, Schulberg 2, 22605 Hamburg/Övelgönne, Tel. 040-8801112, www.strandperle-hamburg.de, unterhalb der Elbchaussee am Övelgönner Ufer gelegen und erreichbar mit der Fähre 62, Anleger Neumühlen; Bus 112, Haltestelle Neumühlen, Bus 46 Haltestelle Hohenzollernring oder Liebermannstraße.

INFO

8 Hiddensee –
Klar werden beim Fasten

Hungern – ausgerechnet im Urlaub? Ja, weil dann niemand zur Mittagspause einlädt und man sich seinen Leistungstiefs voll hingeben kann. **Frische Luft tanken, spazieren gehen und schlafen**, so steht es im Fastenprogramm auf der Ostseeinsel Hiddensee.

Die letzte Banane. Tschüss Schokolade, tschüss Brot. Schon die Tage vorher schärfen sich die Sinne. Erst wer verzichten muss, merkt, was er hatte. Jeder Bissen dokumentiert, was wir eigentlich tagtäglich in uns hineinstopfen. Pünktlich zum Urlaubsbeginn soll es losgehen auf Hiddensee: **Nichts essen, gesunde Säfte trinken und den Körper entgiften**. Fachkundig angeleitet von Heilpraktikerin Corny Kronemann. Sie gibt Tipps, um die ersten Tage nicht doch um jeden Apfel herumzuschleichen wie Hunde um den Knochen.

Fasten im Urlaub

Nicht nur auf Hiddensee kann man im Urlaub fasten, mittlerweile gibt es viele Anbieter für einen Urlaub ohne Essen. Beliebt sind auch Fastenauszeiten verbunden mit Wanderungen. Wer das erste Mal fastet, sollte immer einen Arzt oder Heilpraktiker in der Nähe haben, denn der Verzicht auf Nahrung belastet den Kreislauf.

Schlacken, Einlagerungen und Umweltgifte spülen Säfte und Tees einfach aus dem Körper, welche Algen und Schüssler-Salze zusätzlich helfen, auch dafür hat sie einen Tipp. Sinn und Zweck der Sache: Altes loszulassen, auch mental.

Wenn Fastende sowieso nur von Luft leben, dann sollte dies möglichst klar und rein sein. Und genau das ist auf Hiddensee der Fall. Auf der kleinen, autofreien Insel nahe Rügen trägt die stetige, frische Brise **gesunde salzhaltige Luft** in sich. Genau das Richtige für einen Körper, der gerade nur nach Gesundem verlangt. Der Geist kommt mit jedem Gramm Altlast, das abgehungert wird, mehr und mehr zur Ruhe. Zudem sind mit einem Schlag ganze Routinen und verinnerlichte Hand-

*Schaukelnde Fischerboote
im Hafen üben Faszination aus*

bewegungen durchbrochen. Keine Brötchen morgens, **keine Kekse beim Lesen knabbern**.

Genau jetzt ist die Zeit, vielleicht einmal mit einer Expertin über gesunde Ernährung zu sprechen oder sich zu überlegen, mit Yoga oder Shiatsu anzufangen. Bei Corny Kronemann können Feriengäste genau das ausprobieren, die Heilpraktikerin gibt entsprechende Kurse. Oder sich bei einer Massage verwöhnen lassen, das wirkt zusätzlich entgiftend, wenn die **Vitalpunkte des Körpers** stimuliert werden. Positiver Nebeneffekt: Das Fastenfrieren ist in dieser Zeit verschwunden, da im Massagezimmer die Temperaturen stets ein wenig höher als in den anderen Räumen sind.

Nach dieser Woche der Enthaltsamkeit mit Algen, Brühe und Tee ist **nicht nur der Körper entschlackt, der Geist auch**.

(AL)

Leuchtturm Dornbusch auf Hiddensee

Informationen: Hiddensee liegt westlich von Rügen und ist komplett autofrei. Wer mit dem Auto anreist, sollte genug Zeit fürs Parken und Gepäcktransfer einplanen. In Schaprode auf Rügen werden die Autos geparkt, dann geht es auf die Fähre. Wer mit der Bahn nach Hiddensee reist, sollte bis besser ab Stralsund übersetzen. www.reederei-hiddensee.de/fahrplan.php.

Kontakt: Seebad Hiddensee, Norderende 162, 18565 Vitte, Tel. 038300-6420; www.seebad-hiddensee.de.
Fasten: Die Heilpraktikerin Corny Kronemann hat sich auf Heilfasten nach der Buchinger-Methode spezialisiert. Neben den Fastenkursen gibt sie auch spezielle Angebote zu Meditationen und Shiatsu. 18565 Neuendorf, Tel. 038300-461; www.fasten-auf-hiddensee.de.

INFO

9 Klein-Tibet in der Lüneburger Heide

Von außen sieht es aus wie ein ganz normales Heidehaus: Backsteine, weiße Sprossenfenster, Sonnenschirm und Gartenstühle hinter der dichten Hecke. Weniger niedersächsisch sind da schon die bunten Gebetsfahnen, die an langer Leine vom Backsteingiebel in den Garten flattern. Hier ist ein kleines **tibetisches Zentrum**.

Am Eingang des Hauses drehen sich summend die Bronzeräder der Gebetsmühle, auf ihnen reihen sich tibetische Schriftzeichen zum Gebet **„Om mani padme hum"**. Wieder und wieder kreist dieser aufgeprägte Satz, die uralten, heiligen Silben des Mantras des Mitgefühls, um sich selbst.

Jede Hand, die die Gebetsmühle in Schwung bringt, aktiviert dieses Mantra. So glauben es die Buddhisten. In der Lüneburger Heide arbeiten sie daran, mehr Frieden, Liebe und Mitgefühl auf diese Welt zu bringen. Mit dem Meditationshaus **Semkye Ling** haben sie einen Ort geschaffen, „an dem das Mitgefühl entfaltet wird", so die Bedeutung des Klosternamens, den der Dalai Lama höchstpersönlich ausgesucht hat.

Heidehaus mit Tibetstimmung: Semkye Ling

Meditation gehört zu ihrem Tagesablauf, genauso wie das Halten von Seminaren. An diesem Wochenende sind zwölf Teilnehmer gekommen, um über die „Grundpfeiler der buddhistischen Praxis" zu meditieren. Vor einer schweren Holztür im Inneren des Gebäudes reihen sich Ballerinas, Turnschuhe und Sandalen. Es riecht dezent nach Räucherstäbchen, während die Seminarteilnehmer konzentriert auf einem Kissen im Schneidersitz hocken und **still nach vorn blicken**. Eine Sitzordnung wie in der Schule, allerdings nicht vor einer Tafel, sondern einem goldenen Buddha. Der Raum ist prächtig, wie man es sonst nur aus Filmen über Tibet kennt. Frische Blumen, Schalen mit Räucherstäbchen oder Wasser schmücken die Regale. Eine orangefarbene Altarwand mit blauen Fenstern und vielen kleinen geschnitzten Buddhastatuen umgibt den goldenen Heiligen aus Holz.

Stupa im Garten der Anlage

Vor dem Altar sitzt ein **tibetischer Abt in bordeauxfarbener Robe** auf einem kleinen roten Thron und zitiert Worte Buddhas. Anschließend breitet sich nachmittägliche Stille im Tempel aus. Alle Anwesenden schließen die Augen, richten sich kerzengerade in den Lotussitz auf und meditieren über das Gehörte. Seit sieben Uhr morgens sitzen sie auf dem Meditationskissen. Immer wieder Pausen und Stille, Atemzüge zählen, sich aufs Ein- und Ausatmen konzentrieren und den eigenen Geist beobachten. Im Mittelpunkt der buddhistischen Praxis steht dabei der Wunsch nach **Befreiung vom ewigen Kreislauf des Lebens**, Leidens und der Wiedergeburt. Ethische Verhaltensregeln, etwa kein Lebewesen zu töten, Nichtgegebenes nicht zu nehmen oder stets die Wahrheit zu sprechen, sollen Mitgefühl und Weisheit stärken und helfen, Erleuchtung zu erlangen.

Semkye Ling steht Besuchern nicht nur an Wochenenden offen, sondern bietet an zwei Dienstagen im Monat Schnupperabende mit Meditation und Informationen über den Buddhismus. Wer schon erfahrener im Meditieren ist, kann sich in Semkye Ling auch für längere Zeit zurückziehen.

(AL)

Semkye Ling liegt in Lünzen, westlich von Schneverdingen.
Lünzener Straße 4, 29640 Schneverdingen, Tel. 05193-52511, www.tibet.de/tib/semkyeling.html. Zweimal monatlich dienstags abends öffnet das Meditationshaus von 19–20.30 Uhr zur Abendmeditation. Weitere Seminare finden sich auf der Internetseite www.tibet.de. Im Rahmen der Seminare können Besucher auch in Semkye Ling übernachten. Besonders beliebt sind übrigens die Achtsamkeits-Wochenenden für Eltern.

INFO

⑩ München – Still ruht der Wald

Der Englische Garten in München ist nun wirklich keine Oase der Ruhe. Vielmehr ist es mit ihm ein bisschen wie mit Mallorca: Weil es hier so schön ist, kommen die Touristen in Scharen und bringen jede Menge Trubel.

Nun hat der Englische Garten zwar keinen Ballermann, aber zumindest im südlichen Teil ein kleines **lebhaftes „Zentrum"** rund um den chinesischen Turm und das Seehaus. Dort ist fast das ganze Jahr hindurch Betrieb: In Biergärten packen Ausflügler ihr Picknick aus oder kaufen sich „Brezn" zur Maß. Auf den Wiesen spielen Jugendliche mit Frisbees, Radfahrer kurven um Spaziergänger herum. Auf dem grünlichen, glasklaren Eisbach tummeln sich die **Surfer – immer auf der Suche nach der perfekten Welle**. Besser gesagt: Auf der Suche nach dem längsten Halt auf dieser Welle, denn die sprudelt immer gleichbleibend und mit starker Strömung neben dem Haus der Kunst aus einem Tunnel hervor. Asphaltierte Straßen, fahrradtaugliche Schotterpisten und sanfte Wege schlängeln sich durch **Europas größte Parkanlage**, vorbei an Wiesen, Bachläufen und Waldstücken. Doch der Englische Garten ist mehr als seine touristischen Attraktionen im Südteil. Auch da ist es wie mit Mallorca: Sich Zeit zu nehmen und die touristischen Pfade zu verlassen, lohnt unbedingt.

Am Mittleren Ring, der vierspurigen Verkehrsader, nehmen Unwissende an, der Garten sei zu Ende. Doch die lärmende, autobahngleiche Straße hat fast schon

eine Beschützerfunktion für die Oase hinter ihr: Wer sie überquert, der steht nur wenige Minuten später im stillen Nordteil des Englischen Gartens. Ein Blick auf den kleinen Plan über Park und den eigenen Standort zeigt, dass **Preziosen im Nordteil** wesentlich weitläufiger verteilt und zuweilen gar ein wenig versteckt auf Entdecker warten. Beispielsweise das kleine Amphitheater, nur ein Rund in der Wiese und so unaufdringlich, dass man nach ihm schauen muss. Jedes Jahr im Juli zeigt das Münchner **Sommertheater bei freiem Eintritt** Klassisches.

Still ist es auf den Wegen, vor allem Radler kommen für ungestörte Touren in den Nordteil. Zu wissen, dass die Großstadt das grüne Paradies umschließt, erscheint geradezu absurd.

Im Biergarten kann jeder
sein eigenes Picknick genießen

Ein beliebter Pavillon mit Blick über grüne Wiesen – der Monopteros

Wechselnder Baumbestand, Unterholz, weite Wiesen, darauf eine Schafherde – die **Landschaften verändern ihr Bild mitten im Park.** Klar ist die Luft, Geräusche sind ausschließlich Natur gemacht – und irgendwann ist sogar die Isar zu hören. Sie fließt schneller, nachdem sie das Oberföhringer Wehr passiert hat, und bietet überall Zugänge für Fußgänger und Radler. Wer im Nordteil spazieren geht, kann stundenlang laufen, ohne auch nur eine Stelle zweimal zu kreuzen. Das Wegenetz im Park umfasst beinahe 80 Kilometer. Alle Routen sind gut beschildert, es besteht keine Gefahr, sich zu verirren. Doch sich selbst zu verlieren – das kann im Nordteil ganz schnell passieren.

(DK)

Hotel: Kempinski Hotel Vier Jahreszeiten, Maximilianstraße 17, 80539 München; Tel. 089-21252155; www.kempinski.com.
Tipp: Das Kempinski Hotel Vier Jahreszeiten liegt nur wenige Gehminuten vom Südeingang des Englischen Gartens entfernt.

Kontakt: Tourismusamt München; www.muenchen.de/tam.
Für jedes Anliegen gibt es hier einen weiterführenden Link mit dazugehörigen Telefonnummern und Ansprechpartnern.

INFO

⓫ München – Ein Moment der Musik

Mitten in der bayerischen Metropole, auf der **Maximilianstraße**. Es ist warm, Menschen hasten geschäftig durch die Straßen, Autos hupen. Die Fußgängerzone quillt beinahe über vor bunt und sommerlich bekleideten Leuten, Frauen in gewagten Kleidern, Männern im lässigen Outfit mit verspiegelten Sonnenbrillen. Aus den Geschäften dringt Musik, jemand zieht eine leere Mülltonne hinter sich her, die laut über das Kopfsteinpflaster rumpelt. Kinder schreien, irgendwo bellt ein Hund, junge Mütter mit Kinderwagen unterhalten sich lautstark über die Probleme mit den Kleinen. Zwei Radfahrer bahnen sich klingelnd ihren Weg durch die Menge. Ein Eisverkäufer preist seine neuen Sorten Latte Macchiato und blaues Schlumpfeis an. Das Hupen der weiter entfernten Autos geht im Stimmengewirr und den Geräuschen der City unter. Münchens Innenstadt lebt, ist quirlig und laut – trotz des zwar weltoffenen aber doch etwas konservativen Flairs.

In der Dunkelheit ist die Atmosphäre nicht nur wegen der klassischen Musik einzigartig

Gerade denke ich noch, dass der Mann an der Ecke viel zu laut telefoniert und das Baby da vorn ruhig aufhören könnte zu weinen. Dann plötzlich mischt sich ein ganz anderer Klang in die Szenerie: **Ein Orchester spielt**. Irgendwo. Ich folge dem Klang, erkenne Antonin Dvořáks Komposition. Zügig eile ich zu den riesigen Lautsprechern, die aus der Seitengasse heraus bereits zu sehen sind, bis ich am Odeonsplatz ankomme. Tausende Stühle sind hier in Reih und Glied für das Konzert am Abend aufgestellt. Doch auch außerhalb der Absperrung stehen einzelne Klappstühle – sie sind bereits besetzt von **Klassikfreunden, die der Generalprobe lauschen**. Viele stehen ringsum und blicken zur Bühne. Oberhalb der breiten Treppe vor der Kulisse der **Feldherrnhalle** hat sich das Orchester formiert. Unter drei mächtigen Rundbögen und bewacht von zwei riesigen Löwen aus Stein. Lässig in Jeans und weißem Hemd sorgt der Dirigent für die richtigen Einsätze seiner Musiker bei Dvořáks Konzert für Violoncello und Orchester in h-Moll.

Leidenschaftlich spielen sie, übertönen die Alltagsgeräusche der Stadt, lassen die Gespräche ringsum verstummen. Für einige Augenblicke verliere ich mich in der Musik. In den weichen Streichern, den hellen Blechbläsern und dem immer wieder überraschend dominant einsetzenden Violoncello der Solokünst-

Das Orchester spielt mit Blick auf tausende Konzertbesucher auf dem Odeonsplatz

lerin. **Für Minuten existiert nichts außer den Crescendi** und Decrescendi eines perfekt harmonierenden Orchesters. Gänsehaut am ganzen Körper – bei Temperaturen um die 30 Grad. Ein **Ort des Loslassens**, den ich mitten in der Münchner City gefunden habe. Unverhofft und unvermittelt liegt er vor mir, ergreift mich. Alles um mich herum verschwindet binnen weniger Sekunden, tritt in den Hintergrund, die Gedanken sind leer. Und doch ganz von der Musik erfüllt. Mein ganz persönlicher Moment des Glücks – **ein Moment für die Seele**.

(DK)

Musik: Die Konzerte unter dem Motto „Klassik am Odeonsplatz" finden jedes Jahr statt, der Kartenvorverkauf beginnt bereits Ende des Vorjahres.
Kontakt: Münchner Philharmoniker, das Orchester der Stadt, Kellerstraße 4, 81667 München, Tel. 089-480985500; www.mphil.de, www.klassik-am-odeonsplatz.de.

Hotel: Kempinski Hotel Vier Jahreszeiten, Maximilianstraße 17, 80539 München; Tel. 089-21252155; www.kempinski.com.
Tipp: Das Kempinski Hotel organisiert für seine Gäste Konzert- und Opernbesuche.

INFO

⑫ Niederrhein – Stille im Nebel

Der Herbst ist die stillste Zeit am linken Niederrhein – nur noch wenige Radfahrer sind in den Feldern zwischen Baerl und Orsoy und am Rheinufer unterwegs, keine Kinder spielen mehr am Ufer des Flusses.

Mit dem Rad

Der linke Niederrhein ist Fahrradland! Das umfassende Kartenmaterial für den nördlichen und südlichen Teil, wasser- und reißfest, mit Ausflugs- und Einkehrzielen, abwischbar und GPS-tauglich, gibt es bei Publicpress, Mühlenstr. 11, 59590 Geseke, Tel. 02942-988700, Stückpreis 4,95 Euro; www.publicpress.de.

Nebelschwaden hängen tief und verschleiern Felder und Wiesen ringsum. Die Feuchtigkeit auf dem Gras bildet milchige Tropfen. Der Himmel ist grau, nur **schemenhaft lässt sich die Sonne erahnen**, die schon beinahe wie der Mond aussieht. Silbrig und kraftlos schafft sie es nicht, das trübe Licht zu erhellen. Gespenstisch ruhig ist es im Nebel, die blätterlosen Kopfweiden sind nur als bizarre Skelette schemenhaft zu erkennen. Von den Kastanien sind schon längst die letzten Früchte herabgefallen, nur Reste von matschigem Laub verkleben den Boden zwischen den Bauernhöfen, die verstreut in der Landschaft liegen.

Sogar die Schiffe scheinen über den Rhein zu schleichen, um die Ruhe nicht zu stören. Nur, wer ganz dicht am Ufer steht, kann das dumpfe Brummen der schweren Motoren hören und die kleinen Wellen sehen, die an die dicken Kieselsteine platschen. Die andere Seite des Flusses – Duisburgs Industriegebäude – ist kaum zu erkennen.

Typisch Niederrhein: Wiesen und Felder sind von leichtem Nebel verschleiert

Es ist kühl und feucht, doch wer sich auf diese Gegend in und um Moers einlässt, kann in ihr viel **Zauberhaftes erkennen**, die beruhigende Einsamkeit fühlen, in die der Nebel einhüllt und einen umgibt wie ein Schutzschild. Man wird nicht mehr gesehen, nicht mehr wahrgenommen – kann **abtauchen in dunstigen Schwaden**.

Bei jedem Schritt knirschen die Steine leise unter den Gummistiefeln, die Kapuze ist tief ins Gesicht gezogen. Irgendetwas lässt sich erahnen, einige Meter weiter vorn am Deich. Graubraun versteckt sich eine Bank vor einer dun-

Viele Bauernhöfe auf der linken Rheinseite haben Pferde auf der Weide

klen, hohen Schlehenhecke. Aus ihren Früchten ist bereits der Saft gewichen, sie hängen verschrumpelt an kleinen Zweigen, hinter denen Vögel ihre Winterrefugien gebaut haben. Wer am Niederrhein aufgewachsen ist, weiß von Kindheit an, dass er eine wasserdichte Jacke tragen und eine Plastiktüte dabei haben sollte. Die kann der Wanderer dann für eine Rast auf einer feuchten Holzbank ausbreiten, um die nebligen Seiten der herbstlichen Natur auf sich wirken zu lassen: In Ruhe, Stille und mit dem Wissen, dass den Spaziergänger sicher niemand findet.

Und wenn sich der eine oder andere Sonnenstrahl dann doch noch den Weg durch die Wolken bahnt, ist es auch gar nicht mehr gespenstisch. Die Bäume sind einfach nur Bäume und die Schiffe erinnern auch nicht mehr an Wagners Fliegenden Holländer. Und dann erstreckt sie sich in ihrer ganzen grünen Weite, die Landschaft links des Rheins.

(DK)

Kontakt: Niederrhein Tourismus GmbH, Willy-Brandt-Ring 13, 41747 Viersen, Tel. 02162-817903; www.niederrhein-tourismus.de.

Beliebte Ausflugsziele entlang der Fahrradstrecken: Die Altstadt von Moers mit Schloss und Schlosspark, Kloster Kamp in Kamp-Lintfort und der Archäologische Park Xanten.

INFO

⑬ Töpfern in Warnsdorf

In Warnsdorf an der Ostsee lockt das Landleben pur: Sogar einen Dorfteich gibt es hier. Und eine Töpferei, in der die Reisenden mit Ton matschen können.

Die Finger versinken im Schlamm. Daumen, Zeigefinger, Ringfinger – der braune Modder ist einfach überall. Angenehm kühlt er die Hände. Es macht Spaß, mit den Fingern über das feuchte Braun zu fahren und kleine Rillen zu glätten, dort noch eine Kante schmaler zu machen, hier ein Muster hinein zu ritzen: Das Landhaus Töpferhof in Schleswig-Holstein macht seinem Namen alle Ehre, denn hier können Reisende lernen, **Schönes aus Ton selbst herzustellen**. Ob mit der Töpferscheibe eine Tasse nach der anderen drehen oder lieber Figuren kneten – das Element **Ton lässt der Fantasie vollen Freiraum**. Töpferin Annette Hodermann zeigt ihren Gästen, wie sie aus einem feuchten Klumpen schöne Dinge fertigen können.

Töpferkurse an der Ostsee

Töpferkurse bietet Annette Hodermann auf dem gleichen Gelände an. Sie hat nicht nur Kurse für Erwachsene im Programm, sondern bringt auch Kindern das Arbeiten mit Ton näher.
Töpferei im Landhaus, Töpferhof Fuchsbergstraße 5–9, 23626 Warnsdorf bei Travemünde, Tel. 0160-95356703; www.lebendiger-ton.de.

Die Töpferwerkstatt: Bei der Gestaltung von Objekten aus Ton kann jeder seiner Fantasie freien Lauf lassen

Erfolgserlebnisse, die heute selten geworden sind, in einer Zeit, in der Tagwerke oft unsichtbar als Datenmaterial abgespeichert werden. „Mir fehlte es, Sachen herzustellen, die ich in der Hand halten kann und auf die ich später stolz schaue", sagt eine Teilnehmerin. Genau das sind die Gründe, warum sich viele Feriengäste nicht nur für einen Urlaub an der See entscheiden, sondern auch gleich noch bei Annette Hodermann einen Töpferkurs buchen.

Die Blätter der Apfelbäume schaukeln im Wind, während die Teilnehmer des Kurses **den Ton rollen und kneten**. Inspirierend ist die Kulisse mit rotem Backsteinhaus, Reet gedeckten Schuppen und überall blau bemalten Fenstern und Türen. Auch wer keine Tonkunstwerke herstellt, hat hier genügend Platz zum Entspannen: Das Anwesen nimmt immerhin 18.000 Quadratmeter Fläche ein, die Appartements verteilen sich auf einige Häuschen, natürlich gibt es bei so viel Grund

Nordische Romantik im Hof

auch einen Ententeich, irgendwie gleicht der Töpferhof einem norddeutschen Musterdorf.

Weiße Bänke laden zum Verweilen im Grün ein, der **Duft von frischem Brot zieht über die Wiese** und übertönt den erdigen Geruch des Tons. Dazu vielleicht eine fruchtige Erdbeerbowle. Landleben pur. Hier wird noch die Forelle im eigenen Ofen geräuchert. Da freuen sich die Hobbytöpfer schon jetzt aufs Wiederkommen, denn die Keramiken können sie frühestens nach fünf Wochen mitnehmen, weil sie erst durchtrocknen müssen.

(AL)

Kontakt: Landhaus Töpferhof,
Fuchsbergstr. 3-9, 23626 Warnsdorf,
Tel. 04502-2124,
www.landhaus-toepferhof.de.

INFO

⑭ Rheingau –
Fern ab vom Rheinsteig

Wein und Wandern passen hervorragend zusammen. Im hessischen Rheingau etwa führen die Wege durch dichte Wälder und mitten durch die Riesling-Reben. Unterwegs bieten immer wieder kleine Straußenwirtschaften und Klöster **Nahrung für Körper und Geist**.

Die Hügel sehen aus wie mit dem Kamm durchzogen. Riesling-Reben wachsen sauber in Reih und Glied fast bis an die Spitze. Oben zeigen sich wilde Flecken, auf denen sich die Natur den Boden zurückerobert. **Weißdorn, Ginster, Färberwaid oder Holunder** wuchern hoch über Lorch zwischen ehemaligen Trockensteinmauern. Blühende Orchideen und mehr als 200 Heuschreckenarten leben in diesen Biotopen. Irgendwo sitzt ein Weinbauer und macht eine kleine Verschnaufpause von seiner Arbeit. Er hat ein **Glas Spätburgunder** in der Hand und genießt den Roten ganz nah am Rheinsteig, einem der beliebtesten Wanderwege Deutschlands. Aber auch gut besucht. Besser ist es, zu seiner Linken zu laufen, gen **Wispertal**. Dort sind Wanderer plötzlich mit sich und der Natur allein. Auf dem Weg nach Nothgottes bei Rüdesheim liegt ein Bauernhof umgeben von dichtem Gestrüpp, Holunder, Pappeln und Buchen. Von den größeren Bäumen baumeln armdicke Lianen herab, an denen selbst Tarzan seine Freude gehabt hätte. Ohne Machete gäbe es hier kein Durchkommen, aber der Weg ist zum Glück schon gebahnt. Üppige Flechten zeigen besonders gute Luftqualität an. Ein Wald wie dieser ist ganz typisch für den Rheingau: **Wild, dicht bewachsen und gemischt.** Nur wer genau hinsieht, entdeckt in der nächsten Senke die kleinen Forellenteiche zwischen den Tannenstämmen und dem knallgrünen Gras.

Wertvoller Tropfen: Weinkeller im Kloster Eberbach

Rheingau-Riesling:

Typischer Wein der Gegend ist der Riesling. Er liebt die steilen Hänge des Rheins. Besonders bekannt ist der Goethewein aus dem Brentano-Haus (www.brentano.de) sowie die Tropfen aus dem Schloss Jonannisberg (www.schloss-johannisberg.de). Aber auch die kleineren Winzer sind immer eine Einkehr wert, etwa Michael Rößler in Lorch (www.weingut-roessler.de) oder das Weingut Karl Ottes, (www.weingut-ottes.de) in Lorch, hier werden japanische Spezialitäten zum Wein gereicht.

Die kleinen Geheimnisse der Region schlummern **am Wegesrand**. Im Fachwerkhaus mit grauem Schieferdach arbeitet ein Sesselflechter in seiner Werkstatt, in anderen Orten treffen Wanderer auf Klavierbauer oder eine Keramikerin. Und immer wieder Goethe. Etwa im **Brentano-Haus in Oestrich**,

Benediktinerinnen-Abtei St. Hildegard bei Rüdesheim

Goethes Lieblingsgästehaus. Wer den verwunschenen Hof mit der Kopfstein-
terrasse unter den Kastanien betritt, glaubt noch immer, dort residierende
Dichter mit seinem Klingeln zu stören. Und den Grafen von Brentano, der mur-
rend auf die Führungszeiten hinweist. Doch beim Probieren seiner Weine zeigt
er sich ganz aufgeschlossen. Ebenso wie die Nonne in der Benediktinerinnen-
abtei **Sankt Hildegard in Rüdesheim**: „Es war eine Berufung für mich, hierher zu gehen", erklärt Schwester Judith, während sie eine Perlenkette in der
Hand dreht. Seit fast genauso langer Zeit leitet sie das Goldschmiedeatelier der
Abtei. Ihre blauen Augen leuchten, wenn man sie nach dem Kloster fragt, das
so erhaben über Rüdesheim liegt. „Hier geht der Blick weit", sagt sie verson-
nen und rückt ihre Brille unter ihrem grauen Kopftuch gerade. „Und damit
auch der Geist."

(AL)

INFO

Lage: Der Rheingau liegt an der
rechten Rheinseite, bekanntester Ort
ist Rüdesheim. Insgesamt ist der
Rheingau bekannt für seine vielen
Sehenswürdigkeiten.
Klassiker für Besichtigungen ist
das Niederwalddenkmal mit seiner
eigenen Seilbahn
(www.niederwalddenkmal.de) sowie
die Rüdesheimer Drosselgasse
(www.ruedesheim.de). Auch das
Kloster Eberbach sollte nicht ausgelas-
sen werden (www.klostereberbach.de).
Im Benediktinerinnenkloster Sankt
Hildegard (www.abtei-st-hildegard.de)
haben sich die Nonnen nicht nur auf
Kunst spezialisiert, sondern verkaufen
viele Leckereien rund um das Dinkel-
korn und rund um die Weintraube.
Kontakt: Hessen Agentur, Abraham-
Lincoln-Straße 38–42, 65189
Wiesbaden; Tel. 0611-7748091;
www.hessen-tourismus.de.

⑮ Glottertal – Steine sammeln im Fluss

Nur noch eine Kurve, dann ist es geschafft. Schweiß tropft auf den Lenker, es geht nur im Schneckentempo den Berg hinauf. Die letzte Kurve, ganz sicher. Doch dann das böse Erwachen: Hinter der Haarnadel-Kehre ist eine weitere zu sehen. Und das, obwohl die Baumkronen schon längst mit blauem Himmel verschmelzen und eigentlich kein Platz für noch mehr Straße sein dürfte. Es geht weiter. Noch zwei Serpentinen gilt es zu schaffen. Die **Schwarzwald-Höhenstraße** verlangt Radfahrern einiges ab.

Sie entschädigt aber auch für all die Mühen und den Schweiß, der im Sommer durchaus in Strömen unter dem Helm fließen kann. Mit Ausblicken über weite **dunkelgrüne Tannenwälder,** über Täler und Dörfer, die sich wie Tupfer an grüne Hügel schmiegen. Die weißen Häuschen glitzern in der Sommersonne, ihre dunklen oder roten Dächer leuchten wie Punkte. Doch jetzt erstmal ein schattiges Plätzchen suchen, einfach am Wegesrand – und verschnaufen. Ein schmaler Weg führt von der Straße direkt in den Wald, hier ist es kühl und dunkel. Die **klare Luft strömt bei jedem Atemzug tief in die Lunge**. Nach wenigen Minuten beschließen die drei Radler jedoch, ihre Tour fortzusetzen. Denn sie haben ein berühmtes Ziel: das Glottertal.

Erfrischend: Der seichte Glotterbach

Die kurze Abfahrt ist schnell geschafft – kein Vergleich mit dem mühevollen Anstieg auf der anderen Seite.

Eben noch den Fahrtwind in den Ohren, ist es unerwartet still. Die Strecke führt wieder berauf, diesmal jedoch mitten durch den Wald, Laub- und Nadelbäume bilden beinahe geschlossene grüne Wände. Durch die dichten Kronen ist der strahlend blaue Himmel nur noch zu erahnen. Langsam fahren die Naturfreunde weiter. In das Zwitschern der Vögel mischt sich das Plätschern eines Baches: Der **Glotterbach** kündet sein gleichnamiges Tal mit dem bekannten Drehort der Schwarzwaldklinik, die eigentlich Glotterbad heißt, an. Er ist im Sommer nicht einmal knietief und bietet mehr als nur eine willkommene Abkühlung für Arme und Beine: **dicke, runde und fast weiße Kieselsteine**. Das Herz von Steinsammler Helmut schlägt höher. „Guckt mal, wie schön für den Vorgarten!", ruft er und hüpft mit Radlerhose und Trikot in den Bach. Akribisch sucht er zunächst die ufernahen Regionen ab, dann orientiert er sich zur Mitte des Glotterbachs. In der seichten Strö-

Berühmt durch die Fernseh-Serie "Schwarzwaldklinik" ist das Glotterbad im Glottertal

mung wird er fündig und kehrt mit einem hellgrauen, ovalen Stein zurück. **„Den nehm' ich mit"**, verkündet Helmut und lässt ihn erstmal trocknen. Denn auf dem Gepäckträger eines Fahrrades zählt jedes Gramm und dieses Souvenir – so wird sich später herausstellen – wiegt stattliche fünfeinhalb Kilogramm. Seine Weggefährten Roland und Jürgen können ihm das zusätzliche Gepäck nicht mehr ausreden und lassen **entspannt die Füße im kühlen Nass baumeln**. So genießt jeder auf seine Weise die Idylle an dem kleinen Bach mit dem berühmten Namen mitten im Wald.

(DK)

Bach: Die Quelle der Glotter ist der Kandel (1242 m), zunächst fließt sie als Glotterbach durch das Glottertal, bevor sie zur Glotter wird. Das Glottertal ist in den 1980er-Jahren durch die TV-Serie Schwarzwaldklinik bekannt geworden, die Klinik, das Glotterbad, existiert noch heute.
Strecke: Die Schwarzwaldhöhenstraße ist eine anspruchsvolle Radstrecke, rheinaufwärts führt sie von Triberg über den Titisee und Schluchsee bis nach Waldshut und schließlich auch an den Rheinfall im schweizerischen Schaffhausen.
Tipp: Für eine Radtour auf der Schwarzwaldhöhenstraße empfiehlt sich der Frühling, da es im Hochsommer sehr heiß werden kann.
Kontakt: Schwarzwald Tourismus GmbH, Ludwigstraße 23, 79104 Freiburg, Tel. 0761-896460; www.schwarzwald-tourismus.info.

INFO

⑯ Bad Orb –
Die Welt der kleinen Teilchen

Bei einem Mosaikkurs im Orbtal können Reisende **Kreativität mit Yoga verbinden**. Morgens und abends entspannen sie mit alten indischen Übungen und tagsüber fertigen sie ihr eigenes Lichtobjekt – garantiert ein Unikat.

Da liegen sie wie ein glitzernder Schatz: Kleine Steinchen strahlen rot, grün, blau, gelb, mal dünn und durchsichtig, mal dick wie eine Fliese. Fein geordnet liegen sie im Kasten und warten darauf, eingesetzt zu werden. Aber wie macht man das? Und welcher Kleber befestigt die kleinen Teilchen? Zum Glück gibt es hier eine Expertin: Trixi Bürger weiht ihre Gäste in die **Geheimnisse der Mosaike** ein. Im Hotel Orbtal entstehen an diesem Nachmittag bunte Kunstwerke.

Kleine Gläser oder ballonförmige Lampenschirme werden beklebt und verziert. Zunächst aber ist es wichtig, eine Idee zu haben und die Teile erst einmal so hinzulegen, wie sie später am schönsten aussehen. Die eine sucht sich nur gelbe und rote Steinchen aus und legt sie zur Blüte, der andere wählt blaue Scherben und rückt sie zu Wellen zusammen. Eines aber eint alle Teilnehmer: Sie sind **hochkonzentriert und tief versunken** in ihr Kunstwerk. Mosaike legen gleicht tatsächlich ein bisschen der Meditation. Und genau deswegen sind sie hier, denn dieses Wochenende steht im Zeichen der kreativen Entspannung mit einer ganz besonderen Kombination: Yoga und Mosaikkunst.

Mosaikkunst als Gartenschmuck…

Spazieren im Laubwald

Der Spessart ist das größte zusammenhängende Laubwaldgebiet Europas und liegt in Hessen und Bayern. 600 Jahre alte Eichen sind hier keine Seltenheit. Deswegen lohnt es sich hier besonders, auch mal einen Spaziergang in der Natur zu machen, etwa auf den Wegen, die oberhalb der Burg beginnen. Berühmt sind die Strecken „Orber Dornstein" und „Eselsweg". **Kontakt:** Tourist-Information Spessart-Mainland, Bayernstr. 18, 63739 Aschaffenburg, Tel. 06021-394271; www.spessart-touristinfo.de

…oder Lampe

Der Tag beginnt für die sechs Urlauber mit dem Sonnengruß. Mit sanften Streck- und Dehnübungen starten sie in den Tag. Dann noch ein wenig Meditation und schließlich Frühstück. **Yoga am Morgen macht den Kopf frei für Kreativität**. Aber eigentlich kommen die Ideen auch fast von selbst, wenn die Hobbykünstler die kleinen Scherben sehen, mit denen sie jetzt kleben sollen. Zunächst aber schieben, denn zumindest beim ersten Stück trauen sich die Seminarteilnehmer noch nicht, die Scherben festzukleben, sondern legen sie erstmal hierhin und dorthin, bis es sitzt. Doch im Laufe des Vormittags werden sie mutiger und kleben einfach drauflos. Schließlich soll die Lampe bis morgen Abend fertig sein, damit sie ihr Unikat mit nach Hause nehmen können. Doch bis dahin ist noch ein wenig Zeit für Yoga. Dabei kommen die neuen Ideen ganz von allein.

(AL)

Informationen: Die Künstlerin Trixi Bürger leitet die Mosaik-Kurse, sie hat ein eigenes Atelier.
Kontakt: Rheinhöhenweg 27a, 51465 Bergisch Gladbach, Tel. 02202-458750, www.trixi-buerger-mosaike.de.

Die Kurse finden in Bad Orb statt, einem kleinen Fachwerkstädtchen mit Solbädern. Im Kurpark gibt es salzhaltige Luft an einer Grotte.
Wohnen: Hotel Orbtal, Haberstalstraße 1, 63619 Bad Orb, Tel. 06052-810, www.orbtal.de.

INFO

⓱ In die Höhe am Thüringer Rennsteig

Entlang der Kuppe des Thüringer Walds schlängelt sich der bekannte Thüringer Rennsteig. Doch für eine Radreise dort müssen Urlauber fit sein. Denn die **Steigungen sind etwas für Trainierte**. Mountainbikes dringend empfohlen!

Das muss jetzt einfach sein: Ganz am Anfang des Weges absteigen und einen Stein vom Ufer der Werra aufsammeln. Ihn einmal über den Rennsteig zu tragen und am Ende in die Saale zu werfen, soll Glück bringen. Dann endlich aufsatteln und den Rennsteig erobern. Die erste Etappe des Rennsteigs ist die schwierigste, denn hier geht es bis zum **Inselsberg** permanent bergan. Und das teilweise über weiche Waldwege – die asphaltierte Strecke kommt erst später. Aber irgendwie ist es auch gut, von Anfang an so richtig zu powern, da bleibt keine Zeit mehr für großes Grübeln. Körper und Geist sind nur bei einer Sache – dem Radfahren.

Treten und Schalten in den niedrigsten Gang, der Blick verengt sich ganz auf den Weg, sieht kaum noch die Farne und den Buchenwald. Dabei lohnt es sich gerade an den lichten Stellen, einmal den Blick in die Weite zu richten und so namhafte Wälder wie den **Hainich** oder die berühmte **Wartburg** in der Fer-

Gute Ausrüstung gehört hier dazu

Goldwaschen am Wegesrand

Ein Stopp in Steinheid, kurz vor Neuhaus, lohnt sich. Hier führt der Gastwirt Thomas Müntzer nicht nur ein uriges Gasthaus, sondern gibt seinen Besuchern auch noch Tipps, wie sie im nahegelegenen Bach Gold finden können, www.gold-waschen.de.

ne zu sehen. Aber es hat gerade geregnet, der Boden ist rutschig und weich, besser nicht anhalten oder gar aufschauen, lieber im Takt bleiben und fahren.

Sonnenstrahlen fallen auf den Thüringer Rennsteig

Während Wanderer direkt zum großen Inselsberg laufen, spart die Radstrecke diesen Weg aus. Das ist schade, und wer sich traut, sollte dieses Stück unbedingt auf der Wanderstrecke fahren. Zu schön ist das Panorama dort oben: **blaue Berge des Thüringer Waldes**, kleine Fachwerkstädtchen in den Tälern. Am schönsten ist es bei wechselhaftem Wetter, manchmal wird hier der Blick auf Regenbögen frei.

Für den Rennsteig-Radfahrer ist der Inselsberg mehr als nur eine Etappe. Er ist ein Meilenstein, denn die schwierigsten rund 30 Kilometer sind geschafft. Ein gutes Gefühl, seinen Körper bis an die Grenze geführt zu haben und aus eigener Kraft hier oben zu stehen. Die verlorene Energie tanken Radler ganz schnell wieder auf, spätestens beim **Hefeknödel in Blaubeersoße** im Restaurant auf dem Gipfel.

Weiter geht es, auch mal bergab, Zeit und Muße, um in die Weite zu schauen, etwa zwischen Ernstthal und Spechtsbrunn. Unterwegs mal die Füße in einen der vielen Bäche halten und **mit dem Quellwasser der Werra die Stirn benetzen**. Und abends die Erschöpfung genießen und müde in den Schlaf fallen.

(AL)

Informationen: Der Rennsteig für Radfahrer ist etwa 190 Kilometer lang. Er ist nicht für Rennräder geeignet. **Hotel:** Im Hotel Gastinger wird das Essen auf hausgefertigter Keramik serviert, Ilmenauer Straße 21, 98711 Schmiedefeld, Tel. 036782-7070; www.hotel-gastinger.de.

Wellness: Angestrengte Radlerwaden erholen sich bei Massagen und Dampfbädern in Badehaus Masserberg, täglich von 10–22 Uhr geöffnet, Kurhausstraße 8, 98666 Masserberg, Tel. 036870-81380; www.badehaus-masserberg.com.

INFO

18 Weimar – Den Geist Goethes spüren

Die alten Holzdielen knarren bei jedem Schritt, die Oberfläche des mittelbraunen Holzes glänzt. Es fällt viel Tageslicht in die Räume, deren Wände und Decken in Pastelltönen gestrichen sind. Jedes Zimmer dieses berühmten Hauses in Weimar hat eine andere Farbe – und das Haus birgt eine bauliche Besonderheit: Eine lange Flucht ergibt sich bei geöffneten Türen durch alle Räume hinweg. Wie ein endloser Spiegel scheinen sich die Durchgänge hintereinander zu reihen, kein Raum ist geschlossen. Die schweren, hölzernen **Türrahmen bilden einen Blickfang**, ihre Symmetrie mit den dahinterliegenden Räumlichkeiten ist verblüffend. Und gewollt, denn das ist nicht irgendein Haus, das hier am Frauenplan in Weimar steht. Es ist das ehemalige Wohnhaus Johann Wolfgang von Goethes.

Der Dichter liebte es gemütlich, wohnlich und warm. Hierhin zog Goethe 1792 mit seiner Lebensgefährtin Christiane Vulpius und dem gemeinsamen Sohn August – und vermied in seinem Heim jegliche Unordnung. **Großzügig und mit klaren Linien** ließ er bauen – und alles mit einem Hauch italienischem Flair versehen. Er liebte das Mediterrane, sammelte **Statuen und Büsten**, die an Italien aber auch die griechische Antike erinnerten. Weit statt eng, offen statt geschlossen. Goethe schaffte sich ein Refugium, das ihn inspirierte und das er für gesellschaftliche Anlässe nutzte. Goethes private Räume liegen Richtung Süden, mit **Blick in den Park** und auf sein noch viel persönlicheres, kleines Reich: sein Gartenhaus.

Heute streifen Besucher durch seine Gemächer, schauen die Sammlungen und seinen alten Schreibtisch an. Der ein oder andere mag sich fragen, ob das Bett des Dichters nicht zu kurz war. Doch wer nicht nur Augen, sondern auch alle anderen Sinne bei einem Besuch am Frauenplan öffnet, erlebt etwas ganz anderes: Inspiration. Egal, ob man eine Führung allein oder mit anderen unternimmt, die kleinen Momente stellen sich wie von selbst ein. Diese Stufen ist Goethe hinaufgegangen, diese Holzbretter haben unter seinen Füßen genauso geknarzt wie heute. **Innehalten** in solchen Momenten, als ob sich der Geist des Dichters noch immer spüren ließe. Das Geländer anfassen, sich auf die Treppe setzen und hinausschauen in den Garten mit seinen vielen uralten Bäumen. Der Ginko vor dem Eingang hat schon hier gestanden, als Goethe ein und aus ging. Auch draußen atmet der Besucher ein wenig von dem wohl größten literarischen Genie, das einst Faust und Werther Leben einhauchte. Aber auch von dem selbst erklärten Naturwissenschaftler, dessen botanische Studien gro-

Das kleine Gartenhaus des Geheimrats und Dichterfürsten Johann Wolfgang von Goethe ist heute beliebtes Ausflugsziel

ße Bedeutung erlangten und dessen Farbenlehre unumstritten zu den wichtigsten Lehren gehört, die Natur als Ganzes zu begreifen. Hier lassen sie sich spüren, die **Kreativität und der Schaffensdrang**. An einem Ort, der dem Dichter wichtig war und der auch an der eigenen Seele rüttelt, um Kreativität zu wecken.

(DK)

Adresse: Goethes Wohnhaus, Frauenplan 1, 99423 Weimar, Tel. 03643-545347.
Geöffnet: Goethes Wohnhaus am Frauenplan ist von April bis Oktober dienstags bis sonntags von 9–18 Uhr geöffnet; von November bis März enden die Besuchszeiten um 16 Uhr, montags geschlossen. Erwachsene zahlen 8,50 Euro, Schüler 2,50 Euro, Kinder bis 16 Jahre haben freien Eintritt.

Tipp: Für einen Besuch nicht die Sommerferien auswählen und auf den Veranstaltungskalender der Stadt schauen, womit sich ein Kurztrip verbinden lässt.
Weitere Informationen: Tourist-Information Weimar, Markt 10, 99423 Weimar, Tel. 03643-7450; www.weimar.de.
Klassik Stiftung Weimar, Tel. 03643-545400, www.klassik-stiftung.de

INFO

⑲ Westerwaldsteig – Wenn die Seele grün sieht

Psychologen wissen es längst: In der Natur lässt es sich am besten abschalten, **Wandern ist Wellness für die Seele**. Ein unbeschreibliches Gefühl von Weite und Freiheit. Wer sich darauf einlassen kann, erlebt ein ganz natürliches Wohlgefühl und innere Ruhe: etwa auf dem Westerwaldsteig.

Ziehen in den Waden, aber im Kopf total entspannt. Ab und zu wird der Rucksack ein wenig schwer, dann ist es Zeit für eine Rast. Wenn gerade keine Bank in der Nähe ist, setzt man sich einfach auf einen Baumstamm abseits des Weges und streckt die Beine aus. Und genießt die Natur, das viele Grün. Der Wanderweg hat seine besonderen Reize: Wer hier länger unterwegs ist, sieht **tagelang nichts als Bäume, Sträucher und Gras.** Empfehlenswert ist, ein Zelt im Gepäck zu haben. Denn oft sind die Wege raus aus dem Wald und rein ins nächste Dorf zu weit, wenn schon 30 oder mehr Kilometer an einem Tag erwandert sind. Die Strecke ist einsam, um Wasser zu bekommen, müssen Wanderfreunde oftmals bei den wenigen Bauern klingeln. Andere Wanderer treffen sie selten – hier ist jeder mit sich und der Natur allein.

Und mit seinen Gedanken. Langweilig? „Es war herrlich", erinnert sich der 68-jährige Helmut aus Moers. Im Frühjahr ist er den Westerwaldsteig gewandert, 280 Kilometer hat er insgesamt von **Bad Hönningen nach Herborn** zurückgelegt. Jeden Tag das gleiche Bild. Die Blätter der hohen Bäume rauschen im Wind, es ist schattig auf dem schmalen Weg. Einzelne Steine, Wurzeln, kleine Pfützen. Rechts und links Farne

Wanderer Helmut ist gut ausgerüstet…

und Sträucher, Brennnes-
seln und ab und zu Brom-
beeren. Nur noch Grün
ringsum, Vögel zwitschern
in den Baumkronen. Die
**Natur hat ihre ganz
eigenen Geräusche,
Gerüche, Farben und
Formen**. Zum Beispiel
eine einzelne kleine Blu-
me, versteckt im Ge-
strüpp, leuchtend gelb
sticht sie hervor. Oder
das Spinnennetz, in dem
Tautropfen wie kleine Dia-
manten glitzern. Einfach
nur zusehen ist ein Zei-

…mit Zelt, Isomatte und selbst geschnitztem Wanderstab geht er Hunderte Kilometer

chen von Ausgeglichenheit und dem Bedürfnis von Ruhe für die Augen. **Langsamkeit wirkt Wunder auf Menschen**, die den ganzen Tag in flimmernde
Monitore gucken. Wichtig außerdem: der Sauerstoff. Das **Gefühl von Freiheit** beginnt mit dem Weiten der Lungenflügel beim ersten tiefen Atemzug.

Als es Abend wird, will Helmut am liebsten draußen schlafen. Er findet eine
Wiese, drei Pferde grasen am anderen Ende. Gleich hinter dem Zaun
schlägt er sein Zelt auf, sein Kompass verrät ihm, wo am nächsten Morgen die
Sonne aufgehen wird. Im letzten Licht des Tages sitzt er auf einem Stein, auf einen kleinen Block schreibt er seine Erlebnisse: „Wo ich eine Abzweigung im
Wald verpasst habe oder welcher Vogel am schönsten gesungen hat." **Zufrie-
denheit breitet sich aus**. Helmut ist es egal, dass es weder Bad, Bett noch
Dusche gibt. Auch Angst, so ganz allein zu sein, kennt der Wanderer nicht. Er
schläft tief und fest und wird früh am nächsten Morgen von den Pferden ge-
weckt, die beim ersten Licht des Tages über den Zaun hinweg neben seinem
Zelt schnauben.

(DK)

Wanderweg: Der Westerwaldsteig
führt von Bad Hönningen am Rhein
nach Herborn in Hessen (oder
umgekehrt) 235 Kilometer, 16 einzelne
Etappen möglich; wer ihn komplett
wandert, muss zusätzliche Wege aus
dem Wald in Dörfer oder zu
Campingplätzen einkalkulieren. Der
Westerwaldsteig gehört zu den Top
Trails of Germany, zu den zwölf besten
Erlebniswanderwegen Deutschlands;
www.top-trails-of-germany.de.
Kontakt: Westerwald Touristik-
Service, Kirchstraße 48 a, 56410
Montabaur, Tel. 02602-30010;
www.westerwald.info.
Tipp: Vor einer längeren Wanderung
die Muskulatur in Beinen und Rücken
durch regelmäßige kürzere Touren mit
Gepäck an die bevorstehende
Belastung gewöhnen.

INFO

Österreich

Mit dem Schiff auf dem Wörthersee

⑳ Serfaus – Höhenangst überwinden

Im österreichischen Serfaus-Fiss-Ladis gibt es ein Programm, um sich von seiner Höhenangst zu befreien. Ganz inoffiziell natürlich – aber es macht trotzdem viel Spaß.

Wer Höhenangst hat, hat sie meistens schon zu lange, um aktiv etwas gegen sie zu unternehmen. Doch im österreichischen Serfaus ergibt sich die Therapie ungewollt. Dort locken einfach viel zu viele spannende Angebote, bei denen Reisende die **Bodenhaftung verlieren und sich selbst überwinden** müssen.

Zunächst lockt der **Kletterpark X-Trees** am Ortseingang von Serfaus. Hier schnallen Reisende zum ersten Mal Helm und Hüftgeschirr um, zwei Karabinerhaken hängen am Bauchgurt – und das Höhenabenteuer beginnt. Am besten an der Strecke Plansegg starten. Da muss man nicht kraxeln, sondern **fliegt am Seil von einem Punkt zum anderen**. Nur der erste Schritt kostet Selbstüberwindung, dann saust die Seilbahnhalterung los, der Mensch hängt mit seinen Karabinern dran und schwebt zwischen Bäumen.

Wer sich mehr traut, geht klettern, versucht sich als lebende Spinne im Netz oder tapst über schaukelige Brücken. Und anschließend erstmal den Boden unter den Füßen genießen. Am nächsten Tag geht das **Höhentraining** weiter. An der Bergstation Sunliner der örtlichen Seilbahn steht ein Turm, von ihm führt ein langes Drahtseil gen Tal.

Rund 2000 Meter misst die Strecke, die man hier bergab sausen kann, einfach festgehakt an eine Rollenkonstruktion. Am schlimmsten ist die Wartezeit oben auf dem Turm. Hier gilt es einfach, die Nerven zu bewahren. Dann endlich ist es so weit, der Abenteurer steht vor dem Absprung, wird an das Drahtseil angeklickt und man

Ab ins Tal – als lebende Seilbahn

Genusswandern

Ein besonderer Wanderweg rund um Serfaus ist der Six-Senses-Weg vom Spielplatz Murmli-wasser bis nach Madatschen. Dabei geht es durch dichte Lärchenwälder, entlang sprudeln-der Bäche und überall laden klei-ne Stationen zum Nachdenken ein. Hier können Besucher Baum-klängen lauschen oder mit einem Stein ihre Sorgen ins Was-ser werfen.

Helm ist Pflicht beim Klettern

saust einfach los. Wie das hier oben riecht und wie gut die Luft schmeckt! Für Gedanken, ob die Technik hält, bleibt kein Platz, zu viel Adrenalin ist im Blut.

Zu diesem Erlebnis gibt es nur noch eine Steigerung: Den Fisser Flieger. Dort segeln die Mutigen per Drachenflügel über das Tal, **ein bisschen wie Ikarus**. Und nach Kletterpark und Sauser, ist es plötzlich kein Problem mehr, sich an einem Stahlgestell festmachen zu lassen, mit dem man später bäuchlings durchs Tal braust. Im Gegenteil. Hier regiert die Vorfreude auf das schöne Kribbeln gleich im Bauch.

(AL)

INFO

Allgemein: Serfaus-Fiss-Ladis liegt eine Stunde Autofahrt von Innsbruck entfernt in Tirol. Es ist ein Zusammenschluss von drei Orten hoch über dem Inntal. Sie sind mit einem Netz an Seilbahnen und Wanderbussen verbunden. Jeder Gast bekommt eine Karte, mit der er kostenlos Seilbahnen und Wanderbus benutzen kann.
Kontakt: Serfaus-Fiss-Ladis Marketing, 6534 Serfaus-Fiss-Ladis, Tel. +43/5476-6239; www.serfaus-fiss-ladis.at.
Übernachten: Familien lieben das Ho-tel Laurentius, weil die Kleinen dort beschäftigt sind, wenn Mama und Papa wandern wollen.

Kontakt: Familienhotel St. Laurentius, Leiteweg 26, 6533 Fiss, Tel. +43/5476-6714; www.familienhotel-laurentius.com.
Wer es einsamer will, sucht die abgele-gene Hexenseehütte auf, fernab von allem Trubel. In der Hexenseehütte kostet eine Übernachtung im Betten-lager für Erwachsene 10 Euro.
Kontakt: Hüttenwirt Kölner Haus, Hexenseehütte, 6534 Serfaus, Tel. +43/5476-6214; www.raetia-serfaus.at.

21 Irschen – Efeu gegen Hühneraugen

Lavendeleis, Melissenlimonade und Ringelblumen im Salat – mit seinem Kräuterwissen macht das österreichische Irschen Besuchern Lust auf einen Ökourlaub. Es war **das allererste Kräuterdorf der Alpen**.

Dass gegen alles ein Kraut gewachsen ist, weiß der Volksmund - welches Kraut wofür einsetzbar ist, weiß man in Irschen. „Das hier ist Bohnenkraut", verrät Rosmarie Kranabetter schmunzelnd. „Es macht Männern Lust auf Liebe." Deswegen ist Bohnenkraut einer der Hauptbestandteile im gleichnamigen Tees, den die Kräuterbäuerin herstellt. Ihr Bauernhof liegt in 2200 Meter Höhe mit Blick über das Drautal. Unten glitzert der Fluss wie ein silberner Faden oben liegen die Dolomitengipfel auf Augenhöhe. Wie ein riesiges Handtuch bettet sich ihr Kräuterbeet in die Alpenwiesen. Ordentlich gehackter Boden zwischen den Kräuterpflanzen, Namensschildchen vor fast jedem Strauch: **Goldmelisse, Apfelminze, Arnica, Naneminze**. Rosmarie Kranabetter untersucht jedes Blatt, bevor sie es in den Erntekorb legt. Sie pflückt nach den Mondphasen: „Wurzeln kann man nur bei abnehmendem Mond ausgraben, dann steckt in ihnen alle Kraft." Sie gibt ihr Wissen gerne weiter, beispielsweise in Kursen über Kräuterkunde. Dann schlüpfen Feriengäste ausgerüstet für einen Tag in die Rolle der Kräuterfee, pflücken Blätter, mischen Tees, bereiten Würzsalz, zum Abschluss gibt es sogar ein **Kräuterdiplom**.

Auch im Bio-Hotel Mandler im Tal kommen nur **Irschener Produkte** auf den Tisch. Ein geprägtes Muster aus Blumen- und Kräuterranken verziert die Butter. Zu Mandlers Gästen gehört auch ein älteres Paar mit seinen Enkeln Laura und Niklas: „Die essen sonst nie Butter, aber hier können sie gar nicht genug davon bekommen", erklärt die Oma. Auch Cola vermissen die Kinder nicht. „Holundersirup mit Sprudelwasser ist sooooo lecker", schwärmt Niklas. Lieber nicht verraten, dass das Getränk auch sehr gesund ist.

Es war Eckard Mandlers Idee, aus Irschen das Kräuterdorf zu machen. Eine andere Einwohnerin hat sich auf **Naturkosmetik** spezialisiert. Am späten Vor-

Kräutertöpfchen – überall zu finden in Irschen

Versteckt hinter Ringelblumen liegt das Kräuterdorf

mittag, wenn der Tau von den Blüten getrocknet ist, sammelt sie **Wiesensalbei, wilde Rosen oder Veilchen**. Mehr als 400 Kräuter gedeihen auf den Almen der sonnigen Hochebene. Sie verarbeitet einige davon zu **Sprudelbadekugeln, Seife oder Balsam** und gibt ihr Wissen in Abendkursen weiter. Auch bei einer Naturheiltherapeutin können Besucher ihr Wissen über Heilkräuter erweitern und **lernen, wie Essenzen und Cremes hergestellt werden**. Oder einem Schnapshersteller bei der Produktion von Löwenzahnwurzelschnaps über die Schulter schauen.

(AL)

INFO

Lage: Irschen liegt im westlichen Kärnten auf 802 Metern Höhe, nächste größere Stadt ist Spittal an der Drau.
Anreise: Mit der Tuifly nach Klagenfurt. Dann weiter mit dem Leihwagen oder per Bahn bis nach Irschen, etwa anderthalb Stunden Fahrt. Das Landhotel Mandler bietet einen Abholservice vom Flughafen Klagenfurt. Mit dem eigenen Auto über Innsbruck, Kitzbühel, Felbertauerntunnel und Lienz (von Innsbruck: 220 Kilometer).

Übernachten: Landhotel Mandler, Vier Sterne-Bio-Hotel mit Kräuterkissen und Honigseife auf dem Zimmer, ab 58 Euro pro Person und Tag.
Selbstversorger: Fundahof, Appartements ab 49 Euro die Nacht, Pölland 13, Tel. +43/4710-2700.
Kontakt: Österreichisches Fremdenverkehrsamt: Österreich Werbung Deutschland, Klosterstraße 64, 10179 Berlin, Tel. 030-2191480.

㉒ Klagenfurt – Inspirierender Wörthersee

Ein Spaziergang durch Klagenfurts Innenstadt dauert höchstens eine Viertelstunde. Doch es sind weder die Eisbuden noch die Boutiquen, die hier Dichter und Denker faszinieren.

Da steht sie: Eine kleine Bank, umrankt von wildem Wein, der sich durch zusammen gezimmerte Leisten quetscht. Geschützt durch die grüne Mauer, steht die **Bank inmitten der Idylle des Friedelstrands**. In der versteckten Laube hängt ein kleines Messingschild: "Egyds Büro". Dort sitzt der Klagenfurter Dichter Egyd Gstättner hin und wieder und sinniert über neue Bücher und Geschichten. **Ein Platz, der auf neue Ideen bringt**. Leicht schwappen die Wellen des Wörthersees ans Ufer, der türkisblaue Bergsee glitzert vor den Gipfeln der Alpen. Ein Blau, das schon Dichter wie Ingeborg Bachmann oder Robert Musil inspiriert hat, neue Wortschöpfungen zu ersinnen.

Es ist diese **einzigartige Nähe zwischen Stadt und Natur**, zwischen gepflegtem Kaffeehaus und wilden Buchenwurzeln über den Wanderwegen, die Dichter wie Prominente gleichermaßen anlockt: Udo Jürgens, Niki Lauda, Ferdinand Piëch oder Milliardärin Ingrid Flick haben an seinem Ufer kleine Refugien gebaut.

Und Gustav Mahler. Der Komponist hatte sich so in den Wörthersee verliebt, dass er sich dort nicht nur eine Sommerfrische baute, sondern auch ein **klitzekleines Komponierhäuschen mitten im Wald**. Oft wanderte er von den Kaffeehäusern der Innenstadt zu seinem Sommerdomizil in Maiernigg am Südufer. Eine Wanderung, die sich heute noch lohnt. Durch Licht durchflutete Wälder, fernab des Trubels am See. Ganz entfernt treibt der Wind manchmal das Juchzen der Badenden ins Grün. Die Strecke führt durch Buchenwald, über erfrischend schattige Wege. Immer wieder gibt es jenseits des Pfades kleine Stellen, wo ein Sonnenstrahl den Boden berührt und die Blätter zum Leuch-

Innenstadt von Klagenfurt

Lendkanal

Der Lendkanal führt von der Innenstadt direkt zum Wörthersee. Er ist vier Kilometer lang und teilweise von schmucken Häusern gesäumt. Mit seinem Grün und seinem geraden Verlauf erinnert der fast 500 Jahre alte künstliche Wasserweg an eine malerische holländische Gracht. Am nördlichen Ufer ist der Treffpunkt für Inline-Skater.

ten bringt wie ein Neonstrahler.

Mitten im Nichts steht ein Mini-Haus, eher eine gemauerte Gartenlaube, mitten unter den Bäumen. Klassische **Musik ertönt laut aus den offenen roten Holztüren.** Erst beim Näherkommen sieht der Wanderer einen Mann auf einem Klappstuhl sitzen und schlafen. Er trägt eine Uniform und ist Museumswärter dieses verschlafenen Platzes. Denn nach

Blaues Bergwasser: Der Wörthersee.

dem Tod des Musikers hat das Land das Häuschen zum Museum umgewandelt. Der Wärter hat sich die 5. Sinfonie von Mahler ein wenig lauter gedreht und ist darüber eingedöst. Leise schleicht sich der Besucher vorbei und lugt kurz in das kleine Haus. Briefe liegen dort in Schaukästen und **Fotos des Komponisten.** Doch hinein traut er sich nicht, will den Mann nicht wecken. Wer herkommt, versteht sofort, warum Mahler diesen Platz wählte, wo man eigentlich nichts weiter hört als den Gesang der Vögel.

Manchem ist der einstündige Wanderweg hierher vielleicht zu weit. Doch wenigstens eine Teilstrecke von Mahlers Weg sollten Wanderer absolvieren. Vielleicht zunächst auf dem Klagenfurter Lendkanal Tret- oder Paddelboot fahren. Am besten gleich bis zum romantischen Schloss Maria-Loretto steuern. An dieser Halbinsel mündet der Kanal in den Wörthersee. Von dort geht es weiter zu Fuß zum verwunschenen Wald rund um das Komponierhäuschen. Und dieses Mal ist der Wärter wahrscheinlich wach.

(AL)

Lage: Das Komponierhäuschen liegt bei Maiernigg am Südufer des Wörthersees, von Klagenfurt aus gut zu erreichen, der Weg zum Häuschen ist ausgeschildert.
Der Eintritt ins Komponierhäuschen beträgt einen Euro, es ist von März bis Oktober geöffnet.

Kontakt: Österreichisches Fremdenverkehrsamt, Österreich Werbung Deutschland, Klosterstr. 64, 10179 Berlin, Tel. 030-2191480.

INFO

㉓ Lammersdorfer Hütte – Edelsteinrausch beim Wandern

1644 Meter über dem Meeresspiegel und etwa eine Viertelstunde Autofahrt entfernt von Millstatt liegt die Lammersdorfer Hütte. Hier geraten Reisende beim Wandern in einen Edelsteinrausch, wenn sie auf Suche nach Granatsteinen gehen.

In seinen Händen sehen sie aus wie ganz normale dunkle Kiesel: Hans Werner Schmölzer greift in die Tasche seiner krachledernen Trachtenhose und zieht ein mit weißem Tuch umhülltes Päckchen hervor. **Kirschgroße schwarze Steine** kullern über seine Handfläche. „Diese Edelsteine sind hier oben ganz einfach zu finden", sagt der Kärntner Hüttenwirt und zeigt auf die Berglandschaft vor sich. Schmölzer setzt seinen grauen Filzhut auf, nimmt seinen Wanderstock und **„auffi geht`s"**. Seine Gäste motiviert er so: „Lassen Sie uns den Wandersteig gehen, da finden Sie sicher Edelsteine." Schon nach wenigen Metern bückt sich der 1,86 große Mann und fischt zielsicher einen lehmfarbenen Stein aus der Masse der Wegkiesel. Mit dem Fingernagel schabt er die Kruste ab, zum Vorschein kommt schwarzes Gestein – und eine lange Kante. „Hier ist schon der erste Granat." Die roten Edelsteine gibt es hier hoch oben in Kärnten wie Sand am Meer.

Eine Hand voll Granatsteine

Schmölzer muss im Schneckentempo wandern, um seine Gäste zu begleiten. „Sie sollten auch ab und zu mal in die Landschaft blicken, es lohnt sich", sagt er schmunzelnd und zeigt an einem Aussichtspunkt in die Weite. Die Wanderer sind sprachlos. Im Tal breitet sich der **Millstätter See** aus. Umrahmt von blauen Bergen, ein Postkartenmotiv.

Weiter geht es den Granatsteig immer bergauf. 400 Höhenmeter fordert die Wanderung den Feriengästen ab. Doch stets wieder lauern kleine Überraschungen am Wegesrand. Nicht nur Granate. Irgendwann gewöhnt man sich sogar an das **Laufen auf Edelsteinen** und schaut immer häufiger in die Berglandschaft. Im Gras stupsen zwei Murmeltiere ihre Nasen aneinander und spielen kurz miteinander. Nach zwei Stunden Wanderung bergauf entschädigt ein weiterer Aussichtspunkt für die Anstrengungen: Vom baumlosen **Plateau Stana Mandl** aus scheint der Wanderer mit allen Gipfeln Südösterreichs auf einer Höhe zu sein. Und kann über drei Länder schauen: „Da hinten liegt schon Slowenien mit den Karanwankenbergen und wenn Sie dort in die Ferne blicken, sehen Sie in Italien", erklärt Schmölzer.

Malerisch grün: Berglandschaft in Kärnten

Kurze Rast, dann weiter durch die baumlosen Ebenen – und mitten hinein in eines der größten Granatvorkommen Europas. Am Obermillstätter Almkreuz in 2046 Metern Höhe liegen die roten **Karfunkelsteine** so dicht an dicht, dass man sie nur noch aufzusammeln braucht. Dass Schatzsuche hungrig macht, spüren die Wanderer erst, als sie die großen Holzteller mit Brotzeiten in der Lammersdorfer Hütte sehen. Käse und Butter aus der gegenüberliegenden Almsennerei, Schinken und Wurst vom Bauern und der Heidelbeersaft ist selbstgepresst. Und später im Tal eine Edelsteinschleiferei suchen. Oder als Heilstein gegen Kummer, Niedergeschlagenheit, Erschöpfung oder Mutlosigkeit benutzen.

(AL)

Alm: Lammersdorfer Alm, 9872 Millstatt, Österreich, Tel. +43/4766-3596, geöffnet von Mai bis November. Hotel Wiessner, Lammersdorf 10, 9872 Millstatt, Tel. +43/47662148, www.hotelwiessner.at, Zimmer ab 33 Euro. www.lammersdorferhuette.at.

Kontakt: Österreich-Werbung, Hotline: 0810/101818 (zum Ortstarif), www.austria.info.

INFO

㉔ Zillertal – Urlaub für die Ohren

Im Zillertal in Österreich gibt es stille Wanderwege und beeindruckende Gletschergrotten. Wer hierher kommt, macht vor allem eines: Urlaub für alle Sinne.

Keine Autos, keine Stimmen, keine Kuhglocken. Ganz oben auf der **Junsalm** ist nichts zu hören. Einfach gar nichts. Unheimlich fast, so **ohne Geräuschteppich** wirkt der **Ort jenseits der Baumgrenze**. Nur das rhythmische Knirschen der eigenen Wanderschuhe auf den Kieselwegen. Noch zehn Minuten, dann kommt die nächste Alm, ein weiß verputztes Haus mit grauem Dach duckt sich an einen kleinen Hügel. Dutzende silbrig glänzender Milchkannen stapeln sich vor der Holztür. Über der ist in großen Lettern gemalt: Almkäserei Stoankasern. Mit der Höhenlage von knapp 2000 Metern ist sie eine ganz besondere **Almkäserei inmitten der Tiroler Berge**.

Noch das helle Licht der Höhensonne in den Augen, wirkt der kleine Raum rabenschwarz. Nichts zu sehen. Dafür ist der Geruch deutlich: Feuerholz und Hefe. Große Kupferkessel glänzen im spärlichen Licht. Unter ihnen züngeln Flammen aus den Holzscheiten. Im Kessel darüber schwimmt eine graue Masse – Almmilch, die gleich zu Käse wird. Käser Sepp Kogler greift sich zwei große Kehrbleche und rührt in dem badewannengroßen Kessel herum. Seit fast 60 Jahren macht er hier oben dieselben Handgriffe. Dem Käse schmeckt man es an, **würzig und lebendig**.

Dann geht er nach draußen, hält sich schützend die Hand vor die Augen und blickt in die Ferne. Eine Wandergruppe arbeitet sich über den sattgrün bewachsenen Grat. „Die kommen von der **Sonnenaufgangstour**", vermutet er. „Eine unserer schönsten Wanderungen hier." Tatsächlich leuchtet der Himmel morgens um 4.30 Uhr in den Zillertaler Bergen wie ein Aquarell. Die ersten **Sonnenstrahlen malen die grauen Gipfel sanft rosa**. Fast mystisch glänzt der Torsee. Eingebettet in seiner grünen Mulde soll er von einer unterirdischen Quelle gespeist werden. „Der Sage nach lebt auf seinem Grund ein Riesentier", erzählt der Bergführer.

Weiter wandert die sechsköpfige Gruppe über die graue und braune Steinwüste **weiter zum Ramsjoch**. Immer wieder diese Stille hier oben in den Bergen. Am nächsten Tag sind nicht nur die Gedanken laut, sondern auch der Kes-

Auf der Alm Stoankasern

selfall, der am Ende des Tals die Felsen hinabstürzt. Mitreißendes Wassertosen donnert den Kopf frei. Von dort geht es weiter per **Seilbahn zum Gletscher**, ein Muss in Hintertux. Nur 200 Meter entfernt vom höchsten Punkt des Gletschers entfernt, wartet der Wanderführer und drückt seinen Gästen Helm, Gurte, Handschuhe und Sicherungsschlingen in die Hände. Ein Seil in Handhöhe führt in die Höhle. Vorbei geht's an der rot angeleuchteten Eiskapelle hin zum eigentlichen Palast. Während 25 Meter über den Wanderern Skifahrer wedeln, glitzern hier Eiskristalle in hellen Blautönen. Nur das **Eis knackt hin und wieder**. Urlaub für die Ohren.

(AL)

INFO

Lage: Das Zillertal liegt in Tirol, eineinhalb Stunden Autofahrt von Innsbruck entfernt. Das lange Tal enthält mehrere Orte, die ein kostenloser Wanderbus miteinander verbindet. Von Hintertux aus geht es nach oben auf den Gletscher. Dort können Sportler auch im Sommer Snowboarden und Ski fahren. **Kontakt:** Tourismusverband Tux, Lanersbach 472, 6293 Tux, Tel. +43/5287-8506, www.tux.at.

Schweiz

Schöner Wanderweg: Zwischen blühenden Wiesen und Obstbäumen

25 Safiental – Luxus des Nichterreichbar-Seins

Handyempfang? Fehlanzeige! W-Lan? Auch nicht. Dafür Berge, Berge, Berge: Das Safiental gehört zu den einsamsten Orten in der Schweiz. Mit seiner Höhenlage auf 1315 Metern liegt es **ganz am Ende eines langen Tals**, das die Rabiusa, Zufluss des Rheins, tief in die Berge geschnitzt hat.

Am Eingang der 340 Seelen-Gemeinde grasen **Yaks, Lamas und Kamele unter tibetischen Gebetsfahnen** auf der Bergweide. Ein gelber Flaum von Schlüssel- und Butterblumenblüten liegt über den Sonnen beschienenen Hängen. Vor einem der typischen alten Häuser, unten weißer Putz, oben Holzaufbau, sitzt ein alter Mann mit grauem Rauschebart wie Alm-Öhi in einem selbstgeschnitzten Stuhl. Ihn kleiden blaues Karohemd und graue Lederhose, und er guckt auf die Straße. Es ist April, an einigen Stellen weiter oben liegt noch Schnee. Die Fremden gehen mit Mütze und dicken Jacken spazieren, ein einheimischer Bergbauer läuft barfuß über die Wiesen.

Das ist Wellness für die Safientalerin Maria Hunger-Fry: **Bergtau unter den Füßen**, gute Luft atmen, Wind und Wetter ins Gesicht bekommen, anstatt sich hinter Glasscheiben verwöhnen zu lassen. „Es hat auch einen Wert, wenn Telefone einfach mal nicht funktionieren", sagt sie.

Tatsächlich, so sagen die Einwohner, ticken die Uhren hier oben langsamer als anderswo. Stress scheint unbekannt. Die Kinder stapeln Kiesel im ausgetrock-

Gebetsfahnen und Lamas mitten in den Schweizer Alpen

Lamatrekking mit Jurte

Wer im Safiental ist, sollte unbedingt das Lamatrecking ausprobieren, samt Übernachtung in der Jurte: Erwin und Angelika Bandli, Talstraße 9, 7107 Safien Platz, Tel. +41/81-6471205; www.bandli.ch. Als **weitere Aktivitäten** locken Biking, Kanufahrten, Klettertouren: www.safiental.ch.

Lama – ob es gleich spuckt?

neten Flussbett. Oder spielen Fußball mitten auf der Straße. Heute kickt der Postbusfahrer mit, er ist fünf Minuten zu früh dran, lässt den Bus stehen und nutzt die Zeit. Die Pastorin gesellt sich hinzu. **Jeder kennt jeden und hat Zeit für einen Plausch**.

Wer im Safiental wandert, kauft sich morgens seine Verpflegung im einzigen Tante-Emma-Laden des Dorfes und lebt den Rest des Tages aus dem Rucksack. Denn hier oben in den Graubündener Bergen ist es so einsam, dass selbst Gasthäuser Fehlanzeige sind. Dafür gibt es ganze Felder, auf denen Krokusse blühen.

Schon die schmale Straße in die Orte **Tenna, Versam, Valendas, Thalkirch und Safien-Platz** ist für die meisten Gäste ein Erlebnis. Sie schlängelt sich über 27 Kilometer in steilen Serpentinen die Berge hinauf – breit genug für ein Auto, auf der einen Seite steile Berghänge, auf der anderen Seite tödliche Tiefen der Rheinschlucht. Oben – 27 Kilometer und gefühlte 100 Serpentinen entfernt vom nächsten Supermarkt, gibt es noch nicht einmal einen Geldautomaten. Dafür eine mongolische Jurte für die Wandergäste, hoch über dem Dorf, mitten in den Bergkräutern. Einfach nur dort **sitzen und das Alpenglühen genießen**.

(AL)

INFO

Lage: Das Safiental liegt im Schweizer Kanton Graubünden.
Anreise: Über die Stadt Chur nach Versam (bis hierhin fährt auch ein Zug). Dann weiter nach Safien-Platz, entweder mit dem Postbus oder mit dem Auto. www.postauto.ch.
Übernachten: Turrahus, ganz einsam am Ende des Tal gelegen, Berggasthaus Turrahus, Beda Kurath,
7109 Thalkirch, Tel. +41/81-6471203; www.turrahus.ch.
Mitten im Ort, direkt am Stausee des Wasserkraftwerkes: Rathaus Safien-Platz: Angie Kälin-Alder, Unterplatz, 7107 Safien, Tel. +41/81-6471106.
Schlafen im Heu: Christian und Marianne Hunger-Toggweiler, Zalön, 7107 Safien, Tel. +41/81-6471257.

㉖ Rapperswil – Eine Woche im Kapuzinerkloster

Das Kapuzinerkloster in Rapperswil nimmt pro Woche bis zu acht Gäste auf und gibt ihnen die Möglichkeit, einmal ein **Kloster auf Zeit** zu besuchen.

Diese Türglocke ist speziell: Schon beim Ziehen des Holzkreuzes am Eingang wird klar: Die Menschen hinter diesen weißen Mauern haben Zeit. Es dauert, bis jemand das Klostertor öffnet und den neuen Gast empfängt. So lange, dass dieser eigentlich schon zum zweiten Mal am Kreuz ziehen will, ungeduldig nach seinem Handy in der Tasche greift, sich aber im letzten Augenblick noch besinnt, dass dieses der Ort sein sollte, an dem man Zeit hat. Also warten, bis ein Bruder erscheint. Tatsächlich klappert es schon bald auf der anderen Seite der Mauer.

Sonntagabend beginnt die Woche im Kloster zunächst mit einer Einführung: Das Leben läuft nach strengem Zeitplan ab, morgens um 6:45 Uhr wird gefrühstückt, eine halbe Stunde später folgt das erste Gebet. Auf den Holzbänken der Kirche singen Gäste und Mönche gemeinsam oder sprechen Fürbitten aus. Danach nehmen sie sich die Zeit für Stille. **Meditation, eine halbe Stunde lang nichts tun** und am besten **auch nichts denken**, einfach nur auf der hellen Holzbank sitzen und in sich hinein horchen. Für manch einen kommt es unvermittelt, andere dösen glatt noch mal ein so kurz nach dem Aufstehen.

Wer sich für das Kloster entscheidet, willigt auch ein, an drei Vormittagen den Brüdern und Schwestern bei ihrer Arbeit zu helfen. Kartons packen, Wäsche falten oder im Garten Unkraut rupfen und dabei den Blick über den Zürichsee genießen, denn das Kloster liegt direkt an seinem Ufer mit Vorzugspanorama über die Alpenstadt. Nach dem Essen und dem Mittagsgebet gibt es freie Zeit. Muße für einen Spaziergang an der belebten Uferpromenade oder sogar ein kleines Bad im Bergsee – oder nur im einfach ausgestatteten Zimmer bleiben und über die Zeit, das Leben und den eigenen Glauben sinnieren.

Neben dem Beten und Arbeiten stehen die Mönche in den braunen Kapuzenkutten jederzeit für Bibelgespräche oder persönliche Lebensberatung bereit, häu-

Rosengarten neben dem Kloster

Das Kloster von außen mit herrlichem Seepanorama

fig geben sie Ratschläge zu Fragen wie **„Auf welche Weise kann ich besser zur Ruhe kommen?"** oder „wie trete ich in Beziehung zu Gott?".

Ein Tag allerdings unterscheidet sich komplett von den anderen: Freitag ist Oasen- und Wüstentag. Dann schicken die Mönche ihre Schüler in die Wildnis, um sich einen Platz zu suchen, dort den ganzen Tag zu verbringen und nachzudenken. Erst nachmittags holen sie die Klosterbrüder wieder ab. Geläutert, innerlich gereinigt, so hoffen die Mönche. Die Klosterpraktikanten sind dann draußen – bei Regen, Sonnenschein oder auch Hagel. Übrigens ist es **egal, ob Moslem, Jude oder Hindu** – nach Rapperswil kann jeder kommen. Nur eines muss stimmen: Die Bereitschaft mitzumachen.

(AL)

Orden: Die Kapuziner leben seit mehr als 400 Jahren in Rapperswil nach dem Evangelium Jesu Christi. Eine Woche im Kloster kostet zwischen 300 und 500 Euro.

Kontakt: Kloster zum Mitleben, Endingerstraße 9, 8640 Rapperswil, rapperswil@kapuziner.org, www.klosterrapperswil.ch.

INFO

㉗ St. Gotthard – Romantik im Bergmassiv

Wer garantiert nicht erreichbar sein will, begibt sich zum Gotthard. Besser gesagt: in den Gotthard. Mitten in dem Bergmassiv wartet nämlich ein Hotel auf Menschen, die nicht nur absolute Ruhe suchen, sondern bei hunderten Metern Felsgestein über dem Kopf auch auf Handynetz und Internet verzichten wollen.

Der Ort ist geheimnisvoll, dunkel und beinahe beängstigend. Gänsehaut auf den Armen, die Nackenhaare stellen sich auf – doch man weiß nicht genau, ob es von der Kälte kommt oder sich Unbehagen im Körper breit macht. Der Eingang ist einfach ein Loch im Berg, der Berg das Sankt-Gotthard-Massiv. Groß, mächtig, Furcht einflößend. In mehr als 2000 Metern Höhe liegt **ein Hotel – mitten im Berg**. Der Weg dahin führt durch dunkle Tunnel, Wasser tropft von der Decke, die Gänge sind Relikte aus dem zweiten Weltkrieg. Ebenso die militärischen Hinweisschilder, die schweren Eisentüren, durch die der Hotelgast muss. Der Tunnel ist ein winziger Teil des Réduit national – einem System militä-

Einladend sieht das Hotel La Claustra von außen zwar nicht aus…

rischer Verteidigungsanlagen in den Schweizer Alpen. Hier, an strategischen Schlüsselpositionen, hätte im Zweiten Weltkrieg die Schweizer Armee im Falle eines deutschen Angriffs eine Verteidigungslinie aufgebaut. Unweigerlich drängt sich ein Fluchtgedanke ins Gehirn, doch wer hierher kommt, sucht entweder den Nervenkitzel, will seine Klaustrophobie bekämpfen oder einfach nur seine Ruhe.

„La Claustra", so lautet der bezeichnende Name des Hotels, das sich nach etwa 200 Metern Tunnel endlich mit einem roten Teppich ankündigt. Der Gast wird hier individuell begrüßt, es gibt keine Rezeption für das Check-in. Eine große, offene Halle aus Felsen ist eine willkommene Abwechslung zu den bedrückenden Gängen. Ringsum nur pures Gestein, vor dem hier eine Sitzgruppe mit Kerzenleuchter, dort einfach eine Vase dekoriert ist. Auf insgesamt 4000 Quadratmetern gibt es hier Luxus mitten im Berg und **ein überraschendes Spiel mit künstlichem Licht in dem natürlichen Gestein**.

…doch innen ist es eine edle Oase der Gemütlichkeit und Ruhe

Die Idee dahinter ist einfach: Es ist ein modernes Kloster. **Abgeschiedenheit in ihrer reinsten Form** für sehr persönliche Erfahrungen. Zum **Reflektieren oder Abschalten.** Die Naturelemente Fels und Wasser prägen den Ort und spielen auch bei den ganz eigenen Empfindungen eine große Rolle. Denn obwohl die neun Zimmer mit modernem Interieur überraschen, die Holzmöbel Gemütlichkeit ausstrahlen und eine Lüftungsanlage alles auf trockene 20 Grad Celsius regelt – Tageslicht sieht man hier nicht. Hier ist Platz für Phantasie, Gedanken haben freien Lauf – denn es gibt **keine Ablenkung von außen.** Der Gast ist im Innern angekommen. Des Berges und seiner selbst. Höhlenfeeling pur, ein archaisches Gefühl von Schutz, Nicht-Gefunden-Werdens und der Kraft der Gedanken. Und dann geht es ja irgendwann auch wieder raus aus dem Berg – mit einer ganz neuen Erfahrung.

(DK)

Idee: Neben dem Kloster-Charakter der Abgeschiedenheit ist La Claustra auch ein kommunikativer Ort; denn mangels Verbindung zur Außenwelt kommen Gäste hier schnell ins Gespräch.
Tipp: Massage im Bergmassiv! Ein kleiner Wellnessbereich lädt ein.
Kontakt: La Claustra, 4-Sterne-Erlebnishotel, San Gottardo, 6780 Airolo, Tel. +41/91-8805055; Wegbeschreibungen und weitere Informationen im Internet unter www.claustra.ch.
Preise: 125 Euro für das Einzelzimmer, 250 Euro für das Doppelzimmer inklusive Frühstück; geöffnet ist das Hotel von Anfang Mai bis Ende Oktober.

INFO

28 Visperterminen – Eigenwillige Bräuche

Wer als Reisender nach Visperterminen kommt, ist schnell Teil der Gemein-schaft und lernt viel über das traditionelle Dorfleben. Die Frauen hier binden Kopfschmuck aus Federn oder treffen sich zu mysteriösen Kartenspielen.

Das Geschäft ist von unten bis oben vollgestopft mit bunten Wollknäueln und so klein, dass gerade zwei Stühle und ein Ladentisch darin Platz finden. Mitten-drin sitzt eine Oma mit einer jungen Frau – und beide stricken. Die Alte und die Touristin klappern mit den Nadeln und ketteln **Pulswärmer samt ein-gestrickter Perlen**. „300 Perlen braucht man für einen", erklärt Noemie und lächelt ihre junge Schülerin an, die mühsam die Kugeln auf dem Garn hin und her schiebt. Wenn Noemie **Geschichten von früher** erzählt, als sie den Som-mer auf der Alm verbracht, Käse und Honig selbstgemacht und sich morgens das Gesicht mit eiskalten Gletscherschmelzwasser gewaschen hat, vergehen die vier Stunden Strickzeit wie im Fluge. Ihre langen weißen Haare sind zu ei-nem Dutt gebunden, sie leuchten hell vor dem gebräunten, faltigen Gesicht. „Wir haben in Betten aus reinem Stroh geschlafen, das hat gepiekt – aber auch sehr gut gerochen", erinnert sich die alte Frau und ihre Nadeln klappern im Akkordtempo aneinander.

Visperterminen liegt auf 1378 Metern hoch

Ein bisschen von diesem Leben von früher können Touristen in Visperterminen heute noch erfahren. Sie schauen dem Imker über die Schulter oder kommen beim Almbauern unter. Oder binden **Fronleichnamskopfschmuck aus Federn**. Überall im Dorf öffnen die Walliser gerne ihre Türen und zeigen den Touristen ihre Traditionen. Wer Glück hat, trifft beim Essen den Sagenerzähler - oder beim Tee alte Frauen, die sie in die **Geheimnisse des Troggu** einweihen.

Die Alten weihen Gäste gern in ihr altes Wissen ein

Im Dorfcafé sitzen drei Omas in bunt gemusterten Kittelschürzen und halten Spielkarten in der Hand. Erst auf den zweiten Blick zeigt sich, dass es Tarotkarten sind. Am blanken Holztisch bieten die Weißhaarigen, spielen Trümpfe aus und schieben am Ende Kleingeld über den Tisch. Skurril sieht das aus, wenn man bedenkt, dass Glücksspiel sonst vielerorts Männersache ist. Eine Runde Kakao trinken, zwischendurch ein Stück Nusskuchen essen und dann bieten, zusammenrechnen und bezahlen. **Die Zeit bleibt stehen.** Zwei Stunden dauert es, bis alle flüssig mitspielen können. Doch die Schweizerinnen entscheiden jede Runde für sich und lassen das Kleingeld in ihren Kitteltaschen verschwinden. Der Gewinn reicht für eine Runde Kakao extra.

(AL)

Höchster Weinberg Europas

In Visperterminen steht der höchstgelegene Weinberg Europas, hier wächst vor allem die Heida-Traube. Ein Weißwein, der vor allem sehr würzig, körperreich und arm an Säure ist. In Visp gibt es einen **Reblehrpfad mit 17 Stationen** rund um die Traube und in Visperterminen liegt die große Kellerei.
Kontakt: St. Jodern Kellerei Unterstalden, 3932 Visperterminen, Tel. +41/27-9484348; www.jodernkellerei.ch.

Lage: Visperterminen liegt im Wallis, in der südlichen Schweiz, nahe den Städten Brig und Visp. Touristeninformation, Tel. +41/27-9480048; www.heidadorf.ch.
Hotel: Hotel Rothorn liegt zentral, direkt neben dem Sessellift, rund 100 Euro für zwei Personen. Bodmumattenstraße, 3932 Visperterminen, Tel. +41/27-9463023, www.hotel-rothorn.com.

INFO

Europa

Wein an einem
oberitalienischen Haus

29   Diskoinsel – Klare Luft und anderer Rhythmus

Völlig aus ihrem Biorhythmus kommen Reisende in Grönland, wenn dort die Sonne 24 Stunden lang scheint. Selbst um 1 Uhr nachts hält sie so wach, als wäre es erst später Sommernachmittag in Deutschland.

Wie Treibgut liegen sie am Strand, die Reste der einst so majestätischen Eisberge. Große rund geschmolzene Stücke hat der Nordatlantik hier an den schwarzen Strand gespült, nun ergeben sie sich der Sonne. Mit knapp fünf Grad ist das Meer hier viel zu kalt zum Schwimmen. Eigentlich. Die Kinder stört es nicht. Sie spielen in Badehosen in einer kleinen Lagune. Werfen das Wasser mit beiden Händen in die Luft, bis es in glitzernden Tropfen wieder hinunter kommt. Im Hintergrund schaukeln Eisberge wie haushohe Sahnehauben auf dem blauen Wasser. Das unwirkliche Bild der badenden Kinder vor den Eisbergen gehört zu den Sommergesichtern der Diskoinsel, **250 Kilometer nördlich des Polarkreises**.

Ilulissat

Wer in Ilulissat ist, sollte ein paar Tage für dort einplanen und nicht gleich weiter zur Diskoinsel fahren. Die Stadt ist Ausgangspunkt für viele Touren, von der **Walsafari** bis hin zum Hubschrauberflug zur Gletscherabbruchkante. Von hier aus kann man auch zum **Eqi-Gletscher** reisen, in einem Camp dort ein paar Tage verbringen oder mit dem Boot zu kleinen umliegenden Orten fahren. Der Veranstalter Tourist Nature vermittelt Bed & Breakfast, also Zimmer bei Privatpersonen als günstigste Variante der Übernachtung. **Kontakt:** Tel. +299/944420; www.ilulissattn.com.

Hier gibt es keine Straßen zwischen den Orten. Im Winter verbinden Hundeschlitten die kleinen Weiler, im Sommer sind Boote die Hauptverkehrsmittel. Dunkel erheben sich Tafelberge über der Tundra, geschliffen von Wind und Frost und gescheckt wie Kühe, mit weißen Flecken aus Schnee. Ihr Braun hat viele Töne, mal leuchtet es dunkellila, mal ockerfarben und **an sonnigen Stellen überzieht grüner Teppich die Felsen**.

Wer hier wandert, fühlt sich am einsamsten Platz der Welt. Die **Sommersonne** brennt auf Nase und Arme, doch im Schatten weht ein kühler Schneewind. So weit der Blick reicht nichts als Tundra. Hier öffnet sich der **Blick für Kleinigkeiten**. Flechten, deren Blüten aussehen wie kleine Sterne oder Moos so grün wie erste Buchenblätter im Frühjahr. Ein Bach gurgelt durch die sanften, grünen Kissen und bringt frisches **Schmelzwasser vom Lygmarkgletscher** ins Tal. Schuhe ausziehen und barfuss über das Moos wandern – es ist weich und feucht wie ein vollgesogener Schwamm. Naturwellness für die Füße.

Eisberg in der Mitternachtssonne

Einsam: Napasunnguit Hostel am Ortsrand

Weiter geht es zum Gletscher. Er liegt etwa vier Stunden Wanderung von Qe-qertarsuaq entfernt. Hier oben auf 950 Metern heulen schon die Hunde und freuen sich auf die Schlittentour. Mitten im Sommer mit den Huskys durchs ewige Weiß preschen und einfach nur die Schnelligkeit genießen. Die vier Stunden Wanderung zurück allerdings sind für heute zuviel, deswegen hat sich der Reisende am **Lygmarkgletscher** gleich eine Hütte gemietet. Doch dort fällt das Einschlafen schwer, wenn die Sonne 24 Stunden lang scheint und der Tag seine Kraft nicht verliert. Es gibt eben noch einen ganz anderen Rhythmus, nach dem man leben kann, außer Tag und Nacht: Sommer und Winter. Der **Rhythmus des Nordens**.

(AL)

Anreise: Wer auf die Diskoinsel will, fliegt mit Air Greenland von Kopenhagen über Kangerlussuaq nach Ilulissat. Von dort aus geht es weiter per Fähre zur Diskoinsel. Fährline Diskoline, Fahrplan online zu finden, www.diskoline.gl. Flüge mit Air Greenland www.airgreenland.com.
Wohnen: Auf der Diskoinsel gibt es nur wenige Restaurants und Hotels, dafür aber einen gut ausgerüsteten Supermarkt direkt am Hafen. Schönste Übernachtungsmöglichkeit ist das Napasunnguit Hostel, es liegt ganz einsam am Dorfrand und bietet einen wunderbaren Blick auf das Eismeer – allerdings auf dem Niveau einer Jugendherberge. Tel. +299/921628.
Kontakt: Greenland Tourism, Hans Egedesvej 29, 3900 Nuuk, Tel. +299/342820; www.greenland.com.

INFO

30 Provence – Mystische Maria Magdalena

Selbstfindung und Suche nach der eigenen Identität haben heute Hochkonjunktur. Wie wäre es, **auf Maria Magdalenas Spuren** in Südfrankreich zu pilgern? Etwa von Saint-Maximin-la-Sainte-Baume aus.

Eichen- und Buchenwälder rauschen, der weiche Boden gibt unter den Füßen nach. Wandern in der Provence kann auch zugleich Pilgern sein und die Zeit zurückdrehen, wenn eine der berühmtesten weiblichen Bibelgestalten genau hier gelebt haben soll. Vielleicht sammelte Maria Magdalena in diesem Wald Beeren oder Holz, um ein Feuer in ihrer Höhle zu machen? Vielleicht liebte sie auch den Geruch und die Einsamkeit hier oben? Das reine Wasser der vielen Quellen, die hier entspringen im Sainte-Baume-Gebirge?

Was war sie für eine Frau, die Jesus am Kreuz sterben sah und ihn als erste getroffen hat, als er wieder auferstanden sein soll? War sie wirklich seine Geliebte? Bis heute sind diese Fragen ungeklärt, weil in wichtigen kirchlichen Dokumenten genau an diesen Stellen Lücken in der Darstellung sind.

Auf jeden Fall liegt hier das größte Heiligtum der Anhänger von Maria Magdalena: Ihre Gebeine samt Schädel finden sich in der **Krypta der Kathedrale von Saint-Maximin-la-Sainte-Baume**. Und ein Stückchen weiter, zwischen den Wäldern am heiligen Berg, liegt angeblich ihre Höhle.

Wie ein Adlernest klebt heute **an dem schroffen Felsen das Gotteshaus**, das um die Grotte herum gebaut wurde. Viele Steinstufen erklimmen, vorbei an Statuen von Maria Magdalena hin zu der Höhle, in der sie zurückgezogen gelebt und das Evangelium nach Südfrankreich gebracht haben soll. Oben angekommen, führt der Weg durch eine Steintür, ein Schild weist darauf hin, dass dieses ein Ort der Stille ist. Weiter geht es zum Herzen, der kleinen Kirche mit den **Buntglasfenstern** und dem großen weißen Steinaltar. Einfach hinsetzen

Lavendel: Symbol der Provence

Carcasonne

Wenn sich der Himmel tiefblau verfärbt und in der Stadt die Lichter angehen, dann ist es in Carcasonne am schönsten. Die mittelalterlichen Gebäude strahlen gelb in künstlicher Beleuchtung und alles erinnert an ein Märchen. Der alte Kern von Carcasonne ist eigentlich ein einziges Freilichtmuseum mit seinem Touristenmagnet Festungsstadt Cité. Trotz der vielen Besucher bleibt der Stadtkern aber absolut sehenswert, denn es gibt kaum eine zweite Festungsstadt, die so gut erhalten ist. 52 Türme und zwei Ringmauern gilt es dort zu entdecken. Wer allein sein will, wählt den späten Abend oder den frühen Morgen.

Wandern durch die Weite der Landschaft

und die Stille genießen. Und das Gefühl, in einer Höhle zu sein. **Ein wirklich stiller Ort**, der den Geist zur Ruhe bringt.

Rund um die Wallfahrtsstätte locken Wanderwege. Nächste Station ist Sainte-Marie-de-la-Mer mit ihrer berühmten Wallfahrtskirche und der schwarzen Sara, Schutzpatronin des fahrenden Volkes. War Sara gar Jesus' Tochter? Und wenn, warum wurde sie unterdrückt und verschwiegen? Fragen über Fragen. Doch von jeher war Pilgern auch einfach nur die Zeit, um den Kopf frei zu bekommen und einfach mal einen Gang runterzuschalten. Um Abenteuer zu suchen und mit sich wieder ins Reine zu kommen. Genau das kann man hier gut, zwischen blühenden Ginsterbüschen, Mohnblumen und bei einer leckeren Portion Ziegenkäse.

(AL)

Der Weg: Die gesamte Route ist rund 450 Kilometer lang. Die Plätze muss sich der Pilger selbst heraussuchen, auf jeden Fall empfehlenswert ist das Wandern auf dem Bergzug Sainte-Baume. Auch rund um die kleine Kapelle Notre Dame de Beauvoir in Moustiers-Sainte-Marie lohnt sich das Erkunden der Umgebung und das Pilgern. Oder aber man wählt gleich die Strecke nach Carcasonne mit Stopps in Sainte Marie de la Mer, Montségur und Rennes-le-Chateau.

Kontakt: Französisches Fremdenverkehrsamt, Atout France, Zeppelinallee 37, 60325 Frankfurt, www.franceguide.com.

INFO

③① Voiteur – Abtauchen in die Natur

Ausflugstipp

Grotte des Planches bei
Arbois im Felsental Reculée
des Planches. Riesige Höhle,
die seit Generationen im
Familienbesitz ist. Nach dem
Besuch unbedingt bei Guy
Bonnivard in seinem
Restaurant „Chez Bonni"
einkehren. Hier bleibt die
Zeit stehen. Eintritt:
Erwachsene: 7,50 Euro,
Kinder 3/6 Euro.
www.grotte-des-planches.net

Moosbewachsene Stämme…

Wer im französischen Jura Urlaub macht, reist in die pure Natur: Moos wuchert auf den Wasserfällen, Luchse lauern im Gebüsch und bei der Schlossherrin gibt es Bio-Käse und Marmelade aus grünen Tomaten.

Fünf Foxterrier bellen hinter der langen, weißen Schlossmauer. Eine Ziege meckert, als Brigitte Keller das Eisentor mit einem langen Schlüssel aufschließt. Die gebürtige Schweizerin ist gemeinsam mit ihrem Mann vor mehr als einem Jahrzehnt nach Frankreich ausgewandert und hat sich dort ihren **Traum vom Landleben** erfüllt. Während sie grüne Tomaten zu Marmelade einkocht, schneidet ihr Mann draußen die Weinstöcke, aus deren Reben er später seinen „Vin jaune" keltert. Gemeinsam mit den Hunden, zwei Ziegen und vielen Tauben wohnen sie in Voiteur, einer noch sehr ursprünglichen Gegend Frankreichs. **Hier ruft nachts der Kauz** aus den riesigen Steineichen vor dem Haus, Füchse laufen über das Grundstück. In den 20 Zimmern des Schlosses knarzt das Eichenparkett unter den Schritten. Einige Kilometer entfernt jagt jetzt der Luchs in den dichten Wäldern des Juragebirges.

Manchmal macht er Rast an den skurrilen Tuffsteinwasserfällen, die aussehen wie riesige Moosmonster. Grüne haushohe Haufen, über und über mit weichem Moos bewuchert, aus denen in kleinen Rinnsälen Wasser fließt – eine Szenerie wie aus einem „Herr-der-Ringe-Film". **Bäche mäandern durch blühende Wiesen** und stauen sich oberhalb von Baume-les-Messieurs zu natürlichen Swimmingpools. Oben leuchten die weißen Felsen der Tafelberge. Dass Brigitte Keller hier bleiben wollte, verstehen die Besucher schon bei der Ankunft. Später haben sie haben selbst Schwierigkeiten, sich vom knisternden Kamin des Schlosses loszureißen, wenn die Croissants verzerrt sind und der Foxterrier sich noch eben die letzten Morgentautropfen am lodernden Feuer trocknen lässt.

Doch auf Ausflüge zu verzichten, wäre schade, denn so würden die Reisenden etwa die **Chocolaterie Hirsinger in Arbois** verpassen, in der es sogar Blümchenschokolade gibt. Oder die knubbeligen runden Pralinen mit der knackigen, weißen Pfefferminzhülle, die auf der Zunge zergehen. Seit drei Generationen schon stellen die Hirsingers im Zentrum von Arbois Pralinen der besonderen Art her – und der **Glücklichmach-Stoff in der Schokolade**

…und Tuffsteinwasserfälle sind typisch für das Jura

scheint Edouard Hirsinger, dem jetzigen Chocalatier, in Fleisch und Blut über-
gegangen zu sein: Seine Gesichtszüge tragen einfach den ganzen Tag ein Lachen.
Während die wilde Natur hier dem Geist Nahrung für Entspannung gibt, ist
auch der Körper in dieser Gegend gut aufgehoben: Frischer Jura-Weichkäse
aus der Region, gelber Wein und als Tribut an die nahe Schweiz überall Käse-
fondues. Und weil das ja alles verdaut werden muss, einfach danach wandern
gehen, etwa **durch die Auen von Doucier zum Vier-Seen-Gebiet**, entlang von Wasserfällen und Seen, deren Wasser in der Morgensonne türkisgrün
schimmert. Eben ein Land zum Verlieben.

(AL)

Unterkunft im Schloss: Brigitte
Keller vermietet fünf Gästezimmer in
ihrem Schloss, www.juranatura.fr.

Kontakt: Mehr Informationen über
die Region gibt es bei www.jura-
tourism.com. Chocolatier Hirsinger:
www.chocolat-hirsinger.com.

INFO

㉜ Karpathos – Tanzen wie die Griechen

Jede Nation hat ihre eigenen Tänze. Tango und Flamenco sind heute überall auf der Welt bekannt und beliebt. Aber griechischen Tanz lernen, und das noch direkt am Meer – das ist eine ganz besondere Erfahrung.

Auf dem Felsen stehen und schunkeln. Einfach die Füße bewegen, den Nachbarn in den Arm nehmen und zwei Schritte vor, zur Seite und zurück. Griechischer Tanz ist schon sehr speziell: Mit seiner Halbkreisformation erinnert er eher an den russischen Kalinka-Tanz oder an die Gruppentänze im Mittelalter. Wäre da nicht die feurige Instrumentalmusik, sie klingt wie eine Mischung aus Flamencoweisen und arabischen Kompositionen. **Vor und zurück, drei Schritte zur Seite**. Es bringt unglaubliche Ruhe, mit fremden Menschen einen Kreis bilden, mit ihnen in Harmonie zu kommen und ein gemeinsames Tempo zu finden. Weder zu schnell noch zu langsam sein – das ist hier die Kunst. Hin und her, genau **wie die Wellen unten auf dem blauen Kretischen Meer**. Diesem uralten Rhythmus folgen die Tänze, die Dimitris Barbaroussis seinen Schülern gerade beibringt. Sie stehen dabei nicht in einer Tanzschule, auch nicht auf einer Hotelterrasse, sondern hoch oben auf den Felsen.

Blühende Felslandschaft

Olympos

Wer nach Olympos will, dem übrigens nachgesagt wird, schönstes Dorf der Ägäis zu sein, braucht einen Jeep. Denn die einzige Straße, die nach Olympos führt, ist unwegsam. Dort oben malen die Einwohner ihr Mehl noch selbst mit ihren Windmühlen und backen ihr Brot in Gemeinschaftsöfen. Es ist eine besondere Spezialität. Da die Bewohner hier auch noch die traditionelle Tracht tragen, wirkt alles in Olympos ein wenig wie ein lebendiges Museum.

Hier spielt die Musik...

Niemand sonst außer ihnen und ihrem Wiegen und Hüpfen ist hier. Ab und zu kreischt eine Möwe am Himmel, das ist auch alles. So verabschieden sie den Tag.

Griechischen Tanz muss man in Griechenland lernen. „Dort lebt er noch, besonders in den Dörfern", berichtet Dimitris Barbaroussis. Gerade besucht er mit seinen Teilnehmern Karpathos, die Insel zwischen Kreta und Rhodos und bereitet sich auf das große, dreitägige Fest in Olympos vor. Dort sollen seine Schüler zusammen mit den Dorfbewohnern tanzen und ins Gespräch kommen. Dass sie kein Griechisch können, macht nichts. „Denn Tanz hat seine ganz eigene Sprache", so Barbaroussis.

Olympos ist ein ganz besonderer Ort auf der kleinen Insel: Früher ein verwegenes Piratennest, ist er auch heute noch nur über eine schmale Schotterpiste zu erreichen. Oben, zwischen den schroffen Felsen, hat sich das kleine Bergdorf seine Ursprünglichkeit bewahrt. Es liegt einfach zu abgeschieden für den Massentourismus. Hier tragen die Frauen noch jeden Tag ihre Tracht und die Esel echte Lasten. Heute allerdings schleppen die Vierbeiner nur Touristengepäck weiter rein in die Berge, denn die Gruppe um Dimitris hat sich vorgenommen, dort oben unterm Sternenhimmel zu schlafen. Die müden Knochen werden morgens bei Bewegungsmeditation und Tanz schnell munter.

(AL)

INFO

Tanzreisen organisiert das griechische Zentrum in Hamburg. Dort können Tanzinteressierte übrigens auch erste Stunden nehmen und prüfen, ob diese Art, sich nach Musik zu bewegen, überhaupt etwas für sie ist. Das Zentrum bietet auch offene Tanzabende an, meistens am letzten Freitag des Monats.
Kontakt: Griechisches Zentrum für Tanz, Hornissenweg 3, 22159 Hamburg , Tel. 040-5114449; www.griechisches-zentrum.de.

33 Samos – Ein Kloster in den Bergen

Kiesel statt Sand und **schmale Pfade hinauf in die Berge** – Samos ist eher ein Wander- als ein Strandparadies. Wer die griechische Insel kennenlernen will, muss sich gute Schuhe anziehen und viel Trinkwasser im Rucksack haben.

Geröll löst sich unter der den Schuhen, kleine Steine kullern meterweit den Hang hinunter. Tina bleibt ängstlich stehen, rutscht und stützt sich mit den Händen auf dem sandigen Boden ab. Riesige Felsbrocken versperren immer wieder den Weg, der eigentlich gar keiner ist: die Bergwelt im Südwesten der Insel erfordert gute Kondition. Während das erste Stück des Weges noch gut befestigt war, ist jetzt beinahe Klettern angesagt. Auch Hinweisschilder gibt es keine mehr, nur noch staubige Pfade, auf denen die Hitze beinahe unerträglich ist. Viel trinken! So die Devise auf Samos, denn sogar in Frühling und Herbst ist es heiß.

Wer auf Samos durch die Berge wandert, entdeckt immer wieder Interessantes

Tina und ihre Freundin Melanie blicken hinunter: Die Ägäis liegt wie ein **türkisblauer Teppich in der Tiefe**. Vor den Wanderinnen taucht jetzt ein kleines Kiefernwäldchen auf, die Vorfreude auf den Schatten beflügelt ihre Schritte. Zwar scheint die Sonne nur noch in einzelnen hellen Fäden durch die Bäume, aber von kühl keine Spur. Im Gegenteil: Hier staut sich die Hitze erst recht, kein Lüftchen bewegt sich. Der Schweiß rinnt in Strömen. Es geht immer weiter den Südhang des Kérkis hinauf.

Nach einer kurzen Rast suchen die beiden nach Orientierungshilfen – aber Fehlanzeige! **„Wir folgen einfach weiter diesem Weg"**, schlägt Tina vor. Doch auch der ist als solcher schon bald nicht mehr zu erkennen. Die beiden tasten sich zum Teil auf allen Vieren voran, dann plötzlich schimmert etwas Weißes durch die dünnen Stämme der Bäume. „Da ist es!", ruft Melanie erschöpft. Das kleine Kloster Evangelístrias, das etwa 500 Meter hoch am Hang des Berges im Wald versteckt liegt.

Aus einem kleinen Brunnen sprudelt **frisches Quellwasser** – eine willkommene Abkühlung für Arme und Gesicht. Als sich die Frauen ein wenig erholt haben, öffnet sich langsam und leise quietschend das Tor, eine alte Nonne winkt sie herein. Die Schuhe müssen draußen bleiben, **eine Wohltat, auf dem kühlen Steinboden zu stehen**. Die Augen gewöhnen sich nur langsam an die

Grüne Insel: Dichte Wälder prägen die Küstenlinie

Dunkelheit in der kleinen Kapelle, eine zweite Nonne kommt gebückt auf Tina und Melanie zu, drückt ihnen Kerzen und frisch gebackenes Brot in die Hand. Die Ordensfrauen sprechen Griechisch, aber ihre Gestik ist eindeutig: **Ein Geschenk zur Stärkung.** Dankbar zünden die Frauen ihre Kerzen vor dem geschmückten Altar an und setzen sich auf eine Holzbank in der ersten Reihe. Das Brot schmeckt würzig, dampft noch, so frisch ist es aus dem Ofen. **Kräfte sammeln, nicht nur körperlich.** Der Ort hat etwas Geheimnisvolles, Mystisches. Nur selten kommen Besucher, der Weg ist beschwerlich. Drei Nonnen leben hier – getrennt vom Rest der Welt. Eine Abgeschiedenheit, die nach wenigen Minuten auch auf Tina und Melanie wirkt. Beruhigend, entspannend.

(DK)

Samos: Die Insel gilt als eine der grünsten Griechenlands, mit Olivenhainen, Pinien- und Kiefernwäldern; im Westen ragt das Felsmassiv des 1433 Meter hohen Kérkis auf.
Reisezeit: Mai bis Oktober; der Mai zum Baden noch zu kühl, aber dafür blüht die ganze Insel. Deshalb ist Mai auch ideal zum Wandern. Im Herbst ist die Vegetation weitgehend verdorrt.

Kontakt: Griechische Zentrale für Fremdenverkehr, Neue Mainzer Str. 22, 60311 Frankfurt am Main, Tel. 069-2578270; www.gzf-eot.de.
Tipp: Touristisch geprägt, aber dennoch sehenswert wegen Souvenirs und Strand: Pythagório und Kokkári.

INFO

34 Kos – Eine Reise in die griechische Antike

Wer nach Kos reist, sollte nicht nur an Badeurlaub denken. Denn für reine Strandferien ist die Insel der Dodekanes viel zu schade. Vielmehr drängt sich ihre Vergangenheit auf: Ausgrabungsstätten verheißen eine **interessante Zeitreise**.

Es ist heiß. Die Sonne brennt vom wolkenlosen Himmel, der sich dunkelblau oberhalb der steinernen Treppe abzeichnet. Helle, fast weiße Säulen ragen in den Himmel hinein – zumindest sieht es von weiter unten so aus. Rundbögen, Mauern, steinerne Terrassen: Großflächig wurde hier vor Hunderten von Jahren in den Hang gebaut. Heute zählt das **Asklepieion** zu den berühmtesten Ausgrabungsstätten auf Kos. Zu Recht, denn die ältesten Teile dieses ehemaligen Gebäudes sind um 400 v. Chr. bereits errichtet worden. Gerade einmal vier Kilometer von Kos-Stadt entfernt, können Besucher sogar **bequem mit dem Fahrrad** dorthin fahren und für einen besonderen Kulturgenuss sorgen: Wandeln auf den **Spuren des Hippokrates**. Auf einem Hügel, der mit Zypressen und Kiefern bewaldet ist, und die Anlage von drei Seiten umschließt. Die vierte offenbart einen fantastischen Blick über die türkis-blaue Ägäis.

Im Sommer wird es in der Ausgrabungsstätte des Asklepieion sehr heiß

Der **Begründer der Medizin als Wissenschaft** wurde um 460 v. Chr. im Südwesten im heutigen Kefalos geboren. Beinahe am anderen Ende der Insel entstand das Asklepieion, ein antikes Krankenhaus und Sanatorium mit Patientenräumen, später in römischer Zeit auch Therme. Hier lehrte Hippokrates, wandelte mit seinen Schülern durch den Wald und im Spätsommer über den kargen, verdorrten Boden, auf dem nichts Grünes mehr wuchs. Wer den Geist des Arztes spüren will, sollte sich auf keinen Fall mit einer Reisegruppe durch die Ruinen bewegen, sondern für sich allein das Gelände erkunden, sobald er genug Informationen über Leben und Wirken des berühmten Griechen erfahren hat. Frühjahr und Herbst bieten sich für solche Touren an, dann ist es immer noch warm, aber nicht mehr so überlaufen an den archäologischen Fundstätten.

Die **Gebäude dieses Kurkomplexes** sind wahrscheinlich erst nach dem Tod des Mediziners errichtet worden, auch wenn Archäologen heute Teile davon bis ins vierte Jahrhundert zurückdatieren. Zu Lebzeiten des Arztes stand hier ein kleiner Tempel des Gottes Apollon – so unterrichtete Hippokrates einfach im Schatten eines Baumes. Besucher streifen heute durch die Gemäuer, ent-

Die antiken Säulen erinnern an die einstige Pracht der Gebäude

decken Räume und Grundrisse dieser wohl ersten Klinik der Medizingeschich-
te. Mit ein bisschen Phantasie lassen sich Spuren Schwerkranker sowie die Wege der Ärzte erkennen. Wer zwischen zwei gigantischen Säulen steht, kann seine Gedanken weiter in die Antike schweifen lassen – und bleibt bei dem noch
heute die ärztliche Ethik bestimmenden Eid des Hippokrates hängen. So
schließt sich der Kreis zwischen Vergangenheit und Gegenwart.

(DK)

Zahlen: Kos ist 43 km lang und neun
km breit; auf einer Fläche von rund
290 km² leben etwa 31.000
Einwohner, jeden Sommer zählt die
Insel rund 550.000 Urlauber.
Reisezeit: Die beste Reisezeit liegt
zwischen Mai und September, ab Oktober beginnt es zu regnen; der nasseste
Monat ist der Januar mit durchschnittlich 14 Regentagen; im Mai ist alles
grün und steht in voller Blüte – ideale
Wander- und Radfahrbedingungen.

Kontakt: Griechische Zentrale für
Fremdenverkehr, Neue Mainzer Str. 22,
60311 Frankfurt am Main,
Tel. 069-2578270; www.gzf-eot.de.
Tipp: Die Topografie ist relativ eben,
das Straßennetz gut ausgebaut, sodass
Touristen alle Ziele bequem per
Fahrrad erreichen.

INFO

35 Feen und der Heilige Gral von Glastonbury

Das englische Glastonbury gilt als besonderer **Kraftplatz** dieser Erde. Hier soll sich sogar der Heilige Gral verbergen.

Da sitzt er: Unter einem Dornbusch, vor ihm eine plätschernde Quelle, biegt der Schamane seine Beine zum Schneidersitz und spielt auf seiner Sitar. Die schwarzen Haare hinten zu einem langen Pferdeschwanz gebunden, im Ohr baumelt ein Türkis-Edelstein, ganz einfach am roten Faden aufgefädelt und durchs Ohrläppchen gezogen. Heute ist **Feenfest und Treffen mystischer Gestalten im Chalice Well**, einem Garten im sagenumwobenen Glastonbury in England. Langhaarige Frauen in weiten Gewändern schreiten durch blühende Beete, tanzen auf Bühnen oder um den Brunnen, dessen Wasser rostrot aus dem runden Bassin fließt. Seine rote Farbe soll es vom Blut Christi haben, denn der Sage nach wurde hier der heilige Gral vergraben und färbte seinerzeit das Wasser rot. Sicher ist, dass ein hoher Eisengehalt in dieser Heilquelle für die Farbe verantwortlich ist. Auch jenseits des Feenfestes ist Chalice Well ein ganz besonderer Ort – ein großer Garten mit geheimen Ecken und Heilquellen.

Reisen mit einem Schamanen

Wer gemeinsam mit einem Schamanen nach Glastonbury reisen will und an den heiligen Plätzen für die Heilung der Erde beten will, der bucht die Südenglandtour bei Inti Cesar Malasquez, www.inti-shaman.com.

Er liegt im mystischen Glastonbury, auch bekannt als **Avalon**. Hier scheint die Luft reiner und dünner, der Boden magnetischer und die Bäume älter als anderswo. Mitten auf dem Bürgersteig sitzt ein Grauhaariger mit langem Rauschebart und genießt die Sonne im Medita-

Klosterruinen im verwunschenen Park

tionssitz auf den grauen Pflastersteinen. Tief versunken brummt der Mann ein langgezogenes „Om" heraus. Er scheint nur selten Schuhe zu tragen, seine Fußsohlen sind ledrig und voller Falten, fast wie echte Schuhsohlen. Nur wenige Meter weiter streckt eine Frau mit lilafarbenen langen Haaren die Nase aus der Tür. In ihrem Laden verkauft sie Edelsteine, Kristallkugeln für Hexen, Zauberstäbe und Totenschädel aus Bergkristallen – all das soll die hellseherischen Fähigkeiten stärken. Auf dem Tresen im Café nebenan liegt Möhrenkuchen und aus den Boxen klingt sphärische Musik wie aus einer anderen Welt.

Beim Spaziergang durch den Ort kommt man an mit Blumen geschmückten Häusern vorbei

Doch der Höhepunkt ist eine **Wanderung zum Glastonbury Tor**, einer Kirchturmruine auf einem ebenmäßigen Gras bewachsenen Hügel, der einsam in der Landschaft thront. Bei Nebel sieht es aus, als stünde er auf einer Insel. Steinplatten ebnen den Weg nach oben zur Spitze wie eine Treppe. Reisende haben das Gefühl, bis nach Wales zu sehen. Wer einmal hier ist, muss sich einfach ins Gras setzen und den Blick schweifen lassen. Der Kopf wird frei, endlich, so frei wie der Blick.

(AL)

Lage: Glastonbury liegt in Südengland, südwestlich von Bristol und ist ein ganzes Dorf voller alternativer und spiritueller Menschen. Besonders empfehlenswert ist der Besuch der Abbey, der Klosterruine. In dem Garten stehen außergewöhnlich schöne Bäume. www.glastonbury.co.uk.

Weitere Informationen: Britisches Fremdenverkehrsamt VisitBritain, Dorotheenstraße 54, 10117 Berlin, Tel. 01801-468642; www.visitbritain.com/de/DE/.

INFO

36 Modena – Oase des Genusses

Modena ist eine Oase des Genusses. In den Eichenfässern zahlreicher Villen auf dem Land reift der wohl teuerste Essig der Welt. Dazu braucht der **Aceto Balsamico tradizionale** vor allem Ruhe. Viele Jahre lagert er und entwickelt sein süß-würziges Aroma, bis er schließlich als **schwarz-braunes Gold** in kleine Flaschen abgefüllt und verkauft wird.

Der echte Aceto Balsamico tradizionale

kommt aus Modena in der Emilia Romagna. Er reift mindestens 12 oder 25 Jahre in Eichenfässern, die immer zu sechst nebeneinander liegen; eine solche Batterie von immer kleiner werdenden Fässern bekommen in der Regel Kinder zu ihrer Geburt von der Familie geschenkt. Jede Batterie trägt den Namen des jeweiligen Kindes. Aceto Balsamico tradizionale ist nur echt, wenn er in 100 Milliliter-Flaschen mit rundem Bauch abgefüllt ist. Preise: Zwölf Jahre alter Aceto Balsamico tradizionale kostet ab 40 Euro, 25-jähriger ab 80 Euro.
Tipp: Unbedingt den Aceto Balsamico-Gelee probieren!

Die Luft riecht süßlich, schwer hängt der Duft in dem Dachstuhl mit den dunklen, hölzernen Balken. Die Holzdielen des Bodens knarren, vorsichtig tasten sich die fünf Besucher vorwärts. Bloß nirgends anstoßen und immer den Kopf einziehen. Denn hier hat die alte Villa keine besonders hohe Decke. Der Raum, in dem es um die 30 Grad und schwül warm ist und der so betörend riecht, liegt ganz oben im Dach. Gebückt betritt Cristina Corni das nächste Zimmer. **„Hier lagern wahre Schätze"**, sagt sie lächelnd und streicht beinahe zärtlich über eins der großen Fässer neben ihr. „Es ist in Modena eine alte Tradition", beschreibt Cristina die Entdeckung des Aceto Balsamicos als wertvolle Nahrungsergänzung. „Die meisten Fässer bleiben immer nur im Familienbesitz, weil es sich kaum lohnt, in die Produktion einzusteigen." Rund 400 Häuser bieten ihren Aceto

Vorsichtig holt Cristina mit einer Pipette ein paar edle Tropfen aus dem Fass

Balsamico tradizionale zum Verkauf an. „Die Herstellung an sich ist kein Beruf", erklärt Cristina. „Man kann ja nicht beruflich zwölf oder 25 Jahre neben den Fässern sitzen und warten." Denn **das Geheimnis des Geschmacks** und des hohen Preises ist die lange Reifezeit. Echt ist der Aceto Balsamico tradizionale nämlich nur, wenn er mindestens zwölf oder 25 Jahre im Fass war. „Mittlerweile gibt es schon viele Produkte mit kürzerer Reifezeit, damit man der Nachfrage gerecht werden kann. Aber geschmacklich sind die Unterschiede sehr stark." Cristina weiß wovon sie redet – und gleich auch ihre Gäste. Denn die erfahren, was den wirklichen Genuss ausmacht.

Es ist vor allem die Ruhe zwischen den Fässern, die keiner Erschütterung ausgesetzt werden dürfen. Kein Licht dringt hinein, keine Bewegung ist zu spüren. Vorsichtig taucht Cristina eine Pipette ein, befördert ein paar Tropfen des edlen Saftes heraus. **„Wer möchte probieren?"**, flüstert sie, so als könnten ihre Worte den Reifeprozess des edlen Essigs stören. Zwei Besucher strecken ihr die weißen Plastiklöffelchen entgegen. Niemand traut sich laut zu sprechen, es herrscht eine beinahe andächtige Stille. Köstlich. Nur zwei Tropfen auf der Zunge, aber die ganze Vielfalt des Aromas. **Je älter, desto süßer.**

Hier reift er in absoluter Ruhe: der Aceto Balsamico tradizionale

Je mehr Geduld und Liebe in der Herstellung, dem behutsamen Umfüllen in die nächsten Fässer und den immer gleichbleibenden räumlichen Gegebenheiten stecken, desto leckerer das Ergebnis. „Um gut zu werden, muss es rund um den Essig so privat wie in einem Schlafzimmer sein", zieht Cristina einen passenden Vergleich. Tatsächlich entdecken die Gäste, dass sie sich schon die ganze Zeit über völlig abgeschieden von dem Rest des Hauses fühlen. Dahin geht es erst wieder zurück, als das „schwarze Gold von Modena" auf Vanilleeis serviert wird.

(DK)

Kontakt: Zum Besichtigen und Verkosten lädt die Villa San Donnino ein, Strada Medicina 25, 41010 San Donnino, Modena, Italien; Tel. +39/059-469325, www.villasandonnino.it.

Auch die Reggio Emilia hat eine lange Balsamico-Tradition und steht mit Modena im Wettstreit, wer den echten Aceto Balsamico tradizionale produziert. Reifezeiten und Gütesiegel weichen von denen in Modena ab.

INFO

37 Sabina – Malen und Bildhauern zwischen Olivenbäumen

Ein ganz kleines Nest in den Bergen oberhalb Roms wird zum Refugium für einige Tage: Dort können Reisende Malen oder Bildhauen lernen.

Olivenbäume wachsen in greifbarer Nähe, eine kleine **Quelle sprudelt frisches Wasser** aus dem Berg heraus. Hier sitzen sechs Urlauber zwischen Blöcken und Farben. Sie überlegen, was sie jetzt auf die leere Leinwand bannen können. Der erste Strich ist der schwierigste, und deswegen rührt der 55-jährige Deutsche lieber noch ein wenig länger in den Tempera-Pigmenten herum. Neben ihm sitzt eine Frau vor einem Stein und überlegt, wo sie den Hammer ansetzt und welche Figur sich wohl in dem Brocken verborgen hält.

Im riesigen Garten in den Bergen von Sabina locken mehrere Terrassen, sich einfach niederzulassen und den Pinsel zu schwingen. Mit dabei ist **fachkundige Anleitung**, die Kurse werden organisiert von der Künstlerin Marina Büning, die nach Italien ausgewandert ist. In ihren Seminaren legt sie Wert darauf, dass sich die Kreativität von selbst entwickelt und nicht in starre Zeiten und Formen gepresst wird. **Freies Malen und Gestalten** also ist das, was sie ihren Gästen mit auf den Weg gibt.

Unter fachkundiger Anleitung gelingt so manches Bild

Ausflug in die Sabiner Berge

Die Sabiner Berge sind Ausläufer der Abruzzen und liegen in der Nähe von Rom. Sie waren im 19. Jahrhundert beliebtes Reiseziel für Künstler der Romantik und damals sogar noch beliebter als die Toskana. Die Stille der alten Eichenwälder, die Beschaulichkeit mittelalterlicher Städte ist charakteristisch für die Region. Und natürlich die gute italienische Küche, hier geprägt von Lamm und Haselnüssen.

Bildhauerei unter freiem Himmel

Doch nicht nur zum Malen ist dies ein ganz besonderer Ort, sondern auch für Rückzüge und Yoga. Das Anwesen, bestehend aus zwei Steinhäusern des 17. Jahrhunderts, ist wie gemacht für **kleine Auszeiten**. Der ganze Ort liegt wie eine Festung in den Bergen, mit kleinen Steinwegen zwischen den grauen Häusern. In den beiden Unterkünften erwartet die Teilnehmer Landleben pur: Plätze aus Baumstämmen mitten in der Natur, kleine Holzsitze um einen See, Frösche quaken, üppig blühen Rosen und abends steht der Salat aus dem eigenen Garten auf dem Tisch.

Hier gibt es eine überdachte **Yoga-Terrasse**, mit freier Sicht auf das Grün und gepflegten Holzbohlen unter den Füßen. Drinnen riesige Seminarräume, gemütliche Landzimmer mit eigenem Zugang zum Garten. Dort laden Hängematten zwischen den Bäumen zur Lesestunde oder einfach nur zum Relaxen ein. Eine Woche hier sein, Yoga machen oder Bilder malen – und die Entspannung ist wirklich angekommen in den Nervenzellen.

(AL)

Lage: Torri di Sabina liegt in der Region Latium in Italien, rund 65 Kilometer nördlich von Rom. Es ist umgeben von den Bergen von Sabina und hat knapp 1300 Einwohner.
Kontakt: Malkurse: Marina Buening, Via Palica Tiburzi, 32, 02040 S. Polo Sabino, Tel. +39/765-608283; www.marinabuening.com/artanddolce vita, Yogakurse und Refugium In Sabina: Tel. +39/340-3876028; www.insabina.com.

INFO

38 Salina – Insel der duftenden Wälder

Zwei Stunden von Sizilien entfernt, mitten im äolischen Meer, liegt Salina, ein kleines malerisches Eiland. Wie auf vielen Inseln, scheinen die Uhren hier langsamer zu ticken und die Menschen entstresster zu sein.

Wer auf Salina anlandet, riecht ihn sofort, diesen charakteristischen Geruch. Die 28 Grad warme Luft spielt den Duft von Jasmin, wilden Rosen, Ginster und Erdbeerbäumen in die Nase. Wenig später **Schwaden von Eukalyptus**.

Auf Salina gibt es den dichtesten Wald der Liparischen Inseln. Wenn der Meereswind durch die Eukalyptuswälder zieht, rauscht es in wie großen Bambus-Büschen. Ein Großteil der Insel steht unter Naturschutz – und unter **Beobachtung des Inselrangers Elio**. Für ihn ist Salina sein ganz persönlicher Ort der Seele. Da steht er am liebsten ganz oben auf dem Vulkankegel und genießt den Blick. Die Weite. Den Frieden. Und immer wieder diesen Duft. „Wenn ich in die Stadt muss, werde ich krank", ist er sicher. Seit 25 Jahren schon zieht er durch die Berge, manchmal auch nachts, wenn sich Touristen verirrt haben, dann holt er sie mit seinem weißen Landrover aus dem Schutzgebiet.

Am liebsten ist er jedoch zu Fuß unterwegs, wenn hier oben nichts weiter zu hören ist als der Wind in den Blättern, das gelegentliche „Kräj" des Eleonorenfalken und wenn **in der Ferne Stromboli** seine Rauchkringel in den Himmel pafft. Der Vulkangipfel hoch über Valdichiesa bietet fast eine Perspektive wie vom Flugzeug aus: Blaues Meer in der Ferne, Häuser klein wie Legosteine und unten ein grüner Teppich, in dem Kapernbüsche wachsen, die die besten Früchte der Welt liefern sollen. Wenn Elio Glück hat, entdeckt er sogar noch einen Siebenschläfer, wie er am Baum entlang huscht. Hinter jeder Ecke sieht der Wald anders aus, mal reihen sich Massen an krüppeligen Stämmen aneinander, dann überragen Farnwedel den Blick und an anderer Stelle blättert die Rinde vom Eukalyptusstamm.

Essen wie bei Mamma

Inmitten des Gewirrs der kleinen Gassen von Salinas Hauptstadt Santa Maria liegt versteckt das Restaurant Mamma Santina. Von vorn sieht es aus wie ein normales Haus, niemand ahnt etwas von dem verträumten Patio. Hier gibt es leckere Küche: Oktopus-Salat, Thunfischcarpaccio oder gefüllten Schwertfisch. Doch am besten sind Marios Pastavariationen. Mamma Santina, Via Sanita, 40, 98050 Santa Marina, Italien, Tel. +39/090/984 3054; www.mammasantina.it.

Nur selten braucht der Ranger Abstand von all diesem. Dann fährt er mit Freunden per Boot einmal um die Insel und sucht sich schöne **Buchten zum Baden**. Etwa die von Polara. Hier sind die Bootshäuser in den grauen Felsen gehauen, davor schaukeln bunte Kähne. Das Meer ist klar wie

Weit übers Äolische Meer blicken Wanderer von den Vulkangipfeln Salinas

Trinkwasser in der Karaffe. Jeder Kiesel in fünf Metern Tiefe zeichnet sich deutlich ab. Wer hier hinein springt, spürt das reine Salzwasser auf der Haut und sieht die vielfarbigen Fische neben sich schwimmen. **Mehr braucht man eigentlich nicht zum Glücklichsein**. Die Menschen von Salina sagen: Wer einmal auf der Insel war, den erwischt die Sehnsucht, immer wieder zurückzukommen.

(AL)

Anreise: Per Flugzeug nach Catania (beispielsweise Tuifly oder Airberlin) und weiter etwa 1,5 Stunden per Bus oder Taxi nach Milazzo. Von dort zwei Stunden per Fähre nach Salina.
Hotels: I cinque Balconi: Im Hauptort Santa Marina gelegen mit Panoramablick aufs Meer. Doppelzimmer ab 100 Euro pro Nacht. Via Risorgimento 36, 98050 Santa Marina, Salina, Tel. +39/090-9843508; www.icinquebalconi.it.
Il Principe de Salina: In Malfa gelegen, Blick über das weite Meer, großer Pool, Doppelzimmer ab 140 Euro. Via Nazionale 3, 98050 Malfa, Tel. +39/090-9844415; www.hotelprincipedisalina.it.

INFO

39 Schnalstal – Mit 3000 Schafen im Schnee

Im Schnalstal halten Schäfer eine ganz besondere Tradition aufrecht: Sie treiben ihre Schafe jedes Jahr **über den Gletscher**. Touristen können sie auf dieser einmaligen Wanderung begleiten.

Morgens um vier Uhr geht es los, ein wenig oberhalb des Dorfes trifft sich ein Dutzend Schäfer an den Gattern und bespricht, wer zuerst startet und wer welchen Weg nimmt. Die 3000 Schafe drängeln sich währenddessen hinter ihren Gattern am Ende des Südtiroler Schnalstals. Das Gras der Südtiroler Weiden ist längst abgeweidet. Um satt zu werden, müssen die Tiere auf ihre Sommerwiesen in Österreich. Der **Schafauftrieb** im Schnalstal gehört zu den spektakulärsten Wanderungen Südtirols, denn die Tiere laufen stundenlang über Schnee und Eis. Mit dabei sind auch immer einige Wanderer, die Schafe und Schäfer begleiten und sich dieses einmalige Schauspiel nicht entgehen lassen. **„Wanderstöcke sind Pflicht"**, warnt Schäfer Konrad die Touristin aus Norddeutschland, die nur in Wanderschuhen kommt.

Hütte ganz im Weiß

Hoch oben auf dem Schnalstaler Gletscher liegt die Hütte „Schöne Aussicht". Hier steht ein großes, aufgesägtes Weinfass und lädt zur Sauna ein. Danach zur Abkühlung ein Bad im Schnee nehmen. Von hier aus lassen sich viele Wanderwege in der Umgebung erkunden – die Hütte liegt ganz abgeschieden oben in den Bergen. Doppelzimmer ab 54 Euro.
Kontakt: Schutzhütte Schöne Aussicht, Kurzras, 39020 Schnals, Tel. +39/0473-662140; www.goldenerose.it/de/schutzhuette-schoene-aussicht/.

Wie eine Perlenkette ziehen die Schafe durch den Schnee

Die Schäfer ziehen los, querfeldein über mit Alpenrosen und Enzian bedeckte Wiesen, balancieren auf Steinen über Bäche. Über allem schwebt immer das aufgeregte „Mähäääää" der Schafe.

Schäfer Konrad hatte Recht mit seiner Warnung. Beim ersten Schneefeld kommt die Norddeutsche ins Wackeln und sucht sich schnell noch einen Ast am Wegesrand. Der Weg verengt sich so sehr, dass er gerade breit genug für einen Fuß ist. Nebenan tiefes Geröllfeld. Hinten färbt die aufgehende Sonne den Himmel orange und zeichnet eine tiefschwarze Silhouette aus den Bergkämmen. Drei Stunden sind Tiere und Schäfer schon unterwegs, es fühlt sich an wie Mittag, ist aber erst acht Uhr in der Früh. Hinter einem Kamm taucht er plötzlich auf, der viele Schnee. Alles weiß und mittendrin die Hütte „Schöne Aussicht". Eine **kleine Oase mitten im ewigen Eis**. Drinnen lockt Deftiges. Die Schäfer sitzen dort schon über ihrer Gerstensuppe. Schmeckt besser als es sich anhört – richtig zünftig wärmt sie den Körper. Dazu trockenes Schüttelbrot und Holunderlimonade.

Kleine Pause auf dem Gletscher

Gestärkt geht es weiter, über den Gletscher. Die Sonne steht hoch und taut oben den Sommerschnee. Schafe und Menschen sinken knietief ein an manchen Stellen, an anderen ist jeder Tritt gefährlich, weil Schmelzwasserflüsse den Grund unter den Füßen entreißen und Gletscherspalten bilden. Doch die Schäfer kennen sich aus, warnen: „Hier nicht hintreten." Manchmal allerdings bleiben sie auch stecken, dann sinken die Tiere so tief in den weichen Schnee, dass sie nicht mehr weiterkommen. Da hilft nur eines: Die Lämmer wegtragen, damit die Mütter ihre letzte Kraft aufbieten, um hinterherzukommen. Eine wirkliche Herausforderung. Am anderen Ende angekommen machen nicht nur die Schafe glückliche Sprünge.

(AL)

Anreise: Das italienische Schnalstal liegt in Südtirol, nördlich von Meran, knapp eine Stunde Autofahrt entfernt. Der Schafabtrieb findet immer Juni statt, zurück geht es Mitte September. **Unterkunft:** Goldene Rose: Idyllisches Hotel, mit einer eigenen Kapelle, anspruchsvolles Niveau, ab 62 Euro, **Kontakt:** Karthaus, 29, 39020

Schnals, Tel. +39/473-679130; www.goldenerose.it.
Kontakt: Marketinggesellschaft Meran, Gampenstrasse 95, 39012 Meran, Tel. +39/473-200443 www.meranerland.it.
Tourismusverband Schnalstal: Tel. +39/473-679148; www.schnalstal.it.

INFO

40 Stromboli – Trekking mit Lava-Fontänen

Wer den Vulkan einmal glühen sah, gewinnt neue Ehrfurcht vor der Kraft der Erde. Eine Tour zum Gipfel ist anstrengend – aber verändert die Sichtweise.

Der Vulkan hat die ganze Insel im Griff: Seine Asche hat den Sand schwarz gemalt und alle halbe Stunde rumpelt er, sodass man einfach zum Gipfel schauen muss: Stromboli, die kleine Insel vor Sizilien, ist der **Thron des Feuergotts** persönlich. Schon von Weitem erkennbar, sendet der Vulkan kringelige Rauchwolken gen Himmel. Während sich der Dampfer seinen Weg durch die Wellen kämpft, bläst Stromboli in regelmäßigem Abstand alle 17 Minuten graue Rauchpilze aus seinem Krater. Der fast perfekt geformte Vulkankegel ragt mitten aus dem Meer auf, braun-schwarz, spärlich bewachsen mit einem Teppich aus Ginsterbüschen. Der Dampfer lässt den Berg links liegen, legt stattdessen an der Mole des Hauptortes an. Der heißt, wie eigentlich alles hier auf der Insel, Stromboli: Name für Insel, Dorf und Vulkan. Autos sind bis auf wenige Ausnahmen verboten.

Oben sprühen die drei derzeit aktiven Krater ihre Lava über einen verkohlten Hang ins Meer. Das **Trekking zum Vulkan** ist ein unvergessliches Erlebnis. Es startet erst am späten Nachmittag, da es bei Sonnenuntergang oben am schönsten ist. Guide Nino erklärt die strengen Sicherheitsmaßnahmen.

Rauchwolke über dem Krater: Stromboli ist gerade ausgebrochen

Fest der Feuermenschen

Jedes Jahr feiern die Bewohner Strombolis ihr Fest der Feuerspucker. Meistens eine Woche lang Ende August startet das „Teatro del Fuoco" - das Feuertheater. Zu diesem weltweit einzigartigen Spektakel trifft sich die Elite der Feuertänzer auf der italienischen Insel vor Sizilien und präsentiert indischen Tanz mit dutzenden Fackeln in der Hand, Flamenco um ein Flammenmeer oder Malereien mit Feuer. www.argomentisas.it.

Oben herrscht Helmpflicht und die Zeit am Krater ist streng auf 20 Minuten reglementiert. Doch vorher heißt es erstmal hinaufkommen.

Mit geliehenen Wanderschuhen an den Füßen und zur Unterstützung Walkingstöcke in den Händen, laufen die Wanderer los. Schon bald

Stromboli-Dorf

kleben ihnen die Haare im Gesicht, der Aufstieg ist steil und die Wege fast schattenlos. Die Sonne brennt noch stark am Spätnachmittag. Niedrige **Ginsterbüsche säumen den Weg**, einmal geht es sogar durch ein Feld voller Schilf. Wie eine Ameisentruppe zieht die Gruppe bergauf, mit ihren gelben Helmen auf dem Kopf leuchten sie in der Landschaft. Die Sonne berührt den Horizont, als die Wanderer den Gipfel erreicht. Ein eisiger Wind pfeift ihnen oben um die Ohren. Kaum sind sie angekommen, legt der Vulkan so richtig los. Er zischt, faucht und **schnaubt wie ein riesiger Drache**. Tief unten im Berg ein dunkles, unheimliches Rumpeln. Eine helle Lichtfontäne steigt aus einem Krater − so als ob jemand kurz im Vulkan das Licht einschaltet. Er leuchtet innen. Drei Krater explodieren synchron und sprühen Lava-Säulen in die Luft. Zischend fallen Brocken in die rote Feuermasse, klackern bergab und das Spektakel erlischt wieder. Rauch und fliegende Asche kitzeln in der Nase. Die Wanderer, völlig fasziniert von dieser Naturgewalt, machen sich an den Abstieg. Noch tagelang haben sie die **Bilder im Gedächtnis − so farbenfroh und kräftig**.

(AL)

Anreise: Mit dem Flugzeug nach Catania/Sizilien (Tuifly oder Air Berlin) und weiter nach Milazzo (mindestens 1,5 Stunden Fahrt), von dort per Fähre nach Stromboli (noch mal drei Stunden). Fähren fahren auch von Neapel aus, meistens über Nacht.
Trekking: Die Touren auf den Vulkan dauern mindestens fünf Stunden, beginnen am späten Nachmittag und kosten rund 25 Euro. www.magmatek.it
Kontakt: Italienisches Fremdenverkehrsamt Enit, Barckhausstraße 10, 60325 Frankfurt, Tel. 069-237434; www.enit.de.

INFO

41 Grübeln und Philosophieren in Amsterdam

Wer das **Hotel de Filosoof** in Amsterdam betritt, kommt in eine andere Welt. Und ins Grübeln. Was ist das Leben? Wie frei ist der Geist? Was ist eigentlich Schönheit? Diese und andere Fragen kreisen bei einem Besuch des Hotels im Kopf.

Auf dem Schreibtisch des Sokrates-Zimmers liegt eine Liste der wichtigen Rufnummern in Amsterdam. Ganz unten steht der Satz von Norman O. Brown: „The solution oft the problem of identity is, get lost". („Die Lösung des Identitätsproblems ist, dich zu verlieren") Solche Sätze noch im Kopf, steigt der Gast über typisch steile holländische Treppenhäuser zum Frühstücksbüffet in den roten Saal.

In diesem barock anmutenden Raum mit goldenen Stühlen und weißen Stuckdecken stapeln sich **Werke von Wittgenstein und Sloterdijk vor rubinroter Seidentapete**. Dem 1950er-Jahre-Toaster entsteigt eine leichte Rauchwolke, weil sich die Frau neben ihm zu sehr in ein Sartrebuch vertieft hat. Erst der leichte Brandgeruch reißt sie aus den Gedanken. Mit spitzen Fingern rettet sie ihr Brot.

Vielleicht wäre das im zweiten Frühstückszimmer nicht passiert, im Wintergarten, von dem aus der Gast auf den grünen Stadtgarten des Hotels schaut. Das Hotel de Filosoof verführt immer wieder zum Sinnieren. Beinahe zu jedem Stichwort wartet hier ein kleines Philosophieschmankerl. Auch jedes der 38 Zimmer ist anders gestaltet. Ein Raum hat ein Himmelbett mit roter Bettwäsche und Rosenkissen – für frischverliebte Paare. Ein anderer mutet eher kühl an. Das Konfuzius-Zimmer ist lila und silbern, bereichert mit barocken Möbeln: Manche Räume sind als **Ode an japanischen Zen-Buddhismus** in schwarz-weiß mit einem Tupfer Rot gehalten, in anderen findet sich ein Deckengemälde in Form von

> **Tipp**
> Weil Denken immer den Hunger auf Süßes anregt: Die besten Torten der Stadt gibt es bei De Taart van m'n Tante, Ferdinand Bolstraat 10, 1072 LJ Amsterdam, Tel. +31/20-7764600, täglich geöffnet von 10–18 Uhr. Weitere Infos unter www.detaart.com.

Jedes Zimmer ist anders…

...im Hotel Filosoof

Wolken an blauem Himmel. Was ist echt und was ist Täuschung? Das Denken geht weiter. Fast überall findet sich ein groß geschriebenes Zitat an der Wand. Im Goethe-Zimmer ist es „Verweile doch, du bist so schön."

Tatsächlich schaltet der gestresste Großstadtgeist hier einen Gang zurück, die Gedanken schweifen ab. Existentialistische Fragen rauschen durch den Kopf. Höchste **Zeit für Gespräche mit Gleichgesinnten**. Am besten im lauschigen Garten des kleinen Hotels, in dem sich Ins-Grübeln-Gekommene aus der ganzen Welt zwischen Buchsbaumhecken und Statuen treffen. Oder sie suchen in einem der vielen Bücher des Hauses nach Antworten.

(AL)

Hotel: Das Hotel liegt an einem der größten und schönsten Parks der Stadt, dem Vondelpark. Einen Spaziergang weit entfernt auf der anderen Parkseite liegen Rijksmuseum, Van Gogh-Museum und Stedeljik-Museum of Modern Art.

Kontakt: Hotel de Filosoof, Anna van den Vondelstraat 6, 1054 Amsterdam, Niederlande, Tel. +31/20-6833013, Doppelzimmer mit Frühstück ab 145 Euro; www.sandton.eu/nl/amsterdam.

INFO

42 Texel – Insel der Ruhe

Texel gehört zu den beliebtesten Ferienzielen der Deutschen, doch es ist auch eine Oase der Ruhe – man muss nur wissen wann und wo. Außerhalb der Sommerferien sind Besucher mit sich und ihren Gedanken allein. Am Strand, in den Dünen und im Wald.

Die Motoren dröhnen dumpf, als die große Teso-Fähre in den Helder ablegt. Es schaukelt ein wenig, aber wer draußen an Deck die frische Seeluft atmet, merkt beinahe nichts davon. Eine knappe halbe Stunde wird das Schiff unterwegs sein von der Nordspitze der Niederlande bis nach Texel – eine kleine Insel der Ruhe, des Radfahrens, der frischen Luft und des guten Essens.

Mit jedem Meter, den das Schiff zurücklegt, scheint die Seele ruhiger. Als ob Alltag, Stress und Probleme einfach auf dem Festland zurückbleiben – und mit ihm immer kleiner werden. Noch ein paar tiefe Atemzüge. Einfach nur den Möwen zuschauen, die die Fähre begleiten und auf Futter hoffen. Gischt spritzt nach oben, der Himmel ist grau. Ebenso das Wasser tief unten. Eine Fahrt für die Seele, zu einem Ort für die Seele.

Hinter den Dünen mit ihrem dichten Gras liegt der breite Strand aus fast weißem Sand

Etwa in der Mitte der Strecke richtet sich der Blick nach vorn. Auf das Eiland aus hellem Sand, der wie eine glänzende Fläche daliegt. **Breite Strände** nehmen die gesamte Südspitze ein und vermitteln ein Gefühl von Ruhe, denn das Auge findet keine Erhebung darauf. Je näher das Schiff der Insel kommt, desto heller wird es ringsum, denn nur selten hängen hier die gleichen grauen Wolken wie auf dem Festland. Jeden Tag weht ein starker **Wind, bläst das Blau an den Himmel** und die Sorgen aus dem Kopf. Wer auf Texel Urlaub macht, findet sie überall, die Orte, an denen er allein ist und **ungestört entspannen** kann.

Ruhige und komfortable Hotels oder Ferienwohnungen sorgen für Privatsphäre sogar in den Hauptorten De Koog und Den Burg. Doch wer die Insel als sein persönliches Refugium entdecken will, sollte die Hauptsaison zu Ostern und im Sommer und den Leuchtturm im Norden meiden. Dann ist Texel ein Paradies – vor allem die Wälder und der Strand.

Ein Ort für Seehunde
Am Strandaufgang vor de Koog liegt das Ecomare, Museum, Naturschutzzentrum und Seehund-Station; verletzte Seehunde werden hier gepflegt, Jungtiere aufgezogen und dann im Wattenmeer auf der Ostseite der Insel wieder ausgesetzt.

Ein beliebtes Ausflugsziel für Radfahrer: der Leuchtturm an der Nordspitze der Insel

Die vielen Kilometer durch den Wald an der Westseite der Insel lassen sich am besten mit dem Rad erfahren, denn auf Texel sollte das Auto einfach mal stehen bleiben. Diese klare Luft mit Abgasen zu verpesten, tut beinahe körperlich weh. Die Wege durch den Mischwald sind meist asphaltiert und führen immer wieder an Lichtungen vorbei, an denen man absteigen und die Idylle genießen kann. Es riecht feucht und ein bisschen nach Pilzen, der Wind rauscht weit oben in den Baumkronen. Kaum erreicht der Radfahrer den Waldrand, steht er plötzlich vor einem riesigen Feld bunter Blumen. **Krokusse, soweit das Auge reicht**: Lila und knallgelb erobern sie alles ringsum – bis zu den Dünen, die sie vom Strand trennen. Der liegt breit und verlassen da. Nur einzelne Spaziergänger mit Hunden sind zu sehen. Wer sich hier in den Sand setzt, den Wellen zuschaut und auf die Flut wartet, der ist angekommen. Auf der Insel der Ruhe.
(DK)

Kontakt: VVV Texel, Emmalaan 66, Den Burg, Tel. +31/222-314741; www.texel.net.
Fähren: Teso Bootdienst, Fahrtzeiten und Preise unter: www.teso.nl.

Hotel-Tipp: 4-Sterne-Hotel Opduin, Ruijslaan 22, 1796 AD De Koog, Texel, Niederlande, Tel. +31/22-317445; www.opduin.nl.

INFO

㊸ Arktis – Die Stille am Gletscher

Pures Eis in seiner ganzen Schönheit: Gletscher. Grell weiß mit riesigen blauen Flächen, eckig und kantig bedecken sie weite Teile der Arktis. Sie fließen, das heißt, sie bewegen sich kaum merklich vom Land in Richtung Wasser – sie zählen zu den imposantesten Naturerscheinungen überhaupt. Zu einer Expeditionsreise ins Nordpolarmeer gehört auch eine Fahrt zu einer solchen Eiswand. Dort erleben Reisende **Nervenkitzel und unbeschreibliche Stille** zugleich.

Gletscher

Am Ende eines Fjords ragen meist Gletscher auf, die in Richtung Meer fließen. Gletscher sind die größten Süßwasserspeicher der Erde und nach den Ozeanen selbst die größten Wasserspeicher überhaupt. Sie bedecken in den Gebieten des Nord- und Südpols große Teile des Landes und haben entscheidenden Einfluss auf das Klima der Welt. Sinkt der Luftanteil im Eis auf bis zu zwei Prozent, erhält es eine bläuliche Färbung. Als Fließen eines Gletschers bezeichnet man die eigenständige Bewegung der Eismasse weg vom Landesinneren in Richtung Wasser. Schnell fließende Eisflächen bewegen sich rund zehn Kilometer weit in drei Monaten, langsame nur 30 Meter pro Jahr.

Eis: Etwa 10% der Landfläche der Erde sind von Eis bedeckt, das entspricht einer Fläche von rund 15 Mio. km². 60% des Svalbard-Archipels sind eisbedeckt.

Tipp: Ein Stück reines Gletschereis aus dem Wasser fischen und lutschen.

Über die gesamte Breite von acht Kilometern ragt der Gletscher am Ende des **Lilliehöökfjords** in Spitzbergen empor. Selbst große Expeditionsschiffe müssen einige hundert Meter Sicherheitsabstand zu der Wand aus purem Eis einhalten, zu groß ist die Gefahr, dass der Gletscher kalbt. Brechen tonnenschwere Eisbrocken von seiner Kante ab, wird es gefährlich für Boote und Schiffe – die Wellen können sie umwerfen, Teile des Eises sie beschädigen. Wer näher an die **imposant aufragende Eiswand** heran will, steigt in ein Zodiac.

Unter dem Boot kracht es, als es über dünne, schwimmende Eisflächen brettert, einige Eisschollen umkurvt und schließlich in etwa 150 Metern Entfernung vor dem Gletscher bremst. Näher heran zu fahren wäre selbst mit dem kleinen, wendigen Boot zu gefährlich. Wie gebannt starrt die Gruppe auf jeden Riss im Eis, auf die bizarren Formen und großen Spalten. Daneben ragen stahlblaue Flächen an besonders glatten Abbruchkanten auf. „**Reineres Eis als das blaue gibt es nicht** – je blauer, desto weniger Luft- und Schmutzeinschlüsse", erklärt der Guide. Denn dieses Eis entstand bereits vor tausenden Jahren.

Sein Lebensraum wird enger –
Eisbären sind die Könige der Arktis

Langsam fährt das Tenderboot an der Gletscherfront entlang, dann stoppt Bootsführer Hakon den Motor. Kein Geräusch ist mehr zu hören, außer dem leisen Knistern der kleinen Eisschollen, die überall ringsum im Wasser schwimmen. Ergreifende Momente vor einer faszinierenden Kulisse aus Eis. **Winzig klein ist das rote Boot**, in dem gerade einmal sechs Personen Platz haben. Niemand spricht, niemand will diesen Moment der absoluten Ruhe inmitten der Arktis unterbrechen. Weiter links, auf einer etwa sechs Meter breiten Scholle mit glatter Oberfläche sonnt sich eine Ringelrobbe. Träge hebt sie den Kopf, als das Boot dann doch wieder lostuckert und in etwa 30 Metern Entfernung an ihr vorbeifährt. Die übrigen Eisbrocken stechen abstrakt und **irgendwie unwirklich** aus dem

Reines Eis in Perfektion: bläuliche Gletscherwände

Meer. Mit ein bisschen Phantasie lassen sich Figuren oder Tiere erkennen. Die schneidende Kälte vor der Eiswand haben die Reisenden für eine knappe Stunde vergessen — überwältigt von der Schönheit einer Landschaft, die nur aus gefrorenem Wasser besteht.

(DK)

Kontakt Schiffsreisen: Hurtigruten, Burchardstraße 14, 20095 Hamburg, Tel. 040-376930; www.hurtigruten.de.

Kontakt: Weitere Informationen bei Spitsbergen Travel AS, Postfach 548, N-9171 Longyearbyen, Tel. +47/79026100; www.spitsbergentravel.no.

INFO

44 Arktis – Grenzerfahrung im ewigen Eis

Im Mai taucht nach sechsmonatiger Dunkelheit endlich die Sonne wieder am Horizont auf, das **Licht kehrt zurück nach Svalbard** – doch es bringt kaum Wärme. Die Temperaturen klettern während des kurzen Polarsommers nur knapp über Null Grad und tauen gerade einmal die oberste Schicht des Bodens auf, nachdem der Schnee verschwunden ist.

Dünn wie Papier ist die Eisschicht, die silbrig im Sonnenlicht schimmert. Kleine Bläschen sind in ihr eingeschlossen, an den Rändern beginnt das Eis bereits zu schmelzen. Vorsichtig setzt Martin einen Fuß vor den anderen, versucht, nicht auf die zerbrechliche Oberfläche zu treten. „Am besten laufen wir nur auf den Steinen", sagt der 29-Jährige und scheint dabei den empfindlichen Untergrund kaum zu berühren. Der gebürtige Essener ist Gletscherforscher und Biologe, seine Passion: die **arktische Wüste Spitzbergens**. Martin lebt bereits seit sechs Jahren auf Svalbard, dem großen Archipel im Nordpolarmeer, dessen kleiner Teil Spitzbergen wohl der bekannteste ist. Jetzt führt er eine kleine Gruppe Touristen durch die karge, von Dauerfrost gezeichnete Landschaft. **„Die Pflanzen sind an diese besonderen Verhältnisse angepasst"**, erklärt der Guide und sucht aufmerksam den Boden ab. Tatsächlich blühen bereits Anfang Juni winzige zartrosa Blümchen, umringt von Moosen und Flechten in verschiedenen Grün- und Brauntönen. Während des Sommers wachsen sie Tag und Nacht – die Expeditionsteilnehmer sähen ihnen am liebsten

Mit Zodiacs werden Expeditionsteilnehmer an Land gebracht

dabei zu. Auf einem dicken Stein sitzend beobachten, wie die strahlende Sonne 24 Stunden lang den Schnee wegtaut und wie sich die Blümchen ihr entgegenrecken.

Doch in unmittelbarer Nähe gibt es noch etwas anderes zu entdecken: Runde Abdrücke auf der ansonsten unberührten weißen Oberfläche. Wie ein Relief zeichnen sich die etwa **25 Zentimeter großen Tatzen eines Eisbären** ab. „Die sind frisch", sagt Martin und weist in die Richtung, aus der der **König der Arktis** gekommen und dann am steinigen Ufer auf der Suche nach Futter entlang getrottet ist. Doch er ist nirgends zu sehen.

Auf der Spitze eines kleinen Hügels wird die Endlosigkeit dieser weißen Landschaft begreifbar. Bizarre Berge in der Ferne, Gletscher und

Schilder warnen auf Svalbard vor Eisbären

ansonsten nichts als Schnee und Eis. Die Arktis birgt viele Geheimnisse, und noch mehr Gefahren. Kein Handynetz, keine Schutzhütten – mit ein bisschen Glück findet man eine uralte Walfängerhütte, konserviert durch die permanente trockene Kälte. Eine solche Expedition muss gut vorbereitet sein. Denn sonst besteht Lebensgefahr. Ein gutes Gefühl, dass die Natur keine Rücksicht nimmt. Und schon gar nicht auf den Menschen, der hier immer wieder zu spüren bekommt, dass er hier nichts zu suchen hat. **Eine solche Erfahrung relativiert vieles im Alltag**, in dem sich jeder einzelne oft viel zu wichtig nimmt. Eine Arktis-Expedition ändert das ganze Leben.

(DK)

INFO

Spitzbergen: Spitzbergen heißt die Hauptinsel des 63.000 km² großen Svalbard-Archipels. Svalbard bedeutet „Kalte Küste", der Name Spitzbergen ist die Beschreibung der spitzen Berge dieser Insel im Nordpolarmeer. Unbesiedelte Wildnis charakterisiert die Region, nur knapp 2600 Einwohner leben in den wenigen Orten, die untereinander keine Verbindung haben. 60% des Landes sind von Eis bedeckt, Gletscher prägen das Bild.
Lage: Unterhalb des Nordpols, Insel im Nordpolarmeer, 80 Grad nördlicher Breite.

Anreise: Spitzbergen lässt sich nur über den Flughafen Longyearbyen erreichen. Flug mit Scandinavian Airlines beispielsweise nach Oslo und von dort aus nach Longyearbyen. Eventuell muss eine Übernachtung in Oslo eingeplant werden. Flugzeit von Oslo nach Spitzbergen etwa 2,5 Std.
Tipp: Romantiker buchen ein Winter-Special wegen der Polarlichter, die im Winter grell grün am Himmel zu sehen sind.
Kontakt: Spitsbergen Travel AS, Postfach 548, N-9171 Longyearbyen, Tel. +47/79026100; www.spitsbergentravel.no.

45 Centro –
Lavendelhonig und Gemeinschaftsöfen

Mitten im Herzen Portugals liegen Dörfer wie abgeschnitten vom Rest der Welt. Die Jungen wanderten ab und die Orte drohten auszubluten. Jetzt haben die Bewohner aus der Not eine Tugend gemacht und setzen ganz auf sanften Tourismus und altes Handwerk.

Ruhe in den Bergdörfern

Es riecht nach Wein und Sonntagsbraten. In dem Tontopf überm Feuer schmort ein Ferkel auf Esskastanien und wird wieder und wieder mit Rotwein begossen. Das frisch gebackene Graubrot dampft auf dem Holzbrett. Mit leuchtenden Augen kommt ein Bewohner von Martim Branco zum Gemeinschaftsofen und prüft, ob der Braten schon durch ist. Denn hier oben teilt sich die Handvoll Dorfbewohner die Öfen, um die Ressourcen optimal zu nutzen. **Leben im Einklang mit der Natur**, genau das ist es, was Touristen von den Bergbewohnern lernen können. Sie geben den Dingen Zeit. Sei es beim Weben und Spinnen, wo sie in stundenlanger Arbeit die Wolle zu Fäden oder Stoffen veredeln, kleine Holzpuppen schnitzen – in den Schieferdörfern lebt **alte Lebenskunst** wieder auf. Hier oben in Portugals Zentrum, mitten in den Bergen, leben die Menschen **bewusst im Tempo wie vor 100 Jahren**. Die Häuser kuscheln sich an die Berge, man sieht sie fast gar nicht, denn sie sind aus demselben Material wie das Gestein der Umgebung, eben aus Schiefer. Viele haben Strom und fließend Wasser erst seit einigen Jahren.

Die Schieferdörfer

liegen so weit auseinander, dass man sie nicht alle in einem Urlaub erwandern kann. Wer allerdings eine Tour um Ceira bucht, kann sich einige der kleinen Weiler ansehen. Auf der Internetseite von Adxtur findet sich zu jedem Dorf eine Karte und mehr Informationen. Gute Hotels liegen immer in den Städten außerhalb der Schieferdörfer. Doch in den Orten selbst gibt es oft die Möglichkeit, ein kleines Zimmer in einer Pension zu bekommen. Was auch gut geht, ist Camping.

Weil sie so romantisch aussehen und so abgeschieden liegen, sind die Schieferdörfer zum **Anziehungspunkt für Künstler und Kunsthandwerker** geworden. Sie haben sich hier oben angesiedelt, stellen Skulpturen oder Stoffe her und genießen die **kreative Ruhe** der Einsamkeit. Und wenn sie ein Schwätzchen halten wollen, gehen sie eben zum Dorfofen, dort ist eigentlich immer etwas los.

Hier ist alles aus Schiefer gebaut

Das Leben hier oben ist fast poetisch, in **Janeiro de Cima** etwa müssen die Besucher noch per Fähre übersetzen. Dort liegt ein Holzboot auf dem Wasser des Flusses Zêzere und ist seit Jahrhunderten Hauptverkehrsmittel, um ins Nachbardorf zu gelangen.

Auf der Wanderung auf der anderen Flussseite trifft der Reisende immer wieder auf Mühlen, mit denen hier früher Mais und Getreide gemahlen wurden. In **Fajão** plätschert der Dorfbrunnen. Wasser, das hier aus Brunnen und Flüssen sprudelt, ist sauber und trinkbar, denn oberhalb der Dörfer liegen ganz viele Quellen. Und ein Stausee, das Becken des Flusses Ceira, ist mit seiner fast ungetrübten Reinheit wirklich zu verlockend: einmal reinzuspringen und eine Runde schwimmen.

Weiter geht es, **entlang mancher Wildschwein- und Rehspur** durch duftende Föhren- und Lorbeerwälder hin zum nächsten Dorf, zu gebackenen Kastanien und Lavendelhonig auf dem frischen Graubrot. Natürlich leben kann so gut schmecken.

(AL)

Kontakt: ADXTUR - Agência Desenvolvimento Turístico das Aldeias do Xisto, Centro Dinamizador das Aldeias do Xisto, 6230-137 Barroca, Tel. +351/275-647700 oder

Tel. +351/960-101873; www.aldeiasdoxisto.pt. Portugiesisches Fremdenverkehrsamt, Zimmerstraße 56, 10117 Berlin, Tel. 030-2541060, www.visitcentro.com.

INFO

46 Madeira – Einen Hauch von Geschichte erwandern

Ursprünglich und ganz weit entfernt vom Tourismus, offenbart sich die Natur der Insel in dichten Wäldern, an schroffen Berghängen, Hochebenen und steilen Felsküsten. Wer sie entdecken will, begibt sich auf Wanderungen entlang der Levadas, der jahrhundertealten Bewässerungswege. Und erlebt ein Stück Geschichte der „grünen Perle des Atlantiks".

Lars schnürt seine Schuhe fest zu. Als er sich zu der Wanderung anmeldete, dachte er zunächst noch an einen lockeren Spaziergang. Doch Touristenführerin Maria bestand darauf: „Knöchel hohe Schuhe sind Pflicht. Und sie müssen ein richtig dickes Profil haben." Also steht der 39-jährige Wuppertaler in voller Montur, Rucksack mit Verpflegung und wasserdichter Windjacke am Treffpunkt, um eine der beliebtesten Routen der Insel kennenzulernen: **Die Levadawanderung entlang der 25 Quellen.** „Auch wenn es im Winter hier unten am schmalen Streifen der Südküste 30 Grad in der Sonne sind, in den Bergen wird es empfindlich kalt und vielleicht auch nass", beschreibt Christa Dornfeld die unterschiedlichen Klimazonen der Insel. Die Österreicherin hat sich vor acht Jahren auf Madeira mit ihrer Agentur selbstständig gemacht und sich damit ihren Traum erfüllt: „Nie wieder Schnee schaufeln." Christa fährt die kleine Gruppe Wanderer mit dem Kleinbus hinauf in die Berge, aus der Stadt einfach loslaufen klappt auf Madeira nicht. Ausgangspunkte der Wanderungen sind fast immer **abgelegene Plätze oder Eingänge zu Schluchten** – und oft kommen Urlauber an einem anderen Ende heraus, als sie Stunden zuvor geparkt haben. „Die Natur ist faszinierend. Überall blühen Blumen, das ganze Jahr hindurch – egal, wohin man schaut", sagt sie. Eukalyptus-Bäume ragen aus den Berghängen heraus, ihr Duft schwebt über ihren Kronen und erinnert an Hustenbonbons. **Madeira – die Insel des ewigen Frühlings.**

Mit dem Schlitten bergab

Ausflug zum Tropischen Garten (Jardim Tropical Monte Palace) in Monte mit anschließender knapp zwei Kilometer langen Schlittenfahrt bergab: In gepolsterten Körben auf Kufen geht es die Serpentinen hinunter.

„Es kommen immer mehr junge Wanderer, die gerade diese Ursprünglichkeit erleben und einfach mal nur Natur sehen wollen", erzählt Christa. Sie kennt die Wanderungen entlang der insgesamt 1400 Kilometer langen Levadas und schwärmt: „Es gibt hier noch ganz alten Lorbeerwald. Die Stämme der Bäume sind teilweise so dick, dass man sieben Leute braucht,

Wer entlang der Levadas wandert, erkundet die traditionelle Seite der Insel

Ausblick auf die terrassierten Hänge der grünen Küstenlinie

um sie zu umfassen. Wenn sie mit Flechten bewachsen sind, sind die Bäume oft **gespenstisch schön und irgendwie bizarr.**"

Entlang der Levadas offenbaren sich die unterschiedlichen Gesichter der sonnenverwöhnten Urlaubsinsel: Aus dem regenreichen Norden transportieren die Kanäle das Wasser zu den Plantagen, Terrassenkulturen und Gärten im trockenen Süden. Im Westen der Insel ziehen dichte Nebelschwaden über das mehr als 1000 Meter hohe Gebirge. Eine kühle Brise fegt über das karge **Hochmoorplateau Paúl da Serra**, einer Ebene, die mit ihrem weichen Grün fast ein bisschen ans schottische Hochland erinnert. Wie abgeschieden von dem Trubel der Küste und Funchals genießt der Wanderer den weiten Blick aus der Höhe – und der kalte Wind weht nicht nur durch die Lungen, sondern auch die Alltagssorgen aus den Gedanken.

(DK)

Zahlen: Madeira hat rund 265.000 Einwohner, ist 57 km lang und 22 km breit. Die Insel liegt 1000 km südwestlich von Lissabon und 700 km westlich von Marokko im Atlantik.
Temperaturen: 19 Grad im Januar, 25 Grad im Juli/August.

Kontakt: Turismo de portugal, Rua Ivone Silva, Lote 6, 1050-124 Lisboa, Tel. +351/211-140200; deutsches Info-Tel. 069-9207260; www.visitportugal.com.

INFO

47 Äußere Hebriden – Wo die Seele fliegen lernt

Auf Barra, der südlichsten Insel der Äußeren Hebriden, bestimmt der Mond, wann die kleine Propellermaschine landet. Möglich ist das nur bei Niedrigwasser, wenn sich das Meer zurückgezogen hat. Der trocken gefallene Sandstreifen in der **Bucht von An Thràigh Mhòr** wird zur Landebahn. Steht das Wasser zu hoch, muss die Maschine wieder umdrehen, die Ankunft verschiebt sich, bis die Tide passt.

Schon die Landung ist ein Abenteuer. Wasser, überall rauscht Wasser. Eine Landebahn oder Markierungen sind nicht in Sicht. Blaugrüne Atlantikwellen rollen an den Strand. Wo die Wellen nicht mehr hinkommen, glänzt weißer Sand. Die Ebbe kommt. Die Bewohner der Äußeren Hebriden kennen das. **Zeit hat hier eine andere Bedeutung**. Auf den **Western Isles**, wie die Inselkette im Atlantik vor der schottischen Westküste auch heißt, ticken die Uhren anders. Sieht man einmal vom schottischen Festland ab, ist der nächste Nachbar meilenweit weg – Neufundland. Dazwischen liegt der **Nordatlantik**.

Von dort kommt der Wind, der den Inseln ihr Gesicht gegeben hat. Der unbarmherzige, beständig wehende Atlantikwind. **Manchmal spielt er laues Lüftchen**. Dann raschelt er im Laub der Bäume, bläht sanft die Segel vorbei-

Sonne und Regen wechseln im Sekundentakt und sorgen für unzählige Regenbogen

ziehender Schiffe. Bringt Grüße aus der neuen Welt, weckt Sehnsucht nach Aufbruch und Veränderung. Fernweh. Meistens führt er sich auf wie ein ungestümes Pferd, rast über die Inseln und reißt alles mit: Wäsche von der Leine, Zäune und Hühner- häuser, aber auch schlechte Laune, böse Gedanken und Stress.

Unzählige Buchten hat der Atlantik mit der Zeit ins Land gefressen. Ein- sam und unberührt. Ein paar Robben recken ihre dicken Leiber der Sonne entgegen. Die Wellen streicheln über den Sand und ziehen sich sanft gluck- send wieder zurück. Fast durchsichtig ist das Wasser, weiter draußen färbt es sich türkisblau. Möwen ziehen träge ihre Kreise. Nur der Anblick lockt zum Baden. Um die Idee in Tat umzusetzen, ist es zu kalt. Auch im Hochsommer klettern die Tempera- turen selten über 20 Grad. Vorteil und Nachteil. Die Buchten sind men-

Die rätselhaften Standing Stones von Callanish

schenleer. Keine Kämpfe um die schönsten Stellen, sondern freie Auswahl. **Reichlich Platz, um den Gedanken freien Lauf zu lassen**. Zur Ruhe zu kommen.

Wer genug über sich und den Sinn des Lebens gegrübelt hat, sollte die stehen- den **Steine von Callanish auf Lewis**, der nördlichsten Insel, besichtigen. In konzentrischen Kreisen stehen **13 urzeitliche Kolosse** und geben bis heu- te Rätsel auf, warum sie auf diese Weise aufgerichtet und angeordnet wurden. Kaum einer, der ihre Kraft nicht spürt oder sich ihrer Magie entziehen kann. Manche können die Worte deuten, die der Wind erzählt, wenn er durch die Steinreihen pfeift. **Der ideale Platz, um seiner Phantasie keine Grenzen mehr zu setzen**.

(SH)

INFO

Anreise: Mit dem Flugzeug ganzjährig von Glasgow, Edinburgh oder Inverness nach Stornoway oder Barra. Fähren fahren von Oban oder Ul- lapool verschiedene Inseln an.
Kontakt: Schottische Fremdenverkehrs- zentrale; www.visit-scotland.com; www.visitthebrides.com.

Tipp: Das Skoon Art Café auf Harris besuchen: Kunst, hausgebackene Kuchen, schottische Musik und ein fantastischer Blick auf das Meer; www.skoon.com.

⑧ Småland – Naturwald und ein Baum-Uropa

Im schwedischen Nationalpark Norra Kvill findet sich noch richtiger Urwald. Sogar eine tausendjährige Eiche gibt es dort zu bestaunen, das Naturdenkmal Kvill-Eiche.

Fichten liegen umgestürzt auf moosbedeckten Steinblöcken, zerbröseln langsam zu mürben rotbraunem Humus. Und dieser Duft! Ein einmalig würziges Aroma aus Waldboden und warmem Kiefernholz. So, wie eben nur die Wälder im Norden riechen. **Norra Kvill** ist ein richtiger Wald, nicht so eine Fichten-Plantage, wie sie die südschwedische Kulturlandschaft prägen. In dem kleinen Nationalpark ist das Leben seit 150 Jahren sich selbst überlassen und das Gebiet wird so mit viel Zeit wieder zu einem Naturwald. Zwischen Heidekraut und Blaubeerbüschen lugen seltene Blumen wie die weiß-violette Frühlings-Küchenschelle hindurch, durchs Unterholz streifen Elche, Füchse und Marder. Vom Parkplatz führt ein **Rundwanderweg** vier Kilometer durch den Mini-Nationalpark. Trittfest sollten Besucher allerdings sein, denn manchmal heißt es über Steine klettern oder unter einem Baum hindurch krabbeln.

Im Naturwald entdecken Kinder ihre ganz eigene Welt

Pippi-Langstrumpf-Land

Keine 20 Kilometer entfernt liegt Vimmerby mit Astrid Lindgrens Heimathof Näs samt Pippis Limonadenbaum, dazu der kleine Ort Sevedstorp mit den drei Höfen, die als Kulisse für Bullerbü dienten. Wer Kinder dabei hat, kommt am Freizeitpark Astrid Lindgrens Värld nicht vorbei: Schauspieler lassen vor Bilderbuch-Kulissen Pippi, Karlsson und Michel lebendig werden. Eintritt: Familienticket im Hochsommer 875 Kronen (ca. 93 Euro), www.alv.se

Über Granitfelsen, an Riesenfichten und 350 Jahre alten Kiefern vorbei geht es zu zwei verwunschenen Waldseen, wo auf dunklem Wasser weiße Seerosen schwimmen und hellblaue Libellen kreisen. Nach einem kurzen, steilen Anstieg, mit Seilen gesichert, reicht der Blick vom **Aussichtspunkt Idhöjden** schließlich bis zum Horizont über ein Meer von dunkelgrünen Nadelbäumen.

Nach der Wanderung wartet, nur ein paar Autominuten auf Schotterstraßen vom Nationalpark entfernt, Schwedens älteste Eiche: Tausend Jahre soll sie mindestens auf dem Buckel haben sein, die mächtige **Kvill-Eiche**. Schweden war also noch fest in Wikingerhand, als sie ihr Leben begann. Erst fünfhundert Jahre

Tausend Jahre altes Naturdenkmal: Die Kvill-Eiche

später sollte Schwedens berühmter König Gustav Wasa auf dem Thron sitzen. Acht Männer braucht es, um diesen Baum zu umarmen, der ganze **13 Meter Umfang** hat. Im Stamm klafft auf Bodenhöhe inzwischen ein mannshoher Spalt, Stahlseile schützen den Methusalem vor dem Auseinanderbrechen. Wer hier steht, fühlt, **wie fest die alte Eiche im Boden wurzelt** und wird demütig angesichts ihres langen Lebens. Was mag sie schon alles gesehen haben?

Diesen Platz sollten Besucher eine Zeitlang auf sich wirken lassen. Warum nicht bei einem Picknick? Direkt neben der Kvill-Eiche lädt eine Sitzgruppe zum Rasten ein. Im Sommer serviert ein Café in einem Kilometer Entfernung außerdem Kaffee und frische Waffeln.

(AB)

Anfahrt Nationalpark Norra Kvill: Von Vimmerby Richtung Ydrefors, 7 km vor Ydrefors ausgeschildert. Spannend: Der Wald links der Zufahrtstraße ist im Sommer 2010 gezielt abgebrannt worden. So soll sich die Tier- und Pflanzenwelt verjüngen. www.naturvardsverket.se.

Kvill-Eiche: Von Vimmerby kommend Richtung Ydrefors ist das Naturdenkmal an der Straße ausgeschildert. Anfahrt teilweise über Schotterstraßen.

INFO

49 La Graciosa – Eine Insel der Einsamkeit

25 Kilometer von Lanzarote entfernt, liegt die totale Einsamkeit auf La Graciosa. Dort breitet die kleinste bewohnte Insel der Kanaren ihre **Wüste aus gelbem Sand im Atlantik** aus. Hier müssen Reisende mit sich allein sein können.

Wer auf diese Insel kommt, schaut nur kurz und fährt meist mit der letzten Fähre wieder hinüber auf Lanzarotes Ferienzivilisation. Einige Gäste bleiben zwei, drei Nächte. Länger bleiben, so sagt man hier, wird kritisch für die meisten, da es kaum Unterhaltungsmöglichkeiten gibt. Nur wenige ganz Mutige buchen gleich ihren gesamten Urlaub auf der Insel. Wer die Animation sucht oder nichts mit sich anzufangen weiß, dem werden die Tage lang, der beginnt sich plötzlich mit seinen Reisepartnern zu streiten oder erstickt an der eigenen Sprachlosigkeit. Die Hölle also? Nein, das **Paradies für denjenigen, der Ruhe braucht.** Derjenige, der mit sich ins Reine kommen will und sich traut, das umzusetzen, was sich viele immer vom Urlaub versprechen: Wirklich mal nichts tun. Wer keine Angst vor der großen Stille während der Siesta hat, wenn Supermärkte und Cafés geschlossen sind, ist auf La Graciosa genau richtig.

Nur sollten Besucher entweder gut zu Fuß sein oder Mountainbiketouren durch die sengende Hitze mögen. Sonst bleibt nur die nähere Umgebung des Hafenortes Caleta del Sebo. Doch das wäre schade, denn obwohl Bäume fehlen, hat die Insel eine Menge zu bieten. Bei einer **Mountainbiketour in den Südwesten** etwa sollten Schnorchel und Taucherbrille zum Gepäck gehören, Wasserflaschen samt Proviant sowieso. Zwischen den erstarrten, dunkelbraunen Lavafelsen im Wasser locken kleine Lagunen zur Unterwasserschau auf bunte Fische. Dazwischen gelber, feiner Sand – perfekt zum Ausruhen.

Während der Hauptort von La Graciosa, **Caleta del Sebo**, von einfachen, weißen schuhkartonförmigen Häusern geprägt ist, geht es im zweiten Dörfchen sehr edel zu. **Pedro Barba** gleicht außerhalb der spanischen Ferien einer Geisterstadt. Ein Dutzend reiche Spanier hat sich hier seine eigene Welt erschaffen: Künstlich bewässerte Gärten – uneingezäunt, strahlend weiße Häuser und eine verlassene Hafenmole. Außerhalb der Saison gibt es noch nicht mal ein Café – eigentlich auch keinen anderen Menschen. Ein total verlassenes Luxusdorf.

Genügend Platz, um sich ungestört zu erholen

Überall ist es die Einsamkeit, die es zu entdecken lohnt auf La Graciosa: Die verlassene **Playa de las Conchas**, mit breitem Strand und türkisblauem Wasser. Oder die stadtnahe Playa **Francesa**, menschenleer, fern der Zivilisation. Hier geraten Besucher ins Dösen und Denken, wenn sie auf dem Norden Lanzarotes blickten und beobachten, wie sich die schweren Regenwolken an den Bergen stauen. Es gleicht meditativer Stille, durch die schier endlose Sandwüste zurück ins Dorf zu wandern. Und später gemeinsam mit den Fischern am **Hafen von Caleta del Sebo** auf der Bank zu sitzen und diese Ruhe der kleinen anmutigen Insel genießen.

(AL)

Anreise: La Graciosa ist erreichbar über eine Fähre vom Hafen Orzola, hier startet die kleine Personenfähre zur Saison jeweils um 10, 11, 12, 13.30, 17, 18, 19 Uhr. Zurück von der Insel geht es um 8, 10, 11, 12.30, 16, 17, 18 Uhr. Fahrscheine gibt es am Hafen, eine Hin- und Rückfahrt kostet 20 Euro. www.lineas-romero.com.
Unterkunft: Hotels gibt es dort nicht, wohl aber einen Campingplatz und Appartementvermieter, wie www.apartamentos-lagraciosa.com, www.residencialgraciosamar.com, ab 40 Euro die Nacht. Zudem gibt es kleine und einfache Pensionen, etwa Enriquetta, ab 25 Euro die Nacht, Tel. +34/928-842051.
Kontakt: Spanisches Fremdenverkehrsamt, Grafenberger Allee 100 (Kutscherhaus), 40237 Düsseldorf, www.spain.info.

INFO

50 Fuerteventura – Die Kraft des Meeres

Fuerteventura ist die zweitgrößte Kanareninsel und stark von Vulkanen und Lavagestein geprägt. Sie hat riesige Wüstengebiete westlich der Hafenstadt Morro Jable. Hindurch führen Pisten, die mit normalen Autos nicht befahrbar sind. Doch auch mit dem Jeep gibt es Regeln: Abseits der Pisten darf zum Schutz des empfindlichen Ökosystems in Dünen und auf Sandboden nicht gefahren werden. Die Natur auf Fuerteventura zeigt sich nämlich während der winterlichen Regenzeit im Februar und März von ihrer grünen Seite: Dann verwandelt sich die Fläche in einen scheinbar unendlichen Blütenteppich. **Die Wüste lebt!**

Für Wassersportler

Die Costa Calma ist ein Dorado für Surfer, Kiter, Wasserski- und Jetski-Fahrer, die ihre Station mitten auf einer großen Sandbank errichtet haben. Hier finden Anfänger und Fortgeschrittene ideale Bedingungen für ihren Wassersport.

Fahrspaß pur: Im Jeep durch die Wüsten im Süden der Insel

Die Reifen drehen durch, eine riesige Staubwolke hüllt den Jeep ein. Susanne schaltet die Differenzialsperre ein und gibt ein bisschen mehr Gas, Schotter spritzt nach hinten weg und das Geländefahrzeug macht einen Satz nach vorn. Den kurzen, aber steilen Hügel hinauf, dabei hängt er gefährlich weit rechts am Abhang hinunter. Ihre beiden Mitfahrerinnen halten sich fest: an Tür und Armaturenbrett, hinten am Überrollbügel.

„Das macht Spaß", ruft die 36-jährige Hamburgerin und schaltet in den zweiten Gang. Der Jeep holpert über dicke Steine, immer wieder setzt er hart in Schlaglöchern auf. Eigentlich hatten die drei Frauen geplant, den ganzen Tag im offenen Geländewagen durch die Wüste zu fahren. Doch dann führt eine staubige Piste an die Westküste – hier ragt der Inselrand in bizarren Linien mit schroffen Felsvorsprüngen ins dunkelblaue Meer. Nur zwei Meter vor dem Wagen geht es senkrecht hinunter. Vom starken Wind gepeitscht, spritzt die Gischt meterhoch an die Felsen. Eine **lebendige, kraftvolle Szenerie der Naturgewalten**.

Den Wagen lassen sie oben stehen, während Susanne und ihre Freundinnen auf einem steilen Pfad hinunter in die Bucht klettern. Sie müssen sich

Intensiveres Blau gibt es selten: Fuerteventuras strahlender Himmel und sein tiefblauer Ozean

mit den Händen festhalten, um dem Sturm standzuhalten. Das Rauschen der sich an den Felsen am Ufer brechenden Wellen ist beinahe ohrenbetäubend laut. Vorsichtig tasten sich die drei weiter voran, als plötzlich eine große Fläche aus weichem Sand vor ihnen liegt. Und der ist nur ein kleiner Vorgeschmack auf einen der schönsten, aber auch gefährlichsten Strände der Insel: **Playa de Cofete**. Beinahe weißer Sand bedeckt den kilometerlangen, breiten Strand, an dem sich hohe Wellen brechen. Nur selten kommen Badegäste hierher, denn die Unterströmung ist zu gefährlich zum Schwimmen. Susanne will es probieren, aber bereits nach wenigen Schritten im Wasser spürt sie, wie stark die Brandung an den Beinen reißt. „Für eine kurze Abkühlung reicht es", ruft sie gegen die tosenden Wellen an. Niemand sonst ist in der Bucht – **das perfekte ungestörte Strandvergnügen**. Die drei Urlauberinnen sitzen im Sand und schauen auf das Meer, das sich zu gewaltigen Wellen aufbäumt, bevor das Wasser vor ihren Füßen versickert. Die Wellen schlagen an den Strand, ebenso kraftvoll wie ohrenbetäubend – das Wasser bildet die gesamte akustische Kulisse. Aufbrausend und entspannend zugleich.

(DK)

Klima: Das ganze Jahr über liegen die Temperaturen auf Fuerteventura bei 20–28 ˚C, der feuchte Nordostpassat fegt ungehindert über die Insel, sodass sich kaum Niederschläge bilden. Daher der Name: „La forte ventura", das starke Abenteuer, wie wohl Sklavenjäger im 14. Jh. die Insel nannten, ist neben Lanzarote die Insel mit den geringsten Regenfällen der Kanaren. Touristen zieht es vor allem an die Costa Calma, die „ruhige Küste". **Kontakt:** Spanisches Fremdenverkehrsamt, Grafenberger Allee 100, 40237 Düsseldorf, Tel. 0211-6803980; www.spain.info.

INFO

51 Gibraltar – Das Geheimnis der Wale

Wer Wale sehen will, muss nicht unbedingt in die Antarktis fahren. In der Meerenge von Gibraltar zwischen Spanien und Marokko können Reisende mit Glück sogar Orcas beobachten – am besten von Bord eines Segelschiffes aus.

Der Zweimaster schaukelt im Wind, während der Meeresbiologe seine Mitreisenden in die **Geheimnisse der Straße von Gibraltar** einweiht. Dort sind die Strömungen besonders schnell und der Biologe kennt sich aus. Zeigt übers Meer: „Da hinten ist einer der beliebtesten Jagdgründe der Orcas, weil es dort immer fischreich ist und hier vorn sind die ersten Wellen des Atlantiks zu spüren." Und sie locken vor allem ein Tier, den Delfin.

Während sich die Kairós in den Wind legt und auf den Wellen wiegt, tümmeln sich **in ihrer Bugwelle Delfine**. Sie schwimmen mit dem Schiff, begleiten es einige Meter und springen immer wieder aus dem Wasser. Mit einer Eleganz, die selbst Balletttänzer niemals erreichen können. Ein ganzer Schwarm, mindestens sieben. Doch zählen kann man sie schlecht, da sie nie gleichzeitig alle aus dem Meer springen. Ein Moment der Gänsehaut für viele Reisende auf dem Schiff, denn so nah kommt man den Delfinen selten. Die Urlauber stehen an Deck und halten Ausschau. Immerhin, so erklärt der Meeresbiologe, der diese **siebentägige Expedition** führt, leben neben den Delfinen auch ganz vie-

Wer auf Walsafari geht, trifft immer wieder Delfine

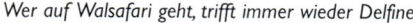

le Walarten im Mittelmeer, darunter **der Pottwal, der Finnwal und sogar Orcas** sichten die Forscher hier oft.

Das Schiff bannt sich seinen Weg weiter übers Wasser und die Delfine werden nicht müde, zu spielen. Doch eigentlich sind alle der Wale wegen hier. Aber auch am zweiten Tag tut sich nichts. Die Menschen an Bord setzen sich hin, trinken Kaffee, genießen die Ruhe und den frischen Meereswind. **Wer Muße hat, schaut dem Skipper über die Schulter** und darf vielleicht auch mal ans Steuer.

Die Gäste lesen und genießen die edle Ausstattung des Zweimasters: Teakholz überall, auch in den Kabinen. Doch die sind ja nur zum Schlafen da, jetzt sitzen alle an Deck und lugen ab und zu mal über ihre Bücher hinaus, halten Ausschau. Erst am dritten Tag zeigt ein Crewmitglied ganz aufregt gen Horizont. Da war ein Orca. Hat seinen ovalen Kopf aus dem Wasser gehoben, sich fix gezeigt und ist ebenso schnell wieder untergetaucht. Jetzt schauen alle auf diese Stelle.

Für die Walbeobachtung braucht man Geduld – genau deswegen dauert die Reise auch eine Woche und nicht einen Tag. Tatsächlich zeigt sich der Orca erneut. Dichter als beim ersten Mal. Und als wolle er den Seglern seine ganze Schönheit beweisen, springt er aus dem Wasser. Ein riesiges Tier, schwarz mit feinen, weißen Zeichnungen. Die Menschen an Bord blicken noch staunend aufs Meer, als der Wal längst weder zurück in den Fluten ist.

(AL)

Reisen zu den Meeressäugern

Neben dem Mittelmeer sind vor allem die Azoren ein wunderbares Revier, um Wale Delfine zu beobachten. Für die Orca-Beobachtung eignen sich auch Touren nach Nordnorwegen. Immer wieder gibt es auch Touren mit „Schwimmen mit den Delfinen". Sie sind jedoch bei Naturschützern umstritten, weil die vielen Boote und Touristen im Wasser die Tiere stören und letztendlich dazu führen können, dass die Delfine sich ein neues Revier suchen.

Landgang zwischen den Segeltörns

Der Veranstalter Lamar-Reisen hat sich auf Urlaube zur Walbeobachtung spezialisiert. Dazu gehört auch die Reise auf dem Zweimaster im Meer von Gibraltar. Sie kostet für eine Woche 1350 Euro.
Darüber hinaus bietet Lamar auch noch eine andere Walreise an, in den Golf von Neapel. Dort gehen die Urlauber sieben Tage auf ein Forschungsschiff von Meeresbiologen und können auch an deren Forschungsarbeiten teilnehmen, etwa Wale zählen oder wiedererkennen. Mit an Bord ist auch Hund Berta, die immer bellt, wenn Delfine in die Nähe des Schiffes kommen.
Kontakt: Lamar-Reisen, Im Bleichetal 7a, 38667 Bad Harzburg, Tel. 040-78807848, www.lamar-reisen.de.

INFO

Afrika

Dünenüberquerung in Namibia

52 Kalawy – Schillernde Unterwasserwelt am Roten Meer

Totale Stille gibt es eigentlich nur an einem Ort: Unter Wasser. Besonders am Roten Meer ist Tauchen wie eine Reise zur eigenen Seele.

Taucherbrille auf, Atemregler in den Mund und ab ins Rote Meer! Ins salzige Blau von Kalawy fallen und einfach nur **die Schwerelosigkeit genießen**. Während der Tauchlehrer Orientierung sucht, schaltet alles einen Gang runter: grelle Farben wie aus der Tube, viele mit einem Metallic-Effekt. Keine Geräusche mehr. Genau das liebt Andreas Wyss, der seit acht Jahren regelmäßig im Roten Meer auf Unterwasserexpedition geht.

Plötzlich wirbelt ein Blaupunktstachelrochen mit leuchtenden azurfarbenen Sprenkeln auf dem sandigen Boden eine Wolke auf. Wie der Rock eines drehenden Derwisches segelt sein Körper in Zeitlupe voran. Der Taucher folgt dem peitschenartigen Schwanz und gelangt zu einer Korallenbank. Eine Seeanemone schwingt ihre Tentakeln hin und her, ab und zu lugt ein Clownfisch hervor. Der Schweizer schwimmt weiter, immer an den Korallen entlang, als er plötzlich vor einem Rotfeuerfisch Halt macht. Er richtet seine vielen gestreiften Flossenstrahlen so elegant auf, dass es schon fast eingebildet wirkt. Rotfeuerfische sind hier bei fast jedem Tauchgang zu sehen, ebenso wie Schildkröten. Für Moränen braucht man ein gutes Auge, ganz viel Glück für Wale. **Das Rote Meer – eine kleine Welt der Wunder**. Die Fische sind viel größer als auf den Malediven, Taucher werden überschwemmt von den schillernden Farben.

Schon beim Schnorcheln lässt sich der Farbenrausch erahnen. Doch am schönsten ist es, hier zu tauchen. In der Straße von Gubal lassen sich versunkene Schiffe erkunden. Das Wrack der Numidia, zugewachsen wie ein Dornröschenschloss, sieht aus wie eine Blumenwiese unter Wasser. Es liegt vor den **Brother-Inseln**, einem der besten Tauchreviere im Roten Meer. Sehenswert ist aber auch die **Gorgonienwand** in Elphinstone. Dort tummeln

Andreas Wyss vor dem Tauchgang

sich oft Hammer-
haie oder Weiß-
spitzenhochsee-
haie, zwei der 44
Haiarten des Ro-
ten Meeres. Delfi-
ne sieht man bes-
ser vom Boot aus,
dann aber oft in
Schwärmen. Nur
die Seekühe zei-
gen sich kaum
noch, ihre Popula-
tion ist massiv be-
droht.

Andreas Wyss
paddelt weiter, als
ihm plötzlich das
Blut in den Kopf
schießt. Ein Gigant
schwimmt auf ihn

Bunt und schillernd: Rotes Meer

zu, braun, grau gesprenkelt mit einem fast grim-
migen Zug um den Kiefer: Ein Riesenzacken-
barsch. Viel größer als er selbst. „Zwei Meter
lang - mindestens", schätzt Wyss. Trotz 27-jähri-
ger Erfahrung braucht der Taucher später einen
Augenblick länger, um wieder in die Wirklichkeit
zurück zu kommen, so beeindruckt ihn das Erlebte. Das ist das eigentlich Schwierige am Tauchen: Ankommen in der echten Welt, mit Lärm,
Musik und Schnelligkeit.

(AL)

Tipp

Unterwasserrestaurant am Roten
Meer: Das Red Sea Star-Restaurant im
israelischen Eilat am Roten Meer
liegt komplett unter Wasser. Statt mit
Taucherbrille und Flossen
ausgerüstet, sitzen die Besucher hier
auf bunten Stühlen und sehen große
Fischschwärme vor den Fenstern
vorbeiziehen. www.redseastar.com.

Lage: Das Rote Meer liegt zwischen
Ägypten und Saudi Arabien. Auch der
Sudan, Eritrea und Jemen grenzen an
das Gewässer, das von Sinaii-Halbinsel
im Norden und dem Golf von Aden im
Süden begrenzt werden. Nächster
Flughafen ist Sharm el Sheik.

Touren: Die Tauchschule Magicdivers
bietet Tauchgänge und Tauchschulung-
en an. Ein Tauchgang ab 25 Euro.
Kontakt: Magic Life Kalawy Imperial,
30km Safaga - El Quseir Road, Rotes
Meer, Tel. +20/65/32000008909;
www.magicdivers.at.

INFO

53 Taroudant – Schutzpulver und Liebesparfum vom Markt

Wer über einen marokkanischen Markt schlendert, beginnt wieder daran zu glauben, an Zauber und Magie. Denn Schutzpulver und Rituale sind hier allgegenwärtig.

Dieser Duft! **Betörende Mischung aus Rose und Moschus,** süß und schwer riecht das Stück Seife. Schon reibt Mohammed es auf den Arm seiner deutschen Kundin und sagt grinsend: „Damit bleibt dir jeder Mann treu." Nichts in diesem kioskkleinen Laden in Taroudant erinnert an Deutschland. In umgekrempelten Papiersäcken türmen sich Curry, Chili und Paprikapulver. Gläser mit undefinierbarem Inhalt stehen im Regal, in manchen sind Erdnüsse, Dörrpflaumen und Oliven erkennbar. Doch das meiste sind Pulver, Pasten, eingelegte Früchte und Kosmetikartikel wie das quadratische Stück Seife. „Nein", Mohammed schüttelt beinahe beleidigt den Kopf. **„Das ist keine Seife, sondern ein Parfumstein",** verrät der weißbärtige Händler im langen Kaftan und lächelt geheimnisvoll. Zehn Dirham verlangt er für den zu einem Stück gewordenen Duft, also etwa einen Euro – wenig für ein angeblich so mächtiges Zaubermittel. Mohammed legt es sorgsam in die verbeulte Waagschale, lotet mit Gewichten den Preis aus, wickelt das Parfum in Zeitungspapier und krümelt ein Pulver in ein anderes Stück Papier. „Ein Geschenk – **Schutzpulver gegen den bösen Blick.**"

Händler auf dem Markt in Taroudant

In Marrakeschs kleiner Schwesterstadt, wie Taroudant auch genannt wird, gibt es viel zu sehen. An jeder Ecke des Marktes riecht es anders: Nach Gewürzen, Parfum, Seife, Plastiktaschen oder totem Huhn. Der Souq (Markt) von Taroudant ist so verzweigt, dass sich Touristen hier schnell verirren, also besser einen einheimischen Fremdenführer mitnehmen.

Der kann auch zeigen, wo es das beste **Arganöl** gibt, ein ganz besonderer Tropfen. Die Nüsse wachsen nur in der Gegend um Agadir und ihr Öl gilt als wahres Allheilmittel: erste Falten? Arganöl. Sonnenbrand? Arganöl. Stress? Blähungen, Herpes, brüchige Nägel? Arganöl! Wer Glück hat, findet Amina Jadoui unter den Fremdenführerinnen, die Marokkanerin spricht nicht nur fließend Deutsch, sondern kennt als Heilpraktikerin viele Geheimnisse von Bäumen und Kräutern. Und arbeitet selbst als Heilerin.

Teezeremonie auf marokkanisch

Nach einem so aufregenden Besuch in Taroudant hat sich der Besucher eine Pause in einer wahren Oase verdient. Besonders eindrucksvoll ist das im **Palais Salam** zu sehen, das direkt an den Stadtmauern liegt. Wer rechts und links in die kleinen Gärten schaut, entdeckt Swimmingpools, Bassins mit Wasserpflanzen und gurgelnde künstliche Bäche. Prachtstück des Palastes ist der Innenhof: Im Schachbrettmuster gekachelte Wege führend entlang knallpink verputzter Wände. Marokko ist eben ein Land fürs Auge.

(AL)

INFO

Anreise: Royal Air Maroc fliegt nonstop von Deutschland nach Marokko. www.royalairmaroc.com. Auch Air Berlin. Condor oder Air France fliegen zu einem der neun internationalen Flughäfen Marokkos. **Einreise:** Wer individuell reist, braucht einen Reisepass, bei Pauschalurlauben genügt der Personalausweis. **Kontakt:** Staatliches Marokkanisches Fremdenverkehrsamt, Graf-Adolf-Str. 59, 40210 Düsseldorf, Tel. 0211-370551 und -52; www.tourismus-in-marokko.de.

54 Mauritius – Im Tal der Flughunde

Dicke Tropfen hängen wie silbrig glänzende Gewichte an den Blättern, der Boden von Mauritius dampft. Nebelschwaden steigen auf, verschleiern das Tageslicht, das nur spärlich durch die dichten Baumkronen dringt. Bei mehr als 30 °C erinnert die schweißtreibende, feuchte Hitze an eine Sauna – **der Eukalyptuswald duftet intensiv** wie ein Aufguss. Nur, dass es keine kalte Dusche nach zehn Minuten gibt, sondern noch etwa zwei Stunden lang ein enger, matschiger Pfad zu erklimmen ist. Der führt geradewegs auf die Spitze eines Berges. Ein Hügel, von dem aus man ein Tal aus tausenden satt grünen Baumkronen überblicken kann. Die Heimat von besonderen Tieren: Flughunden.

Jeden Tag regnet es auf Mauritius. Das gerade erst in Strömen herab gefallene Wasser scheint wieder in gleicher Menge Richtung Himmel zu verdunsten und die Insel in eine Wolke zu hüllen. Jeder Schritt muss hier sicher gesetzt sein, denn die Trampelpfade sind glitschig und führen steil nach oben. Kleine Steine lösen sich unter den Wanderschuhen und rollen den Hang hinunter, Lehm spritzt an die Waden. „Oben wird die Luft wieder besser", verspricht Wanderführer Yan de Maroussem. Plötzlich piepst es im Wald, dann ist deutlich ein Flattern in den Blättern zu hören. **„Flughunde"**, erklärt Yan und schaut nach oben. „Die sind hier überall. Das ist ihr Tal, das wir gleich sehen werden." Der Pfad wird schmaler und ist schließlich nur noch eine Art Eingang zu einer Höhle aus Ästen, Zweigen und Blättern. Geduckt geht es die letzten Meter weiter, wer hindurch will, muss sich mit den Händen an dicken Steinen abstützen.

Dann ist es plötzlich hell, die Luft strömt frei von Feuchtigkeit in die Lungen, ein kühler Windzug ist zu spüren. **Durchatmen. Aufatmen.** Dicke Felsen dienen als Sitzgelegenheiten – direkt davor der Abgrund. Sofort ist alle Anstrengung vergessen, denn hunderte Meter geht es steil hinab in ein Meer aus

Essen und mitbringen

Auf Mauritius gibt es die wahrscheinlich schärfste **Chili-Paste** der Welt. Grün und rot – beide brennen hervorragend auf Kartoffeln, Reis und Nudeln. **Geflochtene Hüte, Tabletts oder Taschen** in allen Farben und garantiert handgemacht. Begehrtes Motiv: der Dodo, ein großer flugunfähiger Vogel, der ausschließlich auf Mauritius und Réunion lebte und Ende des 17. Jh. ausstarb.

Blick auf das Tal der Flughunde in den Bergen von Chamarel

hellgrünen Blättern. Die Baumkronen sehen aus wie ein flauschiger Teppich in einem Tal, das sich wie eine langgezogene Schneise zwischen zwei knapp 800 Meter hohen Bergen im Süden der Insel im **Black River Gorges Nationalpark** erstreckt. In den Wipfeln hängen tausende Flughunde, die aus der Entfernung nur als schwarze Punkte zu erkennen sind. Ihr helles Piepsen hallt an den Bergen wider. Über ihnen strahlend blauer Himmel.

Wer hier sitzt, genießt die Ruhe an einem Platz, der nur wenige Quadratmeter groß ist – und den kaum einer kennt. **Flughunde ziehen Kreise**, formieren sich zu großen Gruppen wie ein Vogelschwarm, steigen über die Gipfel, als ob sie Ausschau nach Feinden hielten. Doch sie leben hier völlig ungestört – ein ganzes Tal haben sie für sich allein. Gegen das Sonnenlicht sind ihre braunen Flügel beinahe

Yan de Maroussem (links) führt einen Wanderer durch die Berge

hell und durchsichtig, ihre schwarzen Knopfaugen sind gut zu erkennen, so dicht schweben sie über den Köpfen der Rastenden. Hier ist der Ort, an dem man sich ganz dem Schauspiel der Natur hingeben kann.

(DK)

INFO

Anreise: Für die Einreise nach Mauritius und die kleine Nachbarinsel Rodrigues ist ein Reisepass ausreichend, der noch mindestens sechs Monate gültig ist.
Kontakt: Mauritius Tourism Promotion Authority, Sonnenstraße 9, 80331 München, Tel. 089-236621834; www.tourism-mauritius.mu.
Route: Bergwandern im Südwesten der Insel, entlang des Black River durch die Wälder; bis in den Süden zu Chamarel Coloured Earth, einem Areal aus knallroter Erde. Informationen und Buchungen unter www.yanature.com.
Hotel: Mövenpick Resort & Spa im Südwesten von Mauritius; Zimmer sind mit Whirlpool, Panoramafenster zum Meer und eigenem Strandzugang ausgestattet. Für eine Nacht kostet ein Deluxe-Zimmer etwa 550 Euro, www.moevenpick-hotels.com.

55 Namibia – Panoramablick auf die Kalahari

Der Geländewagen rumpelt über dunkelroten Sand und dicke Steine. Zehn Kilometer hat er bereits zurückgelegt, seit ein kleines Holzschild auf der Hauptstraße den Weg in die Kalahari wies. Acht Kilometer gilt es noch zu überwinden. Die Schlaglöcher im Boden werden tiefer, immer wieder kracht es unter dem Wagen, wenn ein Stock bricht und gegen das Bodenblech schlägt. Weit entfernt auf einem Berg lässt sich bereits etwas erahnen: Helle kleine Gebäude glänzen in der Nachmittagssonne. Jetzt sind gerade noch die beiden Fahrspuren zu erkennen, tiefer Sand lässt die Reifen schlingern. Büsche und Gräser werden immer dichter, ragen auf die Piste, schleifen an den Autoseiten und wischen in die offenen Fenster hinein. Dunkelbraune Kühe trotten neben der Fahrspur her, scheinbar ohne bestimmtes Ziel. Ein paar hundert Meter weiter ein eisernes Tor mit Kamera und Sprechanlage. Wer auf das Gelände von **Aloegrove in der Nähe von Otjiwarongo** will, muss sich anmelden. Doch eigentlich lassen sich die 8.500 Hektar Land auch so ganz gut überblicken: Von der Lodge und ihren flachen Gebäuden aus herrscht **360 Grad-Rundum-Sicht**. Auf der Kuppe eines Berges errichtet, blickt der Besucher in jede Himmelsrichtung weit über die Kalahari.

Die letzten Meter bis zur komfortabel ausgestatteten Lodge sind allerdings mühsam. Eine steile, steinige Piste führt zum Ziel, gut beraten ist, wer einen Geländewagen mit Allradantrieb fährt. Doch dann ist es geschafft. In 1600 Metern Höhe verstellt rein gar nichts mehr den Blick über die Wüste aus rotem Sand und beige-grünen Grasbüscheln, die wie in die Landschaft hineingetupft aussehen. Einzelne Bäume, deren ständiger Kampf ums Wasser an ihren kleinen, festen und dunkelgrünen Blättern deutlich abzulesen ist. Mehrere Meter tief müssen sie ihre Wurzeln in den Boden graben, um bis zum Grundwasser zu gelangen. **Stille liegt über der Kalahari**, die untergehende Sonne taucht sie in ein rötlich schimmerndes Licht. Eine einzelne dünne Wolke zieht sich wie

Die Aloegrove-Lodge liegt auf dem einzigen Hügel der Umgebung

Jeden Abend ein beeindruckendes Schauspiel: der Sonnenuntergang

ein Faden durch die Abendsonne, beinahe bizarr. Das allabendliche Schauspiel bedarf hier noch nicht einmal des üblichen Sundowners. Egal, wo man steht, wird **der Blick gefangen von dem Farbspiel**, wenn der orange Feuerball immer weiter sinkt, den Himmel in einem dunklen Blau erstrahlen und für wenige Minuten scheinbar sämtliche Geräusche auf der Erde verstummen lässt. Noch nicht einmal mehr die Grillen zirpen, keine Mücke surrt um die Ohren – **alles scheint dem Spektakel am Horizont zuzuschauen**. Und dann ist es vorbei: Innerhalb weniger Minuten verschwimmen die letzten Blau- und zarten Rottöne miteinander. Die Nacht breitet sich über der Kalahari aus. Und ihre Sterne leuchten beinahe genauso hell wie tagsüber die Sonne.

(DK)

Lodge: Die Aloegrove-Lodge liegt mitten in der Kalahari, eine Sandpiste führt von der Nord-Süd-Verbindung (Teerstraße) etwa 18 Kilometer weit auf den kleinen Berg, auf dem sie liegt; www.aloegrove.com.
Buchbar auch über Iwanowski's Individuelles Reisen, www.afrika.de.

Kontakt: Namibia Tourism Board, Schillerstr. 42–44, 60313 Frankfurt, Tel. 069-133736-0; www.namibia-tourism.com.
Tipp: Es gibt spezielle Pauschalen für Flitterwochen und Hochzeiten, die das Team in einer kleinen Kirche in Otjiwarongo organisiert; außerdem gibt es Massagen und Beauty-Behandlungen.

INFO

56 Namibia – Die Magie der Wüste

Knallrote Dünen im Sonnenuntergang – Postkartenmotive. Sturm peitscht über die afrikanische Atlantikküste – die echte Namib hat viele Gesichter und zahlreiche Orte, an denen der Reisende mit seinen Gedanken allein sein kann. Hier brennt sich die Wüste mit voller Wucht in Sinne und Herz.

Die Staubwolke hinter dem Geländewagen zieht eine weiße Spur durch die Landschaft, minutenlang hängt sie in der vor Hitze flimmernden Luft. Schotter und Sand wechseln sich unter den Reifen ab, rechts und links der Piste nichts als Wüste. Mal grau, mal rötlich, mal ist die Oberfläche des Bodens verkrustet von Salz und Wind, dann wieder dehnt sich hellgelbes, weiches Gras über der Ebene aus. Wer durch den Westen Namibias fährt, ist oft stundenlang allein. Mit sich und einer Weite, die eine **flirrende Verbindung mit dem Horizont** eingeht. Diese Einsamkeit muss man lieben. Die absolute Stille ringsum, die das Blut in den Ohren rauschen lässt, genießen können. Plötzlich findet sich

Ein großer Felsen, ein Köcherbaum und ringsum Wüste: das typische Bild in der Namib

der beeindruckte Tourist wieder, wie er auf dem sandigen Boden sitzt und die Hände in den warmen, verkrusteten Boden gräbt, um Verbindung mit dieser besonderen Erde aufzunehmen. Eine Tour durch die Namib kann endlos werden, wie die Landschaft selbst. Wer die Wüste wirklich entdecken will, muss sich Zeit nehmen und immer wieder einen anderen Ort suchen, an dem er einfach nur in die Weite blickt.

Die Namib hat viele Facetten: Beige-grau und stürmisch ist ihre Atlantikküste, über die wenigen Dünen peitscht das ganze Jahr ein kalter Wind. Wenige Pflanzen krallen sich am sandigen Untergrund fest und wachsen nur wenige Zentimeter in die Höhe. Die Brandung tost ans Ufer, das nahtlos in die endlose Weite der Wüste übergeht. Dabei könnte ein Strand hier wirklich schön sein. Nach Norden wird die Namib rot. Orangeroter Sand kleckert zunächst in Form einzelner Berge in die Landschaft, dann formt er Streifen, und schließlich besteht **Sossusvlei** fast nur noch aus sattroten Sandhaufen. Der berühmteste: **Düne 45**. Mit Parkplatz und Picknickmöglichkeiten davor. Bei Sonnenaufgang überlaufen, abends einsam.

Wer die Wüste liebt, sucht ihre Einsamkeit. Also führt die Reise weiter in den **Namib-Naukluft-Park** und dort abseits der Durchgangspiste. Die beige-graue Landschaft erstreckt sich scheinbar endlos in alle Richtungen. Hier wachsen nur noch an wenigen Stellen gelbe Grasbüschelchen, die so trocken sind, dass sie knacken, wenn man darauf tritt. Termiten graben unterirdische Gänge, selbst ihnen scheint die Wüste kein herausragendes Bauwerk wert zu sein. Noch bietet Namibia viele solcher Regionen, Sperrgebiete, für die man Genehmigungen braucht und in denen man garantiert niemandem sonst begegnet.

Gelassenheit und Naturvertrauen, zwei der wichtigsten Dinge, die man in Namibias Wüste lernt. Ansonsten entgeht dem Wüstenfreund das wohl beeindruckendste Erlebnis: Eine Nacht **im Schlafsack unter freiem Himmel** – bewacht von tausend Sternen einer hell strahlenden Milchstraße und dem Kreuz des Südens.

(DK)

Sand und Steine sind noch warm, der Mond steht am dunkelblauen Himmel – es wird Nacht in der Namib

INFO

Kontakt: Namibia Tourism Board, Schillerstr. 42–44, 60313 Frankfurt, Tel. 069-1337360; www.namibia-tourism.com.
Übernachtung: Mitten in der Namib stehen die iglu-ähnlichen Lodges von **Rostock Ritz**, sehr komfortabel ausgestattete Rundhütten mit dem speziellen Charme von Natursteinen; www.rostock-ritz-desert-lodge.com. In Swakopmund: **Cornerstone Guesthouse**, sehr komfortable Zimmer in Blau-Weiß mit einem Blumengarten; B & B oder in den Appartements direkt am Strand mit Küche und mehreren Schlafzimmern buchbar; www.cornerstoneguesthouse.com. In Lüderitz: **Nest Hotel**, direkt am Atlantik, alle Zimmer mit Meerblick; www.nesthotel.com.
Tipp: Genehmigungen für die Strecken abseits der Hauptpisten gibt es in den Büros der Tourveranstalter in Swakopmund.

57 Rodrigues – Der Zeit entrückt

Langsam. Noch langsamer… Gehen die Uhren schon rückwärts? Auf Rodrigues beeilt sich niemand. Jeder scheint hier endlos Zeit zu haben, fast niemand trägt eine Armbanduhr, Terminabsprachen sind bedeutungslos. Keine Hektik in den leeren Straßen der Dörfer. In den Vorgärten der kleinen, dürftig verputzten Häuser trocknen **Maiskolben und Tintenfische auf Wäscheleinen,** knall orange Apfelsinen hängen wie schwere Tropfen an den Bäumen. Gelangweilt sitzen drei alte Männer auf den Stufen vor einem Kiosk. Sie rauchen und beobachten die wenigen Autos, die vorbeifahren. Die Alten unterhalten sich nicht, sie schauen nur. Kinder in Schuluniform schlendern lachend die Straße entlang, laufen zu einem alten, klapprigen Schulbus, der sie über die halbe Insel nach Hause fahren wird.

Der erste Tag auf Rodrigues, der kleinen Schwester des 560 km entfernten Mauritius, ist gewöhnungsbedürftig. Ein **Gefühl des Abgeschnittenseins von der Welt**, die sich irgendwo da draußen, jenseits des hell türkisfarbenen Indischen Ozeans, wohl weiterdreht… Eben noch mitten in der Hektik des Flughafens aus Mauritius, müssen sich Gäste an ein Tempo gewöhnen, das eigentlich gar keins mehr ist. Eher Stillstand. Zuerst befremdend, doch dann wirkt der Zauber der verschlafenen Insel: Die Ruhe des Nicht-Erreichbarseins. Wer sich darauf einlässt, zu dem dringt die Natur dieses afrikanischen Fleckchens Erde tief ins Bewusstsein.

Und die ist überall auf der nur 108 km² kleinen Insel spürbar. Im Wald, am Strand und noch mehr in den vielen winzigen Buchten, die nur wenige Meter breit sind und **versteckt hinter hohen Bäumen und Felsen** liegen. Der grobkörnige Sand ist warm, das Meer plätschert nur mit wenig Kraft an den Strand, seine Wucht wird weiter draußen an großen Felsen gebrochen. In den hellen Sand sinkt man bei jedem Schritt knöcheltief ein. Muscheln, Schnecken und Seeigel – allesamt weiß – werden angespült. Wer hierher kommt, hat zuvor eine stundenlange Wanderung über steile Bergpfade zurückgelegt, ist immer der bizarren Küstenlinie gefolgt – bis er seinen ganz persönlichen Ort der Ruhe und Einsamkeit gefunden hat. Die kaum befestigten Wege sind kaum mehr als Trampelpfade, auf denen Wanderer über dicke Steine klettern müssen und über welche knorrige Äste quer wachsen.

Geheimnisvolle Klänge dringen aus der Nachbarbucht herüber: **Séga, der Trommel-Rhythmus der Einheimischen.** Auch sie nutzen die Abgeschiedenheit dieser Buchten, um sich der Meditation und der Kampfkunst hinzugeben. Capoeira am Lagerfeuer zum Rhythmus der Trommeln. Eindringlich, beschwörend, beinahe ekstatisch – auch die Capoeira-Kämpfer scheinen wie in Trance. Bilder und Geräusche, entrückend und mitreißend.

(DK)

Farbspiel des Ozeans: Türkisblau brandet das Meer auf den groben Sandstrand. Die Insel lockt vor allem Wanderer in ihre Wälder an der Küste

INFO

Anreise: Condor fliegt im Sommer zweimal wöchentlich (Mi und Sa), im Winter dreimal (zusätzlich Mo) von Frankfurt nach Mauritius. Auf allen Flügen wird neben der normalen Economy-Class und der Comfort Class auch die Premium Economy Class angeboten. Flugzeit etwa 11 Std. Infos und aktuelle Preise unter www.condor.de.

Einreise Mauritius: Für die Einreise genügt ein noch sechs Monate gültiger Reisepass; bei der Einreisekontrolle muss ein ausgefülltes Zollformular sowie ein Gesundheitsformular (beides im Flugzeug erhältlich) vorgelegt werden.

Weiterreise nach Rodrigues: Für die Anschlussflüge nach Rodrigues ergeben sich oft lange Wartezeiten am Flughafen von Mauritius. Es dürfen nur 15 kg Gepäck mitgenommen werden; mit dem Ticket, das einen direkten An-schlussflug belegt, gibt es die Sonder-genehmigung für 20 kg. Air Mauritius fliegt ein Mal pro Tag nach Rodrigues und zurück. Flugzeit: etwa eine Stunde.

Klima: Ganzjährig warm bis subtropisch; Tagestemperaturen bei rund 25 ˚C. Regenzeit ist von Dezember bis April.

Hotel-Tipp: Cotton Bay Hotel, direkt an der Ostküste am Strand, das einzige Luxushotel der Insel. Unterkunft gibt es in allen Preiskatego-rien, vor allem Gästehäuser und Pensionen für Wanderer und Rucksack-touristen.

Kontakt: Rodrigues Tourism Office, Rue de la Solidarite, Port Mathurin, Rodrigues Island; www.tourism-rodrigues.mu. Deutschsprachig über Mauritius möglich: Mauritius Tourism Promotion Authority, c/o Aviareps Mangum, Sonnenstr. 9, 80331 München, Tel. 089-236621834; www.tourism-mauritius.mu.

58 Sambia – Allein unter Löwen

Es ist früher Morgen, halb fünf: Draußen ist es noch stockfinster. Ein tiefes, langgezogenes Knurren dringt ins Camp. Niemand verlässt sein Zelt, zu gefährlich. Direkt hinter der dünnen Wand raschelt es. Vier Beine bewegen sich über lose Blätter und durch Gestrüpp: Ein Wildschwein sucht nach Futter. Um das Camp herum gibt es keine Zäune, es steht mitten **im sambischen Busch des Kafue Nationalparks**. Nichts trennt die kleine Gruppe Touristen im Camp von der Natur und den Tieren.

Eine halbe Stunde später erneutes Knurren. Ebenso tief, dunkel und voluminös. **Löwen! Endlich**. Vier Tage lang war nichts von ihnen zu sehen, die Hoffnung, den König der Tiere in freier Wildbahn zu sehen, schwand. Doch jetzt will jeder bei Sonnenaufgang im Jeep sitzen. Der schwarze Nachthimmel verfärbt sich blau, es ist bitterkalt. Gerade einmal fünf Grad zeigt das Thermometer. Juli ist Winter in Sambia.

Scheinbar unendlich breitet sich die Savanne rings um das offene Camp aus. Der Himmel hat sich in ein helles Blau und zartes Rosa verfärbt, Herden von Antilopen grasen friedlich und bilden dunkle **Silhouetten im aufsteigenden Gegenlicht**. Nebelschwaden schweben wie waagerechte Schleier oberhalb des goldgelben Grases. Nur wenige Sekunden später scheint der Himmel zu brennen: Helles Pink mischt sich mit Orange und Gelb zu einem spektakulären Crescendo des Sonnenaufgangs. Allein um dies jeden Morgen zu sehen, möchte man in dieser Einsamkeit leben.

Der Schein trügt: Die beiden Löwinnen sehen schläfrig aus, aber bewachen die Umgebung genau

Doch an diesem Morgen geht es in Richtung des grollenden „Rrooooaaaarrr" der Wildkatzen. Nur bei Tagesanbruch stehen die Chancen gut, den **König der Tiere und sein Rudel** zu beobachten. Später suchen sich die Löwen ein schattiges Plätzchen und schlafen bis zur Dämmerung. Der Jeep fährt über eine einzige Fahrspur im hohen Gras. „Wir werden sie finden", verspricht der Guide. Er steuert mit ratterndem Dieselmotor auf einen dürren Baum zu. Dessen Krone ragt bizarr empor, darunter versperrt dichtes Gestrüpp den Blick. Der Jeep stoppt rund 30 Meter davor, jetzt darf sich niemand mehr bewegen oder sprechen. Minuten verstreichen, die kleine Gruppe im Auto starrt gebannt auf den Busch, sucht langsam mit dem Fernglas die Umgebung ab. Dann ist es soweit: Eine Löwin kommt heraus. Aufmerksam beobachtet sie die Menschen im Jeep, niemand traut sich mehr zu atmen. **Gemächlich trottet**

Sonnenaufgang im Kafue Nationalpark: Das Busanga Bush-Camp liegt mitten in der Wildnis

sie geradewegs auf den Wagen zu. Der hat keine Seitenwände, kein Dach, noch nicht einmal eine Frontscheibe – nur Sitze auf einer fahrbaren Unterlage. Und keine Waffe für den Notfall. Nur nicht bewegen… Sogar das Klicken der Kameras scheint zu laut. Doch die Löwin trottet vorbei, nur knapp vier Meter neben dem Jeep. Durchatmen. Tonlos. Ihrem tiefen Knurren folgen weitere Rudelmitglieder. Drei Löwinnen, zwei Jungtiere und ein etwa einjähriges Männchen. Nach einigen Metern legen sie sich hin, so als umzingelten sie das Auto. Allein unter Löwen. Voller Respekt und Ehrfurcht.

(DK)

INFO

Anreise: Direktflüge nach Johannesburg, von dort aus mit South African Airways nach Lusaka oder Livingstone. In Sambia erfolgt der Transfer von Camp zu Camp mit Kleinflugzeugen oder Helikoptern. Die Distanzen zwischen den Wilderness-Camps variieren zwischen sieben Minuten und zweistündiger Flugdauer.

Einreise: In Sambia gilt Reisepass und Visumspflicht für deutsche Touristen; bei der Einreise kann ein Touristen-Visum für 50 US Dollar (in bar) am Flughafen gekauft werden, der Reisepass muss noch mindestens sechs Monate gültig sein.

Kontakt: In Deutschland: African Jacana Tours, Willibaldstr. 27, 80689 München, Tel. 089-5808041; www.jacana.de; www.wilderness-safaris.com.

Gesundheit: Empfehlenswert ist eine Malariaprophylaxe.

Tipp: Taschenlampe und feste Schuhe gehören ins Gepäck.

59 Sambia –
Sprung in die Victoria Falls

Knallorange hängt der Feuerball hinter einer weißen Wand aus schäumender Gischt. **Sonnenuntergang über den Victoria Falls.** Silke setzt vorsichtig einen Fuß vor den anderen, die Wege sind nass und rutschig. „Gut festhalten", ruft sie gegen die tosenden Wassermassen des Sambesi-Flusses, der hier mehr als hundert Meter in die Tiefe stürzt. Über der Kante klebt noch immer die Sonne, die den Nebel rötlich färbt und auf der gegenüber liegenden Seite einen Regenbogen in Pastelltönen in den Himmel zaubert.

Silkes Freundin Anja starrt hinunter in die Schlucht. „Lass uns da drüben auf die Brücke gehen", ruft sie und zieht die Kapuze ihrer blauen Regenjacke tiefer ins Gesicht. Alles ist tropfnass, Kameras sind unter der Kleidung verstaut. Auf der Brücke aus dunklen Eisenverstrebungen angekommen, stehen die Frauen den Fällen gegenüber: Einer sprudelnden weißen Wand. Tief unten sucht sich der Fluss gurgelnd seinen Weg. **„Ich muss da runter"**, sagt Anja leise zu sich selbst – und sieht Silkes fragenden Blick. „Ich muss einfach."

Zielstrebig geht sie auf einen Mann zu, der ihr wenige Minuten später ein Bungee-Geschirr anlegt, Gurte an ihrem Körper festzurrt, Karabinerhaken einklickt, ihre Füße mit einem dicken Riemen zusammenbindet und ihr eindringlich erklärt: „Arme ausbreiten, wenn du springst! Unten holt dich jemand ab und wir ziehen euch wieder hoch." Dann steht Anja an der Kante. Die Fußspitzen berühren den Brückenboden schon nicht mehr, die Knie sind weich. Unter ihr **nichts als brodelnde Tiefe**. Angst steigt auf, aber es gibt kein Zurück mehr: Der Wille ist stärker als die Furcht.

Anja zögert nicht, breitet die Arme aus und springt von der Brücke

Der große, bärtige und tätowierte Mann tippt ihr zwei Mal auf den Rücken, beim dritten Mal gibt er Anja einen leichten Stoß. Im freien Fall breitet sie die Arme weit aus, ihre Haare wehen senkrecht nach oben. Alles kribbelt, der Wind ist eiskalt und pfeift in ihren Ohren, die Gedanken sind leer. **Pures Adrenalin** im Körper, Anja schreit. Nicht aus Angst. Alle Sorgen, Ängste und der Stress im Job verlassen sie mit einem einzigen langen Schrei. Fünf Mal hüpft sie am Seil wie ein Gummiball nach oben und unten, bis sie mit dem Kopf nach unten völlig ruhig nur wenige Meter oberhalb der Wasseroberfläche hängt. Plötzlich greift jemand nach ihr, richtet sie in dem Geschirr um ihre Hüften bis in Sitzposition auf, damit ihr das Blut nicht zu lange in den Kopf schießt.

Langsam geht es wieder hinauf auf die Brücke. Das alles dauert nur wenige Minuten, aber in ihren Gedanken wird der Sprung für Wochen und Monate wirken. Und relativiert sicher vieles in ihrem Leben. Für den Augenblick ist die Welt aber auf jeden Fall eine andere: **Frei von allem**, was Anja seit 38 Jahren mit sich herumgetragen hat. Ein Moment der Freiheit im freien Fall.

(DK)

Die Farben der Natur: Ein Regenbogen über der Schlucht der Victoria Falls

Naturerlebnis

Die Victoria-Falls sind etwa 10 km von Livingstone entfernt, sie sind rund 1700 Meter breit und mehr als 110 Meter tief. Am besten nachmittags kommen, kurz bevor der Park auf der sambischen Seite schließt. Denn die Sonne geht knallorange hinter dichten weißen Nebelschwaden über den Fällen unter. Wer es aktiver mag, kommt früh morgens und mietet einen **Flug im Microlight-Flugzeug**. Damit geht es dramatisch nah an den unteren Teil der Wasserfälle heran.

Bungee-Jumping: Ein Sprung von der Brücke, die Sambia und Simbabwe miteinander verbindet: Am Bungee-Seil stürzen Mutige 111 Meter in die Tiefe. Eine Vorausbuchung ist nicht erforderlich.

Preise: Es gibt verschiedene Anbieter für die Flüge im Microlight-Flugzeug; die Flüge starten in der Regel zwischen 6.30 und 10 Uhr morgens und nachmittags zwischen 15 und 18 Uhr. Wichtig: Es darf nichts mitgenommen werden, auch keine Kamera.
Veranstalter-Tipp: Safari Par Excellence, www.safpar.net; Preise: 15 Minuten kosten 100 US Dollar, 30 Minuten 200 US Dollar. Das Gleiche gilt für Helikopter-Rundflüge an den Falls. Bungee-Jumping: 105 US Dollar pro Person.
Kontakt: Weder Simbabwe noch Sambia haben ein deutsches Tourismusbüro. Hilfreich ist die Webseite www.zambiatourism.com; hier gibt es einen weiterführenden Link zu den Victoria Falls und allen anderen wichtigen Informationen.

INFO

⑥⓪ Südafrika –
Mit dem Heißluftballon über Kapstadt

Die Stadt am Fuße des Tafelbergs, umgeben von Weinbergen und Obstplantagen, und direkt an der Küste, dem Kap der Guten Hoffnung, fasziniert schon allein durch ihre Lage. Doch aus der Luft betrachtet, ist die südafrikanische Metropole eigentlich noch schöner.

Es ist früher Morgen, Sonnenaufgang. Langsam erwacht die Stadt zum Leben, der erste Verkehrslärm ist zu hören. Hier leben die Menschen **nach dem Rhythmus von hell und dunkel** – wie überall im südlichen Afrika. Denn sonst sind die Tage zu kurz, am frühen Abend ist es bereits stockdunkel.

„Jetzt ist die Thermik ideal", erklärt Joe und verstaut Seile und Säcke mit Ballast in dem großen Korb. Er zieht und zurrt fest, was er nicht verlieren will, prüft die Halteseile, die den rot-blauen Ballon noch am Boden verankern. Drei Passagiere nimmt er heute mit **auf große Fahrt über Kapstadts Weinberge.** „Die Schönheit dieser Stadt ist umwerfend, das werdet ihr gleich noch intensiver erleben", verspricht der Guide. Dann pumpt er mit großer Flamme Feuer hinein und hält den Ballon zum Einsteigen für seine Gäste bereit. Langsam hebt das Gefährt ab, schaukelt ein wenig, wird im Steigen immer wieder von Windströmen erfasst. Doch irgendwann ist eine Höhe erreicht, in der es nur noch ruhig ist. Beinahe bewegungslos gleitet der Ballon über das Hinterland Kapstadts Richtung Paarl – übersetzt Perle, denn manchmal schimmern die Berge ringsum in einem besonderen Licht wie Perlen. Das sehen die Besucher aus der Gondel ihres Ballons heute zwar nicht, dafür aber etwas anderes: Weinberge. Die Reben lassen die Landschaft in sattem Grün erscheinen, dazwischen liegen wie ins Gelände gestreut kleine Winzerhäuschen. Wären die

drei deutschen Touristen jetzt nicht einige hundert Meter hoch in der Luft, könnten sie dort die Weine direkt vom Fass verkosten.

Die Luft ist klar, der Ausblick in alle Himmelrichtungen weit – scheinbar **bis zum Ende des Horizonts.** Joe sieht die Begeisterung in ihren Augen. Es ist kühl, hier oben kündigt bisher nichts die Hit-

*Weinberge rund um Kapstadt
– hier lohnt es sich, die
edlen Tropfen zu verkosten*

Ein besonderes Vergnügen: Im Heißluftballon über die Stadt und ihre Umgebung

ze an, die um die Mittagszeit das Land lähmen wird. Jedes Geräusch scheint von der Erde heraufzudringen, obwohl gleichzeitig absolute Stille herrscht. In der Gondel unter dem Ballon spricht niemand, jeder genießt die ergreifenden Momente auf seine Weise. Nur unterbrochen von dem Rauschen des Feuers und der Gasflamme unter dem Ballon. Je weiter die Fahrt über die Weinberge geht, desto menschenleerer wird die Gegend. Ein Hund bellt, er ist auf dem Hof eines Weingutes angebunden. Sogar das Rasseln seiner Kette auf dem Schotter ist hier oben deutlich zu hören.

Eine Stunde lang schweben die Besucher **wortlos über einem der schönsten Gebiete Südafrikas** – sprachlos vor Ergriffenheit. Nur ein gelegentliches „Wow, guckt mal da!", lässt sich vernehmen. An ihrem ganz eigenen Ort, von dem aus sie alles beobachten, als gehörten sie nicht mehr dazu. Als wäre die Erde unter ihnen ein Kinofilm.

(DK)

Touren: Heißluftballon-Touren bietet beispielsweise Andulela Experience für etwa 275 Euro pro Person an, Adresse: Suite 286, Private Bag X 4, Hout Bay 7872, Kapstadt, Südafrika,

Tel. +27/21-7902592; www.andulela.com/deutsch. **Kontakt:** www.dein-suedafrika.de; www.southafrica.net.

INFO

61 Ngorongoro – Löwenjagd und pinkfarbener See

Wer Afrika wie aus dem Bilderbuch erleben will, fährt zum Ngorongoro-Krater. Das Reservat ist natürlich begrenzt von den Hängen des erloschenen Vulkans – ein kleines Naturwunder.

Eine Gruppe hagerer, schwarzer Jugendlicher wandert auf dem roten Weg. Sie tragen Sandalen aus alten Autoreifen und selbstgemachte Hemden. Ihre dunkelbraunen Gesichter sind bemalt mit weißen Strichen und Punkten. Sie wandern, während der Safari-Jeep sie überholt. Jeder Maasai-Junge sollte gemeinsam **mit Gleichaltrigen auf Löwenjagd** gehen, wenn er als erwachsen gelten möchte. Diese Fünf also sind unterwegs, um als Männer nach Hause zu kommen. Die Klaue des mit Hand und Speer erlegten Löwen werden sie später als Talisman um den Hals tragen. Das erzählt Nelson, der Guide der Safarigruppe, als er seinen Jeep an den Jungs vorbei fährt.

Big Five

Zur Zeit Ernest Hemingways war es unter den Großwildjägern eine sportliche Herausforderung, auf der Safari in Afrika die großen fünf Tiere erlegt zu haben: einen Büffel, einen Elefanten, einen Leoparden, einen Löwen und ein Nashorn. Die Jäger brachten gerne Trophäen wie Elfenbein, Löwen- und Leopardenfelle, den Nasenschmuck des Nashorns und den haarigen Kopfschmuck des sogenannten Kaffernbüffels mit nach Europa.

Es gibt eine Stelle ganz in der Nähe, an der sich viele männliche Löwen tummeln, aber ausgerechnet dort dürfen die Maasai nicht jagen: Im Ngorongoro-Krater. Eine Landschaft, die schon Tierfilmer Grzimek in ihren Bann gezogen hat. „Wie die Geldbörse Gottes", bringt Tiina aus Finnland das **Naturerlebnis Ngorongoro-Krater** auf den Punkt. Hier scheint alles so vollkommen und unberührt. Wer einmal oben

Afrikanische Weite: Männlicher Löwe im Krater

auf der Kraterkante gestanden hat, im Urwald, der den Kessel umgibt, und zwischen den langen Baumflechten, die wie Fahnen an den Ästen wehen, auf dieses Land geblickt hat, der weiß, dass es ein besonderer Ort ist.

Unten duftet **der würzige Geruch des Steppengrases**. Eine Landschaft ohne Zäune, ohne Grenzen und mit der größten Raubtierdichte der Welt. Einfach nur hören, wie der Wind die Gräser bewegt. Entfernt ein

Elefantenmutter mit Kälbern

Knacken in den Büschen. Hohe Vogelstimmen, die rollende Töne rausträllern. Und direkt **vor den Autos stolziert er her**, der König der Tiere, lässt seine Mähne im Wind wehen und schaut ins Weite. Dabei lässt er sich auch nicht stören von den Motoren der Autos, die jetzt alle angesaust kommen, weil ihre Fahrer über Funk vom Löwen erfahren haben. Zeit für Nelson, um weiter zu fahren.

Am Horizont zieht sich die blaue Bergkette des Kraterrandes entlang. In der Mitte glitzert ein See, darauf ein rosafarbener Streifen. Erst beim Näherkommen gewinnt das Rosa an Struktur. **Hunderte von Flamingos** werden sichtbar. Die Langbeine stecken ihren Schnabel ins Wasser und fischen Plankton und Algen aus dem Natronsee. Auf der Weiterfahrt macht Nelson einen langen Hals, linst immer wieder auf den Sandweg. Große Haufen Exkremente liegen dort. Und undefinierbare Spuren. **„Hier muss irgendwo ein Nashorn sein"**, schlussfolgert der Guide und beginnt das hohe Gras abzusuchen.

Dann stoppt er den Wagen. „Dort ist es, schaut!" Trotz ausgestreckten Arms erkennt kaum einer der Safarigäste das Nashorn. Unendlich langsam bewegt sich ein grauer Fleck durch das Gras. Ein Tier, das alle Zeit der Welt zu haben scheint.

(AL)

INFO

Lage: Der nächste größere Ort vom Ngorongoro-Krater ist Arusha liegt 270 km entfernt, rund 4,5 Std. Fahrzeit. **Hotel:** Die im Edel-Kolonialstil eingerichtete Ngorongoro Crater Lodge, liegt spektakulär am westlichen Kraterrand. Exklusiv mit eigenem Butler-Service und Blick von der Badewanne auf die Weite, ab 483 Euro pro Nacht. Kontaktnummer in Deutschland: Tel. 02131-1533991; www.ngorongorocrater.com. **Campingplatz:** Simba, am Rande des Kraters, mit Blick auf das Naturwunder. Übernachtung 21 Euro, in der Hauptsaison sehr gut besucht.

62 Kimundo – Zauber der Langsamkeit

Wer hierher kommt, muss lange gehen. Autos kommen nur selten nach Kimundo im Norden Tansanias. Tangeri, der nächste Ort, liegt einen 45-minütigen Fußweg entfernt. Doch oben am Mount Meru entdecken Reisende den Zauber der Langsamkeit.

Frauen mit Körben auf den Köpfen oder abgeschnittenen langen Bananenstauden stolzieren **leichtfüßig den Berg hinab**, während der weißen Touristin der Schweiß runter läuft. Das nächste Internetcafé liegt unten im Tal, wie auch die Busstation und der Wochenmarkt.

Bananenstauden, so weit das Auge reicht

Kollekte auf afrikanisch

Wenn die Predigt beendet ist, strömen die Menschen der kleinen Dörfer auf den Vorplatz der Kirche und holen Opfergaben heraus: Bananen, Eier und sogar ein lebendiger Hahn. Der wird aber jetzt nicht als Blutopfer geschlachtet, sondern versteigert. Da die Gemeindeglieder hier kaum Geld haben, bringen sie zur Kollekte Produkte ihrer Felder und kaufen sie sich in der Auktion gegenseitig ab.

Oben im Dorf gibt es nur einen kleinen Kiosk. Er ist nach allen Seiten offen, dort hängt Rindfleisch einfach so am Haken, ohne Kühlung und Fliegenschutz. Die Pampers werden einzeln verkauft, ebenso wie die Bonbons. In dem Ort ohne Hotels und Pensionen tauchen die Gäste tiefer **ins afrikanische Leben** ein als irgendwo anders. Eine Woche lang in einer Familie leben heißt auch, mit der Hausfrau zusammen am offenen Feuer Chapati zu backen oder frische Avocados vom Baum zu pflücken.

Doch erstmal trifft sich die Familie zum Essen. Plötzlich tauchen von überall her Menschen auf. **Die Tafel wird lang**. Bevor jemand zulangt, faltet Mama Moshi die Hände und betet. Hier ist der evangelische Glaube selbstverständlich und sorgfältig achtet die Familie darauf, dass auch die Gäste mitbeten. Spätestens **halb neun liegen alle im Bett und schlafen**. Was wollen sie auch draußen, wo es stockdunkel ist? Strom kostet Geld.

Am nächsten Morgen setzt Mama Moshi schon um sechs den großen Wassertopf aufs Feuer, damit sich alle duschen können. In einer gemauerten Badewanne mit einem Loch im Boden steht ein großer Eimer mit warmem Wasser und dazu kleine Plastikgefäße, um sich das Wasser über die Haut zu schütten. **Dusche auf afrikanisch**. Heute baden alle besonders gründlich, denn es ist

Typische Küche in Tansania

Sonntag und der Kirchgang steht an. Sogar die Schuhe werden geputzt. Die blaue Kirche liegt direkt neben der Schule, ein einfaches Steingebäude im sozialistischen Baustil: Kein Schnörkel, keine Verschönerungen: Ein Holzkreuz, Bänke und Fenster mit Glas. Doch auf die Optik kommt es hier wirklich nicht an.

Es sind die **Gesänge, die unter die Haut gehen**. Hundert schwarze Kehlen singen inbrünstig „Lobe den Herren" oder „Geh aus mein Herz" auf Kisuaheli, ein bisschen klingt es wie Gospel. Dieser Chor breitet sich im Kirchenschiff aus, erfüllt den Raum und reißt alle mit. Besucher, die nicht mitsingen, haben sofort das Gesangbuch des Sitznachbarn vor der Nase, damit sie auch einstimmen können. Töne, die direkt ins Herz gehen.

(AL)

INFO

Kimundo und Akeri liegen im Norden Tansanias, am Mount Meru. Wer dort hinfahren will, nimmt den Sammelbus (Matatu) bis Tangeri und fragt dann die Menschen nach dem Weg. Oben am besten beim Pastor oder Schulleiter melden, die behilflich sind, eine afrikanische Familie zu finden, die Gäste aufnimmt.
Anreise: KLM, Condor und Emirates fliegen direkt nach Moshi/Arusha zum Flughafen Kilimandscharo.

63 Sansibar –
Malen, wo der Pfeffer wächst

Sansibars Küsten sind schön. Am besten ist die Zeit beim Sonnenaufgang, um eine kleine Strandwanderung zu machen und zu schauen, was das Meer über Nacht angespült hat.

In **Paje Ndame Village**, an der ruhigen Ostküste der Insel gelegen, träumt Abou an seiner Strandbar in den Sonnenaufgang. Es ist halb sieben und die Nacht hat die Tropenluft auf Pullovertemperatur heruntergekühlt. Die aufgehende Sonne taucht Meer und Himmel in ein intensives Aquarell aus Orange- und Gelbtönen. Selbst der breite Sandstrand verfärbt sich golden. In der kleinen Kokoshütte hat Barmann Abou Reggaemusik aufgelegt und ordnet Flaschen und Gläser im Takt von UB 40. **„Morgens habe ich das Gefühl, ganz allein auf der Welt zu sein"**, sagt er und zeigt mit einer schweifenden Armbewegung auf den leeren Strand von Paje.

So früh ist die beste Zeit für eine Strandwanderung. Millionen von Kaurimuscheln liegen an der blendend weißen Küste. Knallrote Seesterne setzen farbige Akzente. Ab und zu fährt ein Radfahrer am Strand entlang oder ein Hund schließt sich dem Wanderer an. Die Sonne steigt höher und zaubert Südseefarben: **türkisblaues Wasser, zuckerweißer Sandstrand** –

Stonetown

Sansibars Altstadt gleicht einem Labyrinth aus engen Gassen. Schwarz verschleierte Muslimas huschen in den Bus, bunt gekleidete Hindus bieten Ware feil, dazwischen Touristen aus christlichen Ländern. 80 Prozent der Bewohner der Insel folgen dem Muezzin, dessen Ruf um fünf Uhr morgens die Nachtruhe beendet. Hier steht die Moschee wenige Meter entfernt vom Hindutempel und am belebten Marktplatz läuten sonntags die Glocken der anglikanischen Kirche.

endlose, unbebaute Ferne. Weit im Meer stehen einheimische Frauen in bunten Kleidern. Auch fern des Ufers reicht ihnen das Wasser nur bis zur Hüfte, denn Sansibar liegt auf einem Riff. Die Frauen legen Netze aus für den vegetarischen Fang: Seegras für Kosmetik und Lebensmittelindustrie. Diese Ernte verschafft ihnen ein bescheidenes Einkommen.

Manuela aus Wien sitzt im Sand und genießt diese knalligen Farben. Später, nach dem Frühstück, versucht sie, diese Impressionen auf Papier zu bringen. Setzt sich unter den aus Palmwedeln geflochtenen Sonnenschirm, packt ihren Aquarellkasten aus und zieht die ersten Striche übers Papier. Der Strand gehört ihr allein, hier sind kaum Gäste.

Aber das Alleinsein hält nicht lange, schon bald sitzt ein Schwarzer neben ihr, lächelt sie an und entblößt dabei eine riesige Lücke zwischen den Vorderzähnen. Er sei auch ein Maler sagt er, und fragt, ob er mitmalen dürfe. Manuela gibt ihm ein Blatt ab, der Einheimische **malt Punkte und tanzende Menschen**,

Weiß, rot, blau: Sansibar glänzt mit knalligen Farben

etwas naiv und sehr bunt. Dann geht er weg, kommt eine halbe Stunde später mit seinen Ölbildern wieder. Youssou setzt sich wieder neben die Österreicherin, zeigt ihr seine Tuben, drückt sie auf ein kleines Plastiktablett und malt weiter.

Dann kommen seine Freunde und irgendwann ist Manuela umringt von Schwarzen. Sie wird eingeladen zur Strandparty, heute Abend an Abous Bar. Dort sitzen sie ums Lagerfeuer und trommeln und tanzen – wieder als wären sie allein auf der Welt.

(AL)

INFO

Lage: Sansibar liegt vor der Küste Tansanias. Etwa zwei Stunden per Fähre entfernt liegt die Stadt Dar es Salaam am Festland. Von dort fliegen auch kleine Flugzeuge auf die Insel.
Tipp: Sansibar ist bekannt als Gewürzinsel, deswegen sollten Touristen unbedingt eine Spice-Tour machen.
Klima: Günstigste Reisezeit sind die Monate Januar und Februar, dann erreichen die Temperaturen dort Höchstwerte von 35 Grad. Tiefsttemperaturen liegen bei etwa 22 Grad. Regenreiche Monate sind April, Mai, Juni.
Hotel: In der Anlage Paje Ndame Village an Sansibars Ostküste stehen kleine Bungalows am Strand. Hier ist es ruhig und die Küste lange sehr flach.
Kontakt: Paje-Ndame Village, Paje, Zanzibar, Tel. +255/777-276621, www.ndame.info.

Amerika

*Hier hatte Al Capone schon seine
Suite: im Biltmore Hotel von Miami*

64 Bélem – Gänsehaut am Ver-o-peso-Markt

Mitten im brasilianischen Urwaldstädtchen Bélem lockt ein ganz besonderer Markt: Auf dem Ver-o-Peso-Markt verkaufen die Einheimischen **Pasten, Säfte und Zauberpulver aus dem Urwald**.

Schlangenhäute baumeln an Bändern von der Holzdecke. Daneben sind kleine Fläschchen zu Bündeln zusammengebunden. Schwarze, braune, honigfarbene Flüssigkeiten schwappen im Glas, nur ein kleiner Schriftzug ist darauf wie damals bei Omas Einmachgläsern im Keller. Hier im äußeren Teil des Ver-o-Peso Marktes von Bélem verbirgt sich eine **einzigartige Sammlung von Kuriositäten**. Bei fast jedem Stück fragt sich der Besucher: „Was ist das?" Die Verkäuferin grinst nur geheimnisvoll und rückt ihr weißes Spitzenkopftuch gerade. Dann wirft sie den Kopf nach hinten und sagt lachend: „Alles Heilmittel! Wir haben auch natürliches Viagra hier." Die Dunkelhäutige kichert noch mehr und die belgische Touristin staunt, als die Verkäuferin loslegt und ihre Waren anpreist: „Also, dieses kannst du dir auf die Haut schmieren, am besten täglich, das verhindert Falten. Und das hier", sie zeigt auf eine Flasche mit honigfarbenem Inhalt, „ist **gut bei Magenproblemen und emotionalen Verstimmungen.**"

Ganze Hausapotheken haben sie an ihren Ständen, die Marketender von Ver-o-peso. Eigentlich ist die Stadt Ausgangspunkt für Amazonaskreuzfahrten, aber den Markt sollten Touristen auf gar keinen Fall versäumen. Während in den

Getrocknete Schoten als Heilmittel

Hallen Fisch und Obst verkauft wird, reihen sich außen die **Stände der Kräuterhexen** unterm Zeltdach aneinander. Und dass hier nicht auch Voodoo-Zutaten dabei sind, das glaubt niemand, der hier genauer hingesehen hat: Krokodilzähne, Gürteltierschwänze, eingelegte Füße – wirklich seltsame Dinge bieten die Marktfrauen und -männer hier feil. Geschnitzte Talismane, Säckchen gegen den bösen Blick oder Schutzarmbänder, auch schon für Babys.

Doch was nutzen die ganzen Materialien, wenn man nicht weiß,

Amazonasschifffahrt

Bélem liegt nahe dem Amazonasdelta und ist Ausgangspunkt für Sechs-Tages-Touren über den Amazonas nach Manaus. Bei der Wahl des Schiffes sollte man sich etwas Zeit nehmen, um das günstigste Angebot herauszufinden. Der Komfort ist fast überall gering, geschlafen wird in Hängematten an der frischen Luft und zu essen gibt es meistens Reis, Bohnen und Nudeln.

Der Markt liegt direkt am Amazonas

wie man sie benutzt? Und wer traut sich wirklich, diese Säfte und Öle zu probieren? Die Verkäuferinnen sprechen fast ausschließlich brasilianisch und nur das Nötigste auf Englisch. Wer hier also wissen will, wie man mehr aus den Zutaten macht, sollte zumindest des Portugiesischen mächtig sein oder einen Übersetzer mitnehmen, der sich mit Umbanda auskennt. So heißt nämlich die Religion hier (übersetzt: weißer Zauber). Sie vereint Voodookünste der ehemaligen Sklaven und spirituelle Ideen der Neuzeit. Ein Guide kann nicht nur über den Markt führen, sondern vielleicht auch noch zu den Freundinnen der Marktfrauen, die irgendwo in der Stadt wohnen und sich als Zukunftsdeuterinnen ein Zubrot verdienen. Doch man sollte sich gut überlegen, ob man das wirklich wissen will.

(AL)

Vorsicht: Auf dem Ver-o-Peso-Markt wimmelt es vor Taschendieben, also aufpassen und nicht so viel Bargeld einstecken.
Anreise: Flüge nach Belem führen immer über andere Städte. Air France fliegt etwa 20 Stunden hin, mit zwei Zwischenstopps in Paris. TAM fliegt über Brasilia und Lissabon. Für die Reise ist ein mindestens noch sechs Monate gültiger Reisepass notwendig.
Kontakt: Brasilianisches Fremdenverkehrsamt Embratur Deutschland, Tel. 069-96238733; www.embratur.gov.br.

INFO

65 Glück und großes Glitzern in der Atacamawüste

In Chiles Atacamawüste treffen sich **Sternengucker aus aller Welt**, weil es hier den klarsten Himmel gibt. Wer einmal dort war, nimmt vor allem eines mit nach Hause: Ehrfurcht vor den Kräften der Erde.

Grau, braun und ocker, mal mit schwarzen Zeichnungen, mal mit Orangetönen durchsetzt, zeigt sich die Landschaft unter dem knallblauen Himmel Chiles. Kein Fleckchen Grün gibt es im Valle de la Luna, nur Steine, Sand und Geröll in einer Mondlandschaft, extrem und erbarmungslos. Nur zu einer Stunde wird die Wüste weich und verträumt: Wenn die Sonne gegen 17 Uhr tiefer sinkt, beginnt die triste Landschaft zu glühen. Erst nur ein wenig rosa, später knallpink und weinrot. Und dann beginnt das Funkeln. Die ersten Sterne leuchten, mit jeder Minute zeigen sich mehr. Liegt schließlich die schwarze Nacht über der Wüste, sind so viele Sterne zu sehen, dass das große Glitzern stellenweise in einen einzigen Nebel verwischt. So hell, so klar, ein Phänomen, das sogar die Einheimischen bewundern. Sie haben extra die Gärten ihrer Bars und Hotels dunkel gelassen, Sofas und Liegeplätze mit freiem Blick auf die Milchstraße eingerichtet. Wer länger hinsieht, erkennt sogar unterschiedliche Lichttöne in den kleinen Punkten. So klar wie hier ist der Himmel nirgends auf der Welt.

> **Tipps für die Reise in die Höhe**
>
> Wer zu den El Tatio Geysiren möchte oder einfach nur ganz hoch in die Anden, sollte am Vorabend früh ins Bett gehen, leichte Kost essen und viel trinken, um nicht höhenkrank zu werden. Oben keine ruckartigen Bewegungen machen und am besten alles in Zeitlupe erledigen.

Morgenstimmung bei den El-Tatio-Geysiren…

… da dampft die Erde der Anden

Auch Guillermo Paèz ist fasziniert vom Zauber der Atacamawüste. Der Venezuelaner hat sich entschieden zu bleiben und in San Pedro als Bergführer zu arbeiten. Dabei führt er seine Gäste von einem Staunen ins andere, wenn er ihnen die Umgebung zeigt. Morgens um fünf Uhr rumpelt sein Jeep über die buckelige Gebirgspiste auf 4500 Meter hoch – die Sauerstoffflasche immer an Bord, denn die Luft ist verdammt dünn. Draußen ist es so kalt, dass sich an den Scheiben Eisblumen bilden. Oben wartet ein besonderes Schauspiel: Die **El-Tatio-Geysire** zischen und fauchen haushohe Dampfsäulen in die Luft. Wer über ihr Revier läuft, muss aufpassen, denn es brodelt aus einem unscheinbaren Miniloch in der Erde, Dampf entweicht mit einem erstaunlichen Druck. Vergessen sind dünne Luft und Kälte.

Auch weiter unten, nah des Hauptortes San Pedro de Atacama, rufen die **Extreme der Erde** immer wieder Staunen hervor. Etwa in der Oase von Toconao. Wie ein Garten Eden taucht sie mitten in der Mondlandschaft auf. Hier blühen Rosen, wachsen Birnen, Feigen und Granatäpfel an den Bäumen und sogar Weiden und Pappeln haben sich angesiedelt. Zwischendurch gurgelt ein Fluss – Schmelzwasser aus den Anden macht die Mondlandschaft an einigen Stellen üppig grün. Bilder, die direkt ins Herz gehen.

(AL)

Hoteltipp: Das Hotel Kunza ist eine wahre Oase im verträumten San Pedro de Atacama mit eigenem Spa und großem Angebot an eigenen Touren, etwa Sandsurfen oder Mountainbiketouren durch die Wüste. www.hotelkunza.cl.

Anreise: LAN fliegt von Frankfurt und Madrid täglich nach Santiago de Chile, Flüge ab 1045 Euro (www.lan.com). Von Santiago geht es weiter mit LAN nach Calamar, etwa zwei Stunden Fahrt von San Pedro de Atacama entfernt.

INFO

66 Fairbanks – Träumen unter den Polarlichtern

Das kanadische Yukon-Territory und die Fairbanks in Alaska gehören zu den besten Plätzen, wenn es ums Beobachten der Polarlichter geht. Auch, wenn es bitterkalt ist im Winter – für diese Reise lohnt es sich zu frieren. Und vielleicht das romantischste Silvester seines Lebens zu feiern.

Finsternis umfängt die Expeditionsteilnehmer, die ihre Augen erst an die Dunkelheit gewöhnen müssen. Den ganzen Tag waren sie mit ihren Motorschlitten unterwegs, jetzt suchen sie einen Platz für das Nachtlager. Es ist Winter auf der Nordhalbkugel, 24 Stunden lang tiefschwarze Nacht. Der Himmel ist klar, keine Wolke verschleiert den Blick auf die Sterne. Sechs Touristen stehen inmitten einer weiten Fläche aus Schnee. Niemand spricht, es herrscht absolute Stille. Jeder lauscht seinem Atem, spürt die eisige Kälte. Die Landschaft scheint in einem riesigen Vakuum zu liegen. Bedrückend und faszinierend zugleich. Alle schauen in den schwarzen Himmel, die Milchstraße scheint zum Greifen nah. Schwer hängen die Sterne über der Landschaft, die jetzt grenzenlos und silbrig glitzernd zu erahnen ist. Der Mond scheint hell auf die Berge ringsum – Stille und eisige Kälte werden zu einem besonderen Abenteuer für Geist und Körper.

Mit dem Schneemobil geht es durch die eisige verschneite Landschaft

„Das ist unbeschreiblich schön", flüstert Denise ergriffen von dieser Szene. Und als ob sie es geahnt hätte, ziehen plötzlich grünliche Schleier über den Horizont, schwingen in bizarren Bahnen wie vom Wind zerrissen hin und her. Schimmernd, flackernd und leuchtend verwandeln sie die eisige Landschaft unter ihnen in eine nahezu unwirkliche Kulisse. Polarlichter – zu schön, zu spektakulär, um real zu sein. Was eben

Einer der besten Plätze weltweit

ist Fairbanks in Alaska, um die Polarlichter zu sehen. Zwischen Ende August und April schweben die grünen Lichterscheinungen manchmal sogar wie ein riesiges Oval über den Horizont. Geführte Touren, zum Beispiel mit Schlittenhunden oder Motorschlitten, bringen Besuchern die faszinierenden Lichter näher. Auch kurze Flüge über den Polarkreis sind möglich. Viele Hotels bieten Weckrufe während der Nacht an, damit Gäste die beeindruckenden Himmelslichter auf keinen Fall verpassen. Zum Beispiel: Aurora Borealis Lodge; www.auroracabin.com.

noch schwarzer Hintergrund unzähliger weißer Sterne war, ist plötzlich ein Farbspiel gigantischen Ausmaßes. Den Horizont durchziehen hellgrün leuchtende Formen, scheinen Kurven zu beschreiben, tanzen auf und nieder. Sie kommen aus allen Richtungen – und in alle Richtungen verteilen sie sich auch wieder. In langen, grünen, sich windenden Bahnen. Einige flackern nur kurz auf, andere verharren minutenlang schwebend in der Atmosphäre. Niemand spricht, jeder ist gebannt von der Schönheit dieser Lichtspiele, die nur in den Polarzonen der Erde in solcher Intensität zu sehen sind. Sogar die Kälte ist vergessen, wenn Polarlichter dem Horizont ein wenig Farbe in seiner andauernden Finsternis schenken. Denise steht mit den anderen Expeditionsteilnehmern im Schnee und schaut gebannt in die Nacht. Ein leichter, rosaroter Schleier zieht jetzt über den Himmel – das letzte Leuchten der Polarlichter in dieser Nacht.

(DK)

Grüne Polarlichter lassen den Himmel auf der Nordhalbkugel in der Dunkelheit strahlen

Kanada / Yukon Territories: Der Nordpolarkreis (66 Grad nördliche Breite) zieht sich durch das an Alaska grenzende Gebiet; in Yukon leben rund 32.000 Einwohner, die meisten in der Hauptstadt Whitehorse; die Gebiete grenzen im Norden an das Nordpolarmeer (die Beaufortsee).
Von September bis März sind die Polarlichter besonders gut zu beobachten.
Anreise: Whitehorse ist etwa zwei Flugstunden von Vancouver entfernt; auch per Auto über den Alaska Highway zu erreichen.

Tipp: Übernachten in der Wildnis: rund 20 Autominuten von Whitehorse entfernt auf der Sky High Wilderness Ranch. Winter-Special: Moonlight Mushing. Mit dem Hundeschlitten geht es in Begleitung eines erfahrenen Guides durch die verschneite Landschaft unter den Polarlichtern, Übernachtung in Zelten.
www.skyhighwilderness.com.

INFO

67 Jamaika – Mystische Blue Mountains

In Serpentinen windet sich die Strecke ins Landesinnere von Jamaika. Es geht hinauf in die Berge, in die Blue Mountains und nach **Strawberry Hill**. Unterwegs eröffnet sich in den Kurven für wenige Momente immer wieder der **Blick auf die knallblaue Karibische See** ganz tief unten.

Die Straße wird schmaler, der Wagen rumpelt über die vielen Schlaglöcher und den aufgerissenen Asphalt. Rechts und links wird der Wald immer dichter, sattes Grün, wohin man blickt. Dann ragen plötzlich glatte Felswände empor: Eine kleine Schlucht. Beinahe scheint der Weg durch sie hindurch zu eng für das Auto zu sein. Am Straßenrand tauchen vereinzelte Slums mit Hütten aus krummen Holzbrettern auf, eine einfache Plastikplane, mit großen Steinen beschwert, dient als Dach. Davor brennen Feuerstellen, an denen Frauen mit einfachem Blechgeschirr hantieren. Nebenan fließt ein Fluss: Sein Wasser ist braun vom Schlamm, dennoch baden Kinder darin und Wäsche wird gewaschen.

Dann tauchen sie auf. **Nebelverhangen und schemenhaft**. Die Blue Mountains, bei deren Anblick Kaffee-Liebhaber sofort an das intensive Aroma der braunen Bohnen denken. Der dichte Dschungel endet. Nur noch Berge ringsum. Hier wächst der Kaffee in besonders günstigem Klima: in kühler, immer feuchter Höhe. Ein lehmiger Pfad führt geradewegs zu den Kaffeepflanzen. Steil geht es den Hang hinauf, einzelne steinerne Stufen helfen beim Anstieg. Obwohl es schon Mittag ist, dringt keine Sonne durch den dichten Nebel. Glänzende Tropfen hängen wie Morgentau an den rötlichen Früchten. Immer wieder zweigen winzige Tram-

Blick auf die grünen, nebelverhangenen Blue Mountains

pelpfade ab – die Wege der Farmer, die sich um Pflanzen und Ernte kümmern. Nach dem Erkundungsspaziergang steht auf der Terrasse mit Blick auf die Plantage eine heiße Tasse duftenden Kaffees bereit, der nicht nur wegen der empfindlich kühlen Luft gerade recht kommt. Sogar **wer keinen Kaffee mag, wird von dem intensiven Aroma verführt**.

Komfortabler genießt man **die mystischen Berge in Strawber-**

Auf der Kaffeeplantage Jablum in Mavis Bank reifen die teuren Bohnen

ry Hill, einer ehemaligen Kaffeeplantage. Musikproduzent Chris Blackwell verwandelte sie in ein **Luxus-Resort mit Wellness-Oase**. Im Haupthaus erinnern goldene Schallplatten an die großen Künstler der Musikszene, die Blackwell produzierte: U2, Robert Palmer und Melissa Etheridge. Allen voran natürlich Reggae-Legende Bob Marley, dessen Geist hier allgegenwärtig scheint – nicht nur weil „One Love" leise aus den Lautsprechern schallt. Andächtig streifen Besucher durch die mit Andenken und Auszeichnungen gespickten Gänge. Am Pool, in Garten und Restaurant oder einfach vom eigenen Cottage aus wirkt die Szene draußen beinahe gespenstisch. **Wie Schleier umgeben die dunstigen Schwaden den Berg**, das Grün der Wälder erscheint dunkel, beinahe furchteinflößend. Ein seltsames Gefühl beschleicht den Betrachter. Mystik pur. Gänsehaut. Nicht nur wegen der Kälte im Nebel.

(DK)

Anreise: Condor fliegt von Frankfurt/Main nach Montego Bay, Flugzeit etwa elf Stunden. Für die Einreise genügt ein noch mindestens sechs Monate gültiger Reisepass.
Klima: Tropisch, Temperaturen um 30 Grad; Regenzeit von August bis November; Weihnachten bis Ostern ist Hochsaison.
Währung: Jamaika-Dollar; US Dollar und Kreditkarten werden überall akzeptiert in den touristischen Gebieten und Hotels.
Kontakt: Jamaica Tourist Board, Schwarzbachstr: 32, 40882 Mettmann, Tel. 02104-832974; www.visitjamaica.com. Strawberry Hill Hotel & Spa, www.strawberryhillresort.com.
Tipp: Kaffeeplantage Jablum in Mavis Bank; www.jablumonline.com.

INFO

68 St. Lucia – Adrenalin im Regenwald

St. Lucia in der Karibik ist bekannt für seine Schwefelquellen. Viel interessanter als der Tripp zur brodelnden Erde aber sind die Touren durch den Dschungel. Und immer wieder die schöne Aussicht mittendrin.

The Beacon ist zwar nur ein einfaches **knallgelbes Holzhaus in den Bergen** von Soufrière – aber in diesem Augenblick der beste Platz auf St. Lucia. Von dort reicht der **Blick bis zum Meer**. Eine Landschaft, in die der Betrachter einfach nur eintauchen möchte. Im Hintergrund zwei fast gleichgroße grün bewachsene Bergkegel. Zum Greifen nahe hängen Bananen in Nachbars Garten unter großen Blättern. In der Ferne leuchten klitzekleine Segelboote auf türkisblauem Meer, darüber verwischt sich der Regenbogen mit dem Postkartenhimmel. Der Kaffee wird kalt, weil sich der Reisende nicht von diesem Blick lösen kann. Ein Kellner mit afrikanisch gemusterten Hemd und einer Jimi-Hendrix-Frisur lächelt ihm zu: **„Welcome to paradise"**, ruft er und schwärmt von den Schwefelquellen der Insel. „Da müssen Sie unbedingt hin!", befiehlt er fast. Aber welche Nase mag schon Schwefel? Rainer aus München mag lieber Dschungelduft. Dieses schwere Aroma aus süßen Blüten, feuchtem Boden und würzigen Eukalyptusblättern. Er trinkt seinen Kaffee aus, steigt ins Leihauto und fährt zum Grün. Rainer hat die Wanderschuhe angezogen und sucht sich seinen Weg zwischen Farnen, armdickem Bambus und Lianen. Die Musik des Regenwaldes erreicht sein Ohr: **Krächzende Papageien, sirrende Insekten, zerplatzende Wassertropfen.**

Es ist heiß und schwül. Da kommt der Wasserfall gerade recht. Rainer zieht Schuhe, Hemd und Hose aus, stellt sich unter die natürliche Dusche und genießt das **Regenwaldgefühl wie bei Tarzan**, ganz ursprünglich. Dann sieht er hoch über den Bäumen die Gondel. Eine Seilbahn mitten im Dschungel. Grüne Kabinen schaukeln über die Wipfel und lassen ihren Passagieren genug Zeit, Papageien oder Affen zuzusehen. „Das will ich auch", entschließt sich Rainer und folgt den Schildern zu den Rainforest Sky Rides. Rainer setzt sich in die grüne Gondel und genießt die 75-minütige Fahrt.

Glücklich, aber völlig durchgeschwitzt vom Wandern zurück, erreicht er wieder sein Auto. Jetzt aber zum Meer. Am besten nach **Marigot Beach**. Das weiche Wasser kühlt Körper und Geist. Rainer setzt seine Schnorchelbrille auf und schaltet einen Gang runter. Taucht seinen Kopf unter Wasser und hört: nichts.

(AL)

Seilbahn über den Regenwald

Zu den besonderen Attraktionen der Insel gehört die Seilbahn. Neben der Regenwaldseilbahn gibt es noch eine andere Attraktion: Mutige hängen sich hier an ein Seil und fliegen über das grüne Dach.
Kontakt: Rainforest Sky Rides, Rodney Bay, St Lucia, Tel. +1/758-4585151, www.rainforestrams.com.

Einfach mal ins Grüne schauen – Alltag auf St. Lucia

Lage: St. Lucia liegt in der Karibik, nördlich von St. Vincent und südlich von Martinique. Die Insel liegt in einer Wirbelsturm gefährdeten Zone, Sturmsaison ist von Juni bis November.

Anreise: Zwei Fluglinien fliegen die Insel ab London Non-Stop an: Virgin Atlantic und British Airways. Viele Fluglinien, etwa Lufthansa, bieten Verbindungen mit Zwischenstopp in Puerto Rico an.

INFO

⑥⑨ Cusco – Der Geist der Anden

Es sind nicht einfach nur Berge. Es sind die Anden. Sagenumwoben, mit uralter Geschichte und Tradition. Eine Reise ins heilige Tal der Inkas ist mehr als das einzigartige Panorama aus Bergen und Gletschern oder das Staunen über Ruinen längst vergangener Zeiten. Es ist **ein spirituelles Erlebnis**.

Langsam, sehr langsam. Hier geht alles nur **im Schneckentempo**. Denn die Luft ist dünn. Bei jedem Atemzug breitet sich das Gefühl aus, zu wenig Sauerstoff in die Lungen zu bekommen – nicht nur, weil die Kulisse atemberaubend schön ist. Cusco, eine **Stadt auf 3500 Metern Höhe** mitten in den Anden gelegen, verlangt Besuchern einiges ab. Wer sich nicht einige Tage vorher auf einer Höhe unter 3.000 Metern akklimatisiert, sollte sich mit Cocablättern und Tabletten gegen Höhenkrankheit eindecken. Sonst sind Schwindel, Atemnot und Kopfschmerz ständige Begleiter. Und das wäre schade, denn in der Stadt im Süden Perus gibt es so vieles zu entdecken: **Brauchtum und Natur**, die den Betrachter alles vergessen lässt. Wenn der Blick über die Anden schweift, an deren terrassierten Hängen verharrt, um dann hinauf zu gleiten zu Gletschern, deren Eis und Schnee grell das Sonnenlicht spiegeln. Ein **faszinierendes Panorama vor strahlend blauem Himmel**.

Nach nur wenigen Minuten Autofahrt hinaus aus der Stadt verschmelzen die beige-braunen Häuser von Cusco mit den Bergen. Von oben betrachtet scheint der Ort ein Teil der Anden selbst zu sein. Die erstrecken sich jetzt in einer bizarren Linie, braun, grau oder grün sind ihre Hänge, tiefe Furchen zeichnen diagonale Linien wie Muster in die Berge. An anderen sind deutlich Terrassen zu erkennen, auf denen Mais oder Reis angepflanzt wird. Ein ausgemergelter Ochse zieht direkt neben der Straße den Pflug durch die Erde, hinter ihm ein alter Bauer, die ausgeblichene blaue Mütze tief ins gegerbte Gesicht gezogen.

Die Luft wird sauerstoffärmer, so hoch in den Anden mit ihren Gletschern

Höhenkrankheit

Symptome sind Kopfschmerzen, Atemnot, Müdigkeit, Kreislaufbeschwerden, erhöhte Pulsfrequenz und Schlafstörungen, die ab einer Höhe von 2000 Metern auftreten können. Hotels verfügen in der Regel über Sauerstoffflaschen, außerdem empfehlenswert sind einheimische Tabletten.
Wer bis auf 4000 Meter hoch will, sollte sich langsam in geringerer Höhe akklimatisieren.

Peru ist bunt: Mützen, Ponchos und Decken gibt es in allen Farben

Kurvenreich ist die Strecke ins **Tal des Urubamba-Flusses** – das heilige Tal der Inka. Rechts und links ragen die Felswände auf, in weiter Ferne zeichnen sich bläulich die Gletscher ab. Oberhalb des heiligen Tals liegen uralte Inkastädte wie **Pisac** und **Ollantaytambo** mit ihren imposanten Ruinen. Um dorthin zu gelangen, müssen Besucher zunächst hunderte Felsstufen erklimmen. Das geht nur mit vielen Pausen auf den Felsbrocken, die die Inkas vor tausenden Jahren in Zickzack-Linien vom gegenüber liegenden Bergmassiv durchs Tal hier herauf geschleppt haben. In mühevoller Arbeit haben sie die Steine glatt geschliffen, bis sie makellos eben waren.

Die Nachmittagssonne strahlt den Berg vis-à-vis der Ruine an. Mitten in der Felswand sind Vorratskammern aus der Inkazeit. Ausgerichtet am Weg der Sonne, weil sich das ganze Leben der Inkas an diesem Himmelskörper orientierte. Wer auf der Spitze eines Berges steht, um sich herum die steinernen Zeugnisse einer Jahrtausende alten Kultur, der kann ihn im Sonnenlicht selbst spüren: den Geist der Anden.

(DK)

Anreise: LAN und Iberia fliegen über Madrid nach Peru.
Hotel: Tambo del Inka Luxury Collection Resort & Spa, Urubamba, Cusco, Peru, das 5-Sterne-Hotel liegt im Heiligen Tal im Bezirk Cusco im Süden Perus. Das Luxus-Resort hat im Mai 2010 eröffnet; www.luxurycollection.com/vallesagrado; www.luxurycollection.com/tambodelinka.

Tipp: Im heiligen Tal gibt es nicht nur kleine Dörfer mit winzigen Gassen, bunten Märkten und Mini-Geschäften, in denen man Kleidung original aus dem Regenwald bekommt; es gibt auch Yoga-Kurse vor dem Panorama der Anden. Einfach in den Geschäften danach fragen.
Kontakt: Deutschsprachige Informationen gibt es unter www.peru.info.

INFO

70 Miami – Zurück zum Ursprung

Die grüne Seite von Miami – die reichste Stadt des „Sunshine States" hat mehr zu bieten als Nachtleben in angesagten Clubs, Shopping auf der Lincoln Road und dem Ocean Drive. Der sonnenverwöhnte Staat besinnt sich auf seine natürlichen Schätze – und Urlauber entdecken Miamis Natur, mit der alles begann.

Zweifellos gehören die **Everglades** zu den Zielen, die ein Florida-Reisender gesehen haben sollte. Das Biotop mit seinen rund 615.000 Hektar, deren erster Teil bereits 1947 zum National Park und damit zum **Naturschutzgebiet** erklärt wurde, besteht aus einem 80 Kilometer breiten Fluss, der mit seinem ungewöhnlich niedrigen Wasserstand auch eine besonders langsame Strömung aufweist. Diese Landschaft mit ihren kleinen Waldinseln und den natürlichen Wasserläufen, gilt als eines der empfindlichsten Ökosysteme der Welt. Dennoch – die **Rückbesinnung auf die ursprüngliche Natur** erlebt der Besucher woanders: In den Mangrovenwäldern, die noch vor rund 100 Jahren die gesamte Fläche der Stadt einnahmen.

Wie beispielsweise im **Biscayne National Park**. Er ist eine wirkliche Insel der Ruhe und Natur: Mit einem kleinen Boot geht es hinüber, etwa eine Stunde dauert die Fahrt durch die Bucht zu den vorgelagerten Inseln „**Sands Key**" **und „Elliott Key"**. Sie gehören zum National Park, rund 95 Prozent dieses Naturschutzgebietes liegen unter der Wasseroberfläche. Mangroven säumen das Ufer und bilden zusammen mit dem Seegras ein spezielles Ökosystem, um das Wasser des Biscayne Bay ständig glasklar zu halten. Mehr als 60 Ranger hegen und pflegen das gesamte Gebiet, für Besucher gibt es strenge Regeln. Nur so kann gewährleistet werden, dass Boote nicht mit ihren Ankern den sensiblen Meeresgrund beschädigen oder Menschen das Grün auf der Insel niedertrampeln.

Hier ist man garantiert allein, höchstens zwei oder drei andere Ruhesuchende begegnen einem hier. Mangroven schützen die kleinen sandigen Buchten vor Blicken,

Das Klima

Von Dezember bis März liegen die Temperaturen bei 23 Grad am Tag, nachts etwa bei 18 Grad Celsius. Die beste Reisezeit ist im April und Mai mit Tagestemperaturen zwischen 26 und 28 Grad, das Wasser ist dann bereits genauso warm. Es gibt durchschnittlich 9 Sonnenstunden pro Tag.

Ein einsamer Leuchtturm wacht über eine kleine Insel im Naturschutzgebiet Biscayne National Park

Mangroven sind die Zeugen der Vergangenheit, als Miami noch aus Sumpflandschaft bestand

ein winziges Zelt ist irgendwo unter Kokosnusspalmen aufgestellt. Es gehört einem Paar, das dem Lärm der Stadt entfliehen wollte. „**Zelten ist erlaubt**", sagt Rangerin Elizabeth. „Nur seinen Müll muss jeder wieder mitnehmen." Zwischen den riesigen Wurzeln der Bäume plätschert die seichte Brandung auf den Sand. Schwämme, Korallen, Schnecken mit fein gezwirbelten Häusern, große weiße Muscheln und bunte Fische lassen sich auf dem Grund des Ozeans mit bloßem Auge entdecken. **Einsamkeit, weiter Blick übers Meer und Platz für Gedanken**. Wer lieber von oben die Umgebung sehen will, kann das an einem ganz besonderen Platz: auf dem Leuchtturm. Von seiner Spitze aus lassen sich die Inseln wunderbar überblicken. Sie schlängeln sich wie ein langes grünes Band vor der Küste des Biscayne Bay.

(DK)

INFO

Anreise: Lufthansa bietet Direktflüge nach Miami an, Air Berlin fliegt ab Düsseldorf ebenfalls nonstop nach Miami.
Kontakt: Greater Miami Convention & Visitors Bureau, 701 Brickell Avenue, Miami, Florida, Tel. +1/305- 5393099; ww.miamiandbeaches.com.

Tipp: Paddeln vor der Küste in Kajak oder Kanu mit Schnorchelausflug, Eco-Adventures, 4000 Crandon Blvd., Key Biscayne, Florida;
Tel. +1/305-3612345.
www.miamidade.gov/ecoadventures.

Asien

Ein Buddha: die Verkörperung
der asiatischen Meditation

71 Yangtze – der magische Fluss

Die Landschaft zieht im Schneckentempo vorüber, grüne Uferstreifen sind vom Nebel des frühen Morgen verschleiert. Das monotone Brummen der schweren Motoren des großen Kreuzfahrtschiffes und die platschenden Wellen durchbrechen die Stille der Landschaft. Die Sonne geht auf, milchig trüb verhängt der Dunst die ersten Sonnenstrahlen. An Deck genießt eine kleine Gruppe die sanften Bewegungen des Tai Chi. Der mit 6380 Kilometern längste Fluss Asiens und drittlängster der Welt übt eine besondere Anziehungskraft auf Touristen auf aller Welt aus – aber auch auf Einheimische: **„Auf dem Yangtze muss man einmal in seinem Leben gefahren sein"**, sagt Yin. Die 43-Jährige lebt in Hongkong und ist mit der ganzen Familie an Bord. Viele ausgewanderte Chinesen kommen zurück in ihre Heimat, um eine Yangtze-Kreuzfahrt zu erleben, denn der Fluss hat etwas Magisches. Beinahe mystisch erscheinen die Wälder an den Hängen, Affen hangeln sich von Ast zu Ast am Ufer entlang. Groß und weiß hebt sich das Kreuzfahrtschiff aus dem dunklen Wasser des Flusses ab, die Wellen der entgegenkommenden Schiffe sind kaum zu spüren.

Ob es den Yangtze rauf oder runter geht, kein Weg führt vorbei an dem Drei-Schluchten-Staudamm, gewaltig und von zweifelhaftem Ruf. Dennoch kann sich niemand dem beeindruckenden Bauwerk entziehen. Die riesige Mauer, die das

Auf einem kleinen Holzboot geht es hinein in die drei Schluchten – mit einem traditionellen Bootsmann

Wasser bändigen und Überflutungen der Ufer künftig verhindern soll. Fünf Kammern muss jedes Schiff passieren, um weiter fahren zu können. Doch auf dem Yangtze sucht man etwas anderes: **Ursprünglichkeit, Mystik**. Es gibt kein eigentliches Ziel, man findet alles während der Fahrt.

Den Yangtze entlang erstrecken sich die drei Schluchten, nach denen auch der Staudamm benannt ist: die Xiling-Schlucht, Wu- und Qutang-Schlucht. Die Atmosphäre ist gespenstisch. Rechts und links am Ufer ragen Berge auf, teils grün und dicht bewaldet, teils als bizarre Felsformationen. Das Schiff gleitet beinahe geräuschlos weiter, winzige Häuser sind an den Hängen zu sehen, manchmal kleine Orte direkt am Ufer. In der

Stiller, magischer Fluss: Der Yangtze übt eine große Faszination aus

44 Kilometer langen Wu-Schlucht angekommen, geht es **mit kleinen Booten in die „Drei Kleinen Schluchten"**. Die Holzboote schaukeln, gerade einmal zwölf Personen haben in einem Platz. Obwohl nicht mehr von Hand gerudert wird, tuckert das Bötchen gemächlich über den Fluss, der immer enger wird, je weiter man in die kleinen Schluchten hinein fährt. **Gesang hallt durch die Berge**, wenig später ist ein Flötenspieler auf einer kleinen Plattform am Hang auszumachen. Ein anderes Boot mit traditionell gekleideten Einheimischen liegt am Ufer, nur wenige Meter vom Touristenboot entfernt. Für einige Stunden können Touristen noch tiefer in die fremde Kultur und mystische Welt eintauchen, in einem kleinen Holzboot abseits des großen, magischen Flusses.

(DK)

Flusskreuzfahrt: Nicko Tours bietet neben der MS Century Diamond ein zweites deutschsprachiges Schiff der fünf Sterne-Kategorie für Yangtze-Kreuzfahrten an.

Ausstattung: Alle 132 Kabinen der Century Diamond haben einen Außenbalkon, sind entweder Deluxe-Kabinen oder Junior-Suiten.

Route: Reiseprogramm: Zwischen Yichang und Chongqing geht es in 4 bis 5 Tagen über den Yangtze, 7 bis 9 Tage ist man zwischen Nanjing und Chongquing unterwegs. Eine 11-tägige Reise umfasst außerdem noch die Städte Peking und Shanghai.

Kontakt: Nicko Tours, Mittlerer Pfad 2, 70499 Stuttgart, Tel. 0711-2489800; www.nicko-tours.de.

INFO

⑫ Madras – Schicksalsblätter der Stechpalme

Palmblattbibliotheken gehören zu den Phänomenen jenseits des Verstandes. Hier sollen die Schicksale von Millionen Menschen niedergeschrieben sein. Zur seriösesten Palmblattbibliothek gehört die Sammlung im indischen Chennai.

Der **Nadi-Reader** hat kurze melierte Haare, einen grauen Vollbart und einen roten Punkt zwischen den Augenbrauen. Er begrüßt seinen Gast höflich und fragt nach dessen Namen und Geburtsdatum. Dann zeigt er auf einen kleinen Teppich, auf den ein buntes Muster, ein Mandala, gestickt ist und drückt dem Besucher **neun polierte Muscheln** in die Hand. „Werfen Sie sie bitte über den Teppich", leitet er seinen Gast an, der Zugang zu seinem persönlichen Palmblatt haben möchte. Die Muscheln liegen, der Nadi-Reader rechnet **Namensdaten und Zahlen des Muschelwurfs** zusammen und holt ein Palmblatt heraus. Er fragt persönliche Daten ab, wie Wohnort, Familienstand, Hochzeitstag. Die Daten stimmen haargenau mit den Aufzeichnungen in dem Blatt überein, manchmal beantwortet der Nadi-Leser die Frage schon selbst. „Sie haben zwei erwachsene Kinder und Ihre Frau sieht noch immer aus wie ein junges Mädchen", weiß er. Ja, alles stimmt.

Chennai

Die Stadt hieß früher Madras und liegt an der Ostküste Südindiens am Golf von Bengalen. Sie ist fünftgrößte Stadt Indiens. Mit Marina Beach hat sie den zweitlängsten Sandstrand der Welt. Allerdings ist dieser wegen der Stadtnähe sehr verschmutzt, in den Vororten sind die Strände sauberer.

Indischer Guru

Nun geht der Inder suchen. Das Herz des Besuchers klopft bis zum Hals vor Aufregung. Wann hat man schon die Chance, sein Schicksalsblatt zu lesen? Nach ungefähr fünf Minuten kommt er wieder – mit dem ganz persönlichen Blatt des Fragenden. Er beginnt mit der derzeitigen Lebenssituation und redet ausführlich über Talente des Suchenden und seine gesundheitliche Verfassung. **Nach Besprechung der Vergangenheit und Gegenwart geht es in die Zukunft.** Gesundheitliche Probleme, die auftreten werden, stehen in Sanskrit, der alten indischen Schrift auf dem Blatt, aber auch Mittel, um diese Probleme frühzeitig zu behandeln. Der Nadi-Reader führt aus, was sein Besucher in seinem Leben dringend ändern muss – und gibt ihm sogar Einblick in seine Bestimmung. Und das alles liest er von schmalen, langen Blättern der Stechpalme ab, die hier seit hunderten Jahren liegen, zusammengeschnürt zu tausenden Bündeln.

Bramane

Dass es funktioniert, daran haben die Inder keinen Zweifel. Und auch der Deutsche nicht mehr, nachdem er seinen eigenen Namen auf den Blättern gesehen hat und so viele Details stimmten (Name der Frau, Ort und Umstände des Kennenlernens, Berufswechsel). Die Palmblattbibliothek, so ist es überliefert, ist ein **Überbleibsel ganz alten Wissens**, das den Menschen heute verloren gegangen ist und nur demjenigen wieder zugänglich gemacht wird, der von ganzem Herzen nach seiner wahren Bestimmung sucht. Aber Achtung: Die Prophezeiungen können auch zu Berufswechseln, neuen Beziehungen oder extremen Ortswechseln führen. Oder einfach nur verwirren.

(AL)

73 Rajasthan – Reisehoroskop im Zug

Wer Indiens Herzschlag spüren will, muss sich in den Zug setzen. Etwa in den **Postzug von Palanpur nach Jaipur**, dort lernen Reisende nicht nur neue Menschen kennen, sondern auch eine Menge über Reisehoroskope und arrangierte Ehen.

Der Zug im **Bahnhof Palanpur** gleicht einem Marktplatz. „Chai! Chai! Chai!" tönt es durch die Gänge. Ein Mann, ganz in weißer Baumwolle gekleidet, mit einem geknoteten Tuch um den Kopf, bietet Tee feil. Fast im Minutentakt drängeln sich Verkäufer vor Abteilen und Fenstern, preisen Chapati oder vegetarische Gerichte an. Immer wieder stecken sie ihre Köpfe in die Vier-Mann-Abteile der klimatisierten Waggons. In einem sitzen Ambrose Nathan und seine Frau Saroj im Hocksitz auf blauen Klappliegen. Im Abteil breitet sich der **Duft von Curry und vielen anderen indischen Gewürzen** aus. Das Paar isst ein Reisgericht direkt aus einer Aluverpackung, wie man sie von deutschen Bringdiensten her kennt. Mit der rechten Hand rollen sie kleine Reisbällchen und tunken sie in die Gemüsesoße. Essen im Zug.

In Indien überall: Götter

Unterwegs mit der Bahn

Das indische Eisenbahnsystem ist das zweitgrößte der Welt und die beste Art, in Indien schnell von einem Ort zum anderen zu kommen. Tickets für die Fahrt sollten schon immer 2 Tage im Voraus gekauft werden, dann können noch Plätze reserviert werden und die Fahrscheine sind billiger Die normalen Züge der Indian Railways sind immer voll und lange im Voraus ausgebucht. Richtig nobel hingegen geht es in der Luxusbahn „Palast auf Rädern" zu. Dort kann der Reisende in die Rolle eines Maharadjas schlüpfen, umgeben von Brokat und Bediensteten. Doch bleibt es auch eine Reise im Luxusvakuum, statt die Bewohner des Landes kennenzulernen.

Draußen säumen Mango- und Niembäume die Strecke. Büsche stehen am Gleisrand, voll mit knallroten, großen Granatäpfeln. Und zwischendrin Kulturlandschaft. Bauern haben zweirädrige Karren vor knochige weiße Ochsen gespannt und ziehen Spuren in den sandigen, ockerfarbenen Feldweg, während auf der Straße ein moderner Mercedes vorbeiprescht. Gegensätze Indiens.

Im Abteil ist es jetzt sehr familiär geworden. Der Inder plaudert über seine Sippe, seinen deutschen Schäferhund, fachsimpelt als ehemaliger Fabrikant von Großverpackungen über die gute Qualität deutscher Papiermaschinen und Vorteile arrangierter Ehen. Letzteres ist Grund für die Reise des Paares, beide suchen nach einer geeigneten Frau für ihren Sohn.

Ebenso wie Verkupplungen sind **Horoskope** in Rajasthan alltäglich, erfahren die Mitreisenden. **„Wir brechen nie auf, ohne die Sterne zu befragen"**, erzählt der pensionierte Fabrikant. „Und manchmal kommt als Antwort: Nicht in den Norden reisen, nicht nachmittags losfahren – daran haben wir uns bislang immer gehalten."

Der Zug fährt gen Osten und die Sterne sollen gut stehen für die Fahrt und das Vorhaben der beiden. Vor den Ausläufern der Aravalli-Berge thronen mit unzähligen hinduistischen Götterfiguren ausgestattete Tempel. Während die Reisenden im Zug ihre Erinnerungen austauschen, erfährt jeder ein Stück vom Leben des anderen.

(AL)

Rajasthan-Rundreisen gibt es bei Veranstaltern wie Studiosus. Weitere Anbieter finden sich auf dem Internetportal www.studienreisen.de.
Palace on wheels: Bekanntester Luxuszug Indiens, Tel. +91/877-4634299; www.palaceonwheels.net.

Kontakt: IndiaTourism Frankfurt, Baseler Str. 48, 60329 Frankfurt, Tel. 069-2429490; www.india-tourism.com.

INFO

74 Bali – vor der Ruhe kommt das Abenteuer!

Dichter Dschungel und reißende Flüsse – wer Bali in seiner Ursprünglichkeit erleben will, begibt sich am besten mitten hinein. **„Sich treiben lassen"** bekommt hier eine ganz neue Bedeutung.

Der Pfad ist schmal, gerade einmal so breit wie ein Schuh. Dann ist er plötzlich ganz verschwunden, die Stängel von farnartigen Gewächsen werden zu Fußangeln, abgefallene Blätter sind glitschig von tropischer Feuchtigkeit. Es geht mitten durch den Dschungel von Bali, ein knallgrünes Dickicht aus Bäumen und Gestrüpp – Yunsar bahnt der kleinen Wandergruppe den Weg mit der Machete. Ganze Palmwedel schlägt der Guide ab, warnt vor herabhängenden Lianen.

„Die dürft ihr nicht berühren, die brennen zehnmal schlimmer als deutsche Brennnesseln", warnt er und zeigt auf große, hellgrüne Blätter mit einem gezackten Rand.

Mitbringsel

Tempelbesuche gehören zu einer Reise auf die Insel der Götter unbedingt dazu. Tolle Souvenirs gibt es auf den Märkten: bunte Tücher, glänzende Wickelhosen und Baumwollblusen für umgerechnet ein paar Euro-Cent.

Im Hindutempel auf Bali

Mitten im grünen Dickicht weht kein Lüftchen, statt Sauerstoff scheint etwas Klebriges in die Lungen zu dringen. Schweiß rinnt auch ohne Anstrengung schon aus allen Poren. Dazu noch das Wandern, die Konzentration auf jeden Schritt und die Umgebung.

Die Tour führt ans **Ufer des Ayung-Rivers**. Im Schatten hoher Bäume liegen Gummiboote. Steil ragen die dicht bewaldeten Felswände zu beiden Seiten des Flusses auf – eine beeindruckende Kulisse. Die Luft ist hier endlich frischer, das Atmen fällt leichter. Zumindest für einen kurzen Moment, bis die Schwimmweste eng um den Oberkörper geschnürt ist. Es folgen Helm und Einweisung, dann geht es ab ins Gummiboot: **Wildwasserrafting**.

Zunächst fließt das Wasser gemächlich, das Schlauchboot wird von der leichten Strömung getragen. Doch plötzlich kommt Bewegung rein, ein donnerndes Rauschen ist zu hören. „Achtung!" schreit einer gegen das **Getöse der ersten Stromschnelle** an, alle geben ihr Bestes an den Paddeln. Das Boot schaukelt, bleibt zwischen zwei dicken Steinen hängen. Löst sich schließlich mit einem Ruck aus der Klemme. Die wilde Fahrt ist noch nicht zu Ende. Erneut eine Drehung, rückwärts geht es die Stromschnellen hinunter. Heftig prallt das Boot aus voller Fahrt gegen eine steil aufragende Felswand. Geschafft!

Neun Kilometer weiter **flussabwärts kehrt die Stille zurück**. Breit, flach und ruhig fließt der Ayung jetzt, außer dem Zirpen der Grillen und den hoch

Kurz nach der Abfahrt

oben flatternden Vögeln ist nichts zu hören. Durchatmen. Das nächste Kommando des Guides überrascht: „Alle Mann von Bord! Und Füße nach vorn!" Etwas perplex folgen alle den Anweisungen. Im lauwarmen Wasser lassen sie sich treiben, die Schwimmwesten tragen wie ein großes Luftkissen. Sandalen-Paare gucken aus dem Fluss, Augen in den Himmel, der strahlend blau über dem Blätterdach zu sehen ist. Die Uferlandschaft scheint auf beiden Seiten zum Greifen nah, Hängepflanzen baumeln dicht über den Köpfen. Schwerelos bewegen sich die Schwimmer im Wasser, umgeben von der Stille des dichten Waldes. **Entspannung für den Körper, Ruhe für den Geist**.

(DK)

Anreise: Singapore Airlines fliegt von Deutschland nach Singapur (12 Std. Flugzeit), und von Singapur nach Denpasar auf Bali (3 Std.); auf dem Hinflug empfiehlt sich eine Übernachtung in Singapur mit Stadtbesichtigung und Shopping; www.singaporeair.com. **Kontakt:** Bali Promotion in Hamburg, Tel. 040-49219185; www.bali.de.

Hotelempfehlung: Boutique-Hotel Maya Ubud, Zimmer oder Bungalows mit eigenem Garten und kleinem Pool, elegantes Design und luxuriöse Ausstattung; Zimmer ab 270 US Dollar pro Nacht, Garten-Villen ab 360 US Dollar buchbar; wer im Internet bucht, spart um die 60 US Dollar pro Nacht. www.mayaubud.com.

INFO

75 Kumano – Seelenreise auf dem Pilgerweg

Do. Der Weg. Der das Ziel sein soll. Wer in den Bergen und Wäldern im Süd-osten Japans, in der **Kumano-Region**, unterwegs ist, findet zur Natur und zu sich selbst. Und lässt sich vom Shintoismus berühren – dem Naturglauben, der eine lange Tradition in Nippon hat.

Durch die dichten Baumkronen fällt kaum Licht auf den braunen Boden, der nur spärlich mit Farnen bewachsen ist. Moosiger Geruch steigt aus der feuch-ten Erde. Die dumpfen Trittgeräusche klingen beinahe hohl auf dem Waldbo-den, niemand spricht. Der schmale Pfad windet sich kurvig über die dicht be-waldeten Berge. „Man braucht für eine knapp 15 Kilometer lange Strecke manchmal einen ganzen Tag", sagt Brad. Das liegt an den vielen Höhenmetern, es geht ständig rauf und runter. Die kleine Gruppe Wanderer hat das längst in den eigenen Beinen zu spüren bekommen, obwohl die Berge hier alle nur zwi-schen 1000 und 2000 Metern hoch sind.

Manchmal endet der Weg plötzlich an einer steilen Treppe, die dürftig mit Holzplanken in den Berg gehauen ist. 50 Stufen sind keine Seltenheit, brennen-de Oberschenkel gehören dazu. Schweigend gehen die Wanderer weiter. Brad ist 37 Jahre alt und gebürtiger Kanadier, aber er lebt bereits seit rund zehn Jah-

Die Pilgerwege durch die Kumano Region sind einsam und führen mitten durch die Bergwälder

ren in Shingu an der Ostküste Japans. **„Ich liebe die Berge in Japan"**, erzählt er. „Die sind
etwas ganz Besonderes." Und tatsächlich! Wer
innehält und in die Stille hinein lauscht, die frische
Luft einatmet, merkt es selbst: Irgendwie scheint
über dem gesamten Pilgerweg, den schon vor
tausend Jahren die ersten Mönche und Gläubigen entlang zogen, etwas Spirituelles zu schweben. Das liegt nicht nur an den zahlreichen kleinen Gebetsstätten am Wegesrand. Figuren aus
Steinen mit winzigen bunten Stoffstücken bekleidet, neben denen ein paar Blumen entweder aus
einem kleinen Beet oder aus einer Vase blühen.
Diese Steinfiguren haben einen Geheimcode:
Der „Körperteil", der mit Stoff bedeckt ist oder
durch Symbole besonders präsentiert wird, soll
hier Heilung erfahren. Das reicht vom plötzlich
gesunden Rücken über kariesfreie Zähne bis hin
zum Verhindern eines Genickbruchs. **Für alles
können Pilger hier beten**, Münzen unter Steine legen und Räucherstäbchen anzünden.

*Schreine liegen oft idyllisch
im Wald oder an Wasserfällen*

Fünf Pilgerrouten führen **zu den wichtigsten Shintu-Schreinen** und bilden
ein Netz an Strecken durch Berge, Wälder und an den beiden Küstenlinien entlang. Von Kyoto aus sind es 30 bis 40 Tageswanderungen bis nach Shingu an die
Ostküste. Dort steht der Kumano Hayatama Taisha, ein beliebtes Ziel derje-
nigen, die ein Geheimnis erkunden wollen: Denn angeblich ist der Rückweg
wichtiger, als der Hinweg. Wer den Weg wirklich verinnerlicht hat, kehrt **mit
klaren Gedanken und einem gestärkten Glauben in den Alltag zurück**. „Wer geläutert am Haupttempel ankommt, der muss von dort wegge-
hend ein besserer Mensch sein. Mit dem Rückweg ist das ganze restliche Leben gemeint", fasst Brad zusammen. Eine Philosophie, die auch Europäern den
Naturglauben näher bringt.

(DK)

Einreise: Ein Touristenvisum ist
kostenlos bei der Ankunft erhältlich,
der Reisepass muss noch mindestens
sechs Monate gültig sein.
Unterkünfte: Traditionelle Gästehäuser sind von einfachen Betten bis
hin zu komfortablen Zimmern in allen
Preiskategorien buchbar. Geschlafen
wird auf Futons, die einfach auf den
Tatamis ausgerollt werden.

Pilgerwege: Detaillierte
Informationen zu den Strecken und
Unterkünften gibt es beim Tanabe City
Kumano Tourism Bureau. Transfers
sind individuell planbar, ebenso der
Gepäcktransport.
Kontakt: Japanische Fremden-
verkehrszentrale, Kaiserstr. 11,
60311 Frankfurt/Main,
Tel. 069-20353; www.jnto.de,
www.tb-kumano.jp.

INFO

76 Kyoto – Die Großstadt ausblenden

Kyoto ist eine pulsierende Metropole. Straßenlärm, Leuchtreklamen und Hochhäuser dominieren das Bild. Die pinkfarbenen U-Bahnen sind jeden Tag zu den Stoßzeiten des Berufsverkehrs derart überfüllt, dass Bahnmitarbeiter die Passagiere von außen in die vollgestopften Waggons drücken, damit sich die Türen noch schließen lassen. Jugendliche frönen ihrem Lieblingshobby: Shopping in den zahlreichen Boutiquen, den Markenshops aus Europa und den USA, aber auch in den typisch japanischen Läden, die ein riesiges Sortiment edelster Ess-Stäbchen, die schönsten Bonsai-Bäumchen oder die leckersten – meist süßen – Delikatessen anbieten. Raus aus der Schuluniform, rein in Miniröcke und rauf auf die High Heels, auf denen junge Mädchen eher unsicher durch die Straßen stöckeln. Hier sind alle Outfits schrill: knallbunte Kleidung, die Haare gefärbt oder auffällig nach oben gestylt – vor allem die Jungs überraschen mit Accessoires, wie diagonal über den Oberkörper hängende Lederschlaufen, die wie ein zu langer Nietengürtel aussehen und deren Sinn sich auch nicht recht erschließt.

Wer durch Kyoto, Osaka oder Tokio spaziert, findet **Großstadttrubel** wie überall auf der Welt. Trotz der zahlreichen, geschützt und beinahe versteckt liegenden Tempel, der starken Ausrichtung der Menschen auf Naturglauben und der eisernen Disziplin, die selbst kleine Kinder in Kampfkunstschulen erlernen. Japan, ein Land der Ruhe, der inneren Einkehr? Zumindest in den Straßen zwischen den Wolkenkratzern merkt man davon nichts. Doch plötzlich liegen sie vor einem: Die winzigen grünen Oasen, die bis in den kleinsten Winkel gepflegten **Gärten, stilvoll, mit viel Liebe und Akribie geplant und angelegt**. Sie verbergen sich hinter hohen Mauern und Hecken, große, alte Bäume breiten schützend ihre Kronen wie Dächer über ihnen aus.

Es muss kein Tempel sein, in dessen Grünanlage man sich auf der **Suche nach meditativer Ruhe** begibt. Vielmehr sind es die privaten oder halb öffentlichen Gärten, in denen die Japaner von ihrem stressigen Alltag abschalten, auf Tatami-Matten knien, und hinaus schauen auf künstliche Teiche mit spiegelnden Wasserflächen. Sie beobachten

Teezeremonie mit einer Meikosan,
einer traditionellen Geisha-Schülerin

Kyotos U-Bahnen bringen Farbe auf die Schiene: Sie sind pink

Reiher, die am Himmel behäbig ihre Kreise auf der Suche nach Beute ziehen und lauschen den raschelnden Blättern. Die akkurat gepflanzten Blumen wiegen sich im Wind, dichte Sträucher und Farne verbergen schmale Pfade, die immer wieder aufs Neue an idyllische Plätze führen. An eine der zahlreichen kleinen Holzbrücken oder zu einer verwunschenen Bank unter blühenden Bäumen. **Für wenige Momente ist hier jeder ganz mit sich allein**. Kann atmen. Meditieren. Und gestärkt zurückkehren in den Alltag der anstrengenden Millionenstadt.

(DK)

Infos zur Stadt: Kyoto hat rund 1,5 Einwohner und 1600 buddhistische Tempel sowie ca. 400 Shinto-Schreine.
Kontakt: Japanische Fremdenverkehrszentrale, Kaiserstraße 11, 60311 Frankfurt/Main, Tel. 069-20353; www.jnto.de.
Einreise: Der noch sechs Monate gültige Reisepass ist ausreichend für ein Visum von drei Monaten, Impfungen sind nicht vorgeschrieben.

Tipp: Wer sich für Tempel interessiert, sollte sich vorab informieren, wann es Saison-Specials gibt; sie ermöglichen und ermäßigen den Eintritt zu vielen – oftmals sonst nicht zugänglichen – Anlagen. Informationen hat die Fremdenverkehrszentrale.
Unbedingt buchen: Eine Teezeremonie mit einer Meiko oder einer Geisha.

INFO

77 Kailash – Wandern um den heiligsten Berg der Welt

Größtes Heiligtum der Buddhisten und Hinduisten ist der Berg Kailash. Wer dorthin reist, findet Menschen aus Nepal, Indien und Tibet beim andächtigen Pilgern. Und eine Ruhe, die es nur so weit oben in den höchsten Bergen der Welt gibt.

Vorbei an Reis-Terassen, Klöstern und typischen Himalaya-Dörfern geht es gen Mount Kailash. Start des Trekkings ist das 2.270 Meter hoch gelegene Thakuri-Dorf Tuling, ein Weiler mit weißen Häusern und Lehmdächern. Von dort aus sucht die kleine Wandergruppe den Weg, der den Kailash umrundet. Erste Station ist der **Manasarovar-See**, höchster Süßwassersee der Erde. Die Tibeter nennen ihn auch „See des höchsten Bewusstseins" und verehren ihn als heiligen Ort. Wer einmal sein Blau gesehen hat, versteht, warum dieser Platz so besonders sein soll. Die Farbe knallt fast wie ein Textmarkerton, schillert wie ein Saphir, ganz rein und klar. An manchen Stellen leuchtet pures Grün vom Boden und in der Mitte wirkt er sogar ein wenig lila – **der See glitzert wie ein Edelstein** und bricht das Licht. Kein Wind kräuselt seine Oberfläche, über ihm dunkelblauer Himmel.

Yaks vor dem Gipfel des Kailash

Am Ufer wehen Tausende von Gebetsfahnen. Die Pilger haben die Fahnenketten aufgehängt, um somit Glück und Frieden in die Welt zu senden. Manche nehmen sich die Zeit, sitzen hier oben mitten in der Einsamkeit und bearbeiten einen Stein. So wie der bärtige alte Mann mit Mütze und dicker Brille, der gerade mit der Hammerspitze ein „Om-Zeichen" in den großen Kiesel haut. Das scheint hier zum Pilgern dazu zu gehören, denn neben ihm reihen sich Hunderte solcher Steine, fein sauber, fast wie ein Kopfsteinpflaster voller Gebete. Und im Hintergrund glitzert der See. Immer wieder fängt er den Blick mit seiner Klarheit.

Berg Kailash

Der Berg Kailash ist 6714 Meter hoch und hat die Form eines gleichmäßigen Kegels. Er ist das ganze Jahr über mit Schnee bedeckt und auf ihm entspringen vier wichtige Flüsse Asiens, darunter auch ein großer Zufluss des Ganges. Aus Respekt vor seiner hohen religiösen Bedeutung ist dieser Gipfel bislang unbestiegen. Für die Buddhisten und Hinduisten ist der Kailash Zentrum des Universums.

Pilger am heiligen Berg

Weiter geht es zum heiligen **Berg Kailash**. Dort trifft die Wandergruppe viele einheimische Pilger. Die Tibeter sind schon Wochen unterwegs und kommen nur langsam voran, da ihr Glaube ihnen vorschreibt, pro Körperlänge gelaufener Strecke eine Niederwerfung zu machen. Also legen sie sich alle paar Meter bäuchlings in den Sand, nicken kurz mit dem Kopf gen Boden und stehen wieder auf. Viele haben sich eine Lederschürze um den Bauch gebunden, um sich nicht die Knie wund zu beten. Die Hände sind mit Hausschuhen vor Abschürfungen geschützt und leise murmeln die Gläubigen ihre Mantren. Während die Touristen meistens nur drei Tage unterwegs sind, um den Berg Kailash zu umrunden, brauchen die Buddhisten dafür zwei bis drei Wochen.

Doch allein schon zu sehen, wie andächtig und vertieft sie pilgern, bringt den Reisenden zum Nachdenken.

(AL)

INFO

Einreise: Für die Einreise brauchen Touristen einen Reisepass und ein Visum für China und Nepal.
Der Rundweg um den Kailash ist nur schwer zu erreichen. Reisende starten von Simikot im Nordwesten Nepal aus. Erst nach fünf Tagen intensiven Trekkings erreichen sie von dort aus den Manasarovar-See. Während der Reise wird in Zelten übernachtet. Einige Anbieter schnüren Pakete, etwa Hauser-Exkursionen. Dort kostet eine 33-tägige Himalaya-Tour 4990 Euro pro Person. Wer in den Himalaya reist, sollte sich schon so viel Zeit nehmen, denn das Trekking zum Kailash und zurück dauert allein rund 14 Tage.
Kontakt: Hauser Exkursionen international, Spiegelstr. 9, 81241 München, Tel. 089-2350060; www.hauser-exkursionen.de.

78 Singapur – Innehalten in der Metropole

Neonreklamen so groß wie Einfamilienhäuser, Musik aus riesigen Lautsprechern, Wohn- und Bürotürme, Gebäude geformt wie Ufos, Tempel oder Burgen. Singapur, pulsierende Metropole, lärmende Großstadt, hupende Taxis, permanenter Stau auf den Straßen Richtung City – und die Suche nach einer Oase der Ruhe.

„Singapur ist ein absolutes **Shoppingparadies**", sagt Petra Motte und führt ihre Freundin Felicitas über die berühmte Orchard Road. Versace, Prada, Dior und Cartier – das Hochpreissegment ist hier komplett. Die zahlreichen Malls bieten jedoch auch für den Durchschnittsverdiener alle gängigen europäischen und amerikanischen Marken. Felicitas ist wegen des Shoppings für einige Tage nach Singapur gekommen, will Kleidung mit nach Deutschland nehmen, die zu Hause sicher sonst niemand hat. Sie ist begeistert und klappert im Feuereifer

die Läden ab. Petra lebt bereits seit zwei Jahren dort, der Zauber des Gigantischen ist verflogen, Normalität geworden. **„Ich zeige dir was anderes"**, sagt die 42-Jährige am Nachmittag. Beide Frauen sind vom Einkaufen bei knapp 40 Grad und einer Luftfeuchtigkeit von mehr als 80 Prozent müde. Petra führt ihren Gast zur Erholung in einen Park, besser gesagt eine **grüne Insel mitten in der Stadt**. In seinem Zentrum liegt ein See, weit entfernt am anderen Ufer paddeln Kanuten, trainieren für eine Regatta. Das **Mc Ritchie Reservat** ist die grüne Lunge der Metropole, zwölf Hektar groß und bereits 1867 angelegt. „Hierher kommen vor allem Jogger", zeigt Petra auf

Petra Motte hat ihren Lieblingsplatz in der grünen Oase Singapurs gefunden

einer Karte die vielen schmalen Wege durch den Park. Sportler haben das Gefühl, frische Luft statt Abgase einzuatmen. **Spaziergänger suchen im Park Ruhe**, tanken neue Kraft.

Tatsächlich dringt auch der Verkehrslärm der Hauptstraßen in die Stadt kaum noch durch. Hohe Mauern umgeben das Idyll, noch höhere Bäume ragen vor ihnen in den Himmel. Die Vegetation ist tropisch, die Wärme schweißtreibend. Kein Lüftchen regt sich, die Geräusche verschwimmen immer mehr zu einer ganz leisen Hintergrundkulisse, je weiter die beiden Frauen in den Park hineinschlendern. Dann entdecken sie einen kleinen weißen **Pavillon auf einer Anhöhe**, der zur Rast einlädt. Ringsum Wiesen und Blumenbeete, geradeaus der See, dahinter der Wald. „Kaum zu glauben, wie groß diese Anlage ist", staunt Felicitas. In das Zwitschern der Vögel mischt sich bald nur noch das Rascheln des Reisigbesens, mit dem ein schlanker Mann mit Strohhut das Laub von den Wegen fegt. Petra sieht ihm eine Weile zu, Felicitas schaut auf den See. Das Grün ringsum und die glänzende, ruhige Wasseroberfläche beruhigen nach den vielen bunten Bildern aus der Einkaufsstraße. Ruhe beginnt mit unbewegten

Grüne Oase mitten in Singapur: Mc Ritchie Reservat

Bildern vor den Augen – so sitzen die beiden Deutschen **am anderen Ende der Welt** einfach in einem kleinen, weißen Pavillon mitten in Singapur. Und sind doch so weit weg von Lärm und Hast der pulsierenden Metropole.

(DK)

Kontakt: Singapore Tourism Board, Hochstraße 35–37, 60313 Frankfurt, Tel. 069-9207700; www.yoursingapore.com.
Anreise: Etihad Airways fliegt dreimal pro Woche über Abu Dhabi nach Singapur, die Netto-Flugzeit beträgt wie bei einem Direktflug etwa 12 Stunden; Ticketpreise bei rund 1100 Euro für Hin- und Rückflug; Tel. 0180-5005400 (0,14 Euro pro Minute); www.etihadairways.com.
Stadt: Singapur ist kleiner als Hamburg, die Stadt misst von Ost nach West 42 Kilometer, von Norden nach Süden 23 km; die 4,8 Mio.

Einwohner sind ethnisch bunt gemischt. Multikulturell wird hier jeden Tag friedlich gelebt.
Klima: 137 km nördlich des Äquators ist das Klima tropisch, Monsunzeit von November bis Januar.
Tipp: Botanischer Garten, 63 Hektar tropische Pflanzen, Themengärten, Orchideen-Garten und Schwanenteich; Konzertmuschel im Zentrum der Anlage, hier finden klassische Konzerte und andere Aufführungen statt; 1 Cluny Road, Singapore; geöffnet 5–24 Uhr, der Eintritt ist frei. www.sbg.org.sg.

INFO

79 Abu Dhabi – Märchen aus 1001 Nacht

Leben wie die Beduinen, mitten in einem Meer von Sand. Soweit das Auge reicht, erstrecken sich die Dünen der **Rub Al-Khali Wüste**. Mit 780.000 km^2 ist sie die größte Sandwüste der Erde, nimmt weite Teile Saudi Arabiens ein und reicht bis in den Oman und nach Abu Dhabi. **Idealer Ort für ein kontemplatives Abenteuer**.

Rub Al Khali Wüste

Sterne anschauen

Für ein längeres oder kürzeres Wüstenerlebnis empfiehlt sich das Fünf-Sterne-Wüsten-Resort Qasr Al Sarab Desert Resort by Anantara. Es liegt etwa 90 Autominuten vom Abu Dhabi International Airport entfernt in der Wüste und verfügt über ein Observatorium für das nächtliche Beobachten des Sternenhimmels. www.qasralsarab.anantara.com. **Kontakt:** Abu Dhabi Tourism Authority, Goethe Str. 27, 60313 Frankfurt, Tel. 069-29925390; www.visitabudhabi.com.

Der Sandsturm peitscht, Menschen und Tiere kämpfen sich durch die Dünen. Die Gesichter sind unter Tüchern verhüllt, ein Kamel bricht vor Erschöpfung zusammen. Schon wenige Tage später werden viele ihr Leben gelassen haben – hier im „Leeren Viertel" der Rub Al-Khali Wüste. Diese Geschichte dokumentieren beeindruckende Fotos. Schwarz-Weiß-Bilder, mit denen Wilfried Thesiger seine Expedition in diesen gefährlichen Teil der unwirtlichen Sandlandschaft im Jahr 1945 für die Nachwelt lebendig hielt. Der Forscher und Reiseberichterstatter überlebte damit eine Tour, die nur wenige schafften. Doch einen echten Eindruck bekommt nur, wer sich ebenfalls in die Wüste begibt. Mit Zelt und Kamel – und natürlich nicht mehr unter Lebensgefahr.

Rötlich schimmern die Dünen im letzten Licht des Tages, fünf Expeditionsteilnehmer sitzen vor den großen Zelten auf bunten Teppichen am Lagerfeuer. Seit drei Tagen sind sie bereits unterwegs, mit wenig Gepäck, ohne Mobiltelefone, ohne Laptops. Die riesige Wüste schlägt ihnen jeden Tag mit Wucht entgegen, nirgends ist etwas anderes als Sand und Dünen zu erkennen, und wenn doch, dann ist es nur eine Fata Morgana, entstanden aus **Luftspiegelungen in der flimmernden Hitze am Mittag**. Auf Kamelen bewegt sich die Gruppe vorwärts, Beduinen begleiten sie. Ihre Spuren zeichnen sich deutlich im rötlichen Sand der Dünen ab, bis sie der nächste Sandsturm verweht – als wäre nie jemand hier gewesen. Auch gibt es nur einen begrenzten Wasservorrat auf der Tour, eine Dusche dagegen nicht. Trotz der körperlichen Anstrengung sind sich jedoch alle einig: Die Wüste ist jeden Tropfen Schweiß wert.

„Man wartet abends immer noch darauf, dass Insekten zirpen oder mal ein Vogel vorbei fliegt", wundert sich Marita. Doch hier ist nichts. Wenn die letzten Gespräche verstummen, herrscht Totenstille. „In der ersten Nacht hab ich ex-

Abu Dhabi Qasr Al Sarab Hotelvilla

tra laut geatmet, damit ich überhaupt etwas höre", gesteht sie lachend. Mittlerweile genießen alle die Stille, als drückend empfindet sie niemand. „Dann braucht man ja einfach nur aus dem Zelt heraus zu gehen und sich den Himmel anzuschauen", lautet Maritas Vorschlag. Heute Nacht will die 43-jährige Münchnerin gleich ganz draußen bleiben. Obwohl es empfindlich kalt wird, steht ihr Entschluss fest: Neben dem Lagerfeuer, das in den nächsten Stunden langsam verglimmen wird, will sie in ihrem Schlafsack liegen und in den pechschwarzen Himmel über der arabischen Wüste schauen. Sterne statt Schäfchen zählen ist die Einschlafhilfe. Denn die strahlen in totaler Finsternis besonders hell.

(DK)

Emirat: Abu Dhabi ist das Capitol der Vereinigten Arabischen Emirate, hat eine Fläche von rund 67.000 km² bei nur etwa 1,6 Mio. Einwohnern.
Anreise: Etihad Airways fliegt zweimal täglich ab Frankfurt nonstop nach Abu Dhabi und täglich nonstop ab München; ein Economy-Ticket nach Abu Dhabi und zurück ist ab 550 Euro buchbar; die Airline genügt höchsten Ansprüchen an Komfort in der Economy-Class und Luxus in ihrer Pearl Business und First Class. www.etihadairways.com.

INFO

80 Sharjah –
Der strenge Nachbar Dubais

Das Emirat Sharjah hat die wahrscheinlich strengsten religiösen Regeln der Vereinigten Arabischen Emirate. Die Menschen hier leben wesentlich traditioneller als in Dubai oder Abu Dhabi. Auch Touristen müssen einiges beachten – doch mit ein wenig Einfühlungsvermögen in diese fremde Kultur lässt sich hier vieles entdecken. Und das Bewusstsein erweitern.

Mittagszeit. Die Straßen sind leer. Kein Mensch zu sehen, kein Auto zu hören. Der öffentliche Strand, an dem der Weg Richtung Altstadt vorbeiführt, ist wie leer gefegt. Die meisten Touristen bleiben in den Hotelanlagen. Zu streng sind die Regeln, denen sich auch Europäer unterordnen müssen. Dass Knie bedeckende Hosen oder Röcke sowie Schulter verhüllende Shirts oder Blusen getragen werden müssen, ist dabei nur eine Kleinigkeit. Zärtlichkeiten in der Öffentlichkeit sind verboten. Alkohol generell, auch in vielen Hotels. Wer hierher kommt, sollte vorher sicher stellen, dass er nicht während des Ramadans reist. Dann wird auch Trinken auf der Straße zum Problem. Und das bei großer Hitze, in der Besucher unterwegs sind, wenn sie vor Sonnenuntergang am späten Nachmittag etwas von ihrer Umgebung sehen wollen.

Eine große, im Berufsverkehr stark befahrene Brücke führt in die **Altstadt**, lässt die aufgeräumten Wohnviertel hinter sich zurück. Zu Fuß durch die Straßen zu laufen ist unheimlich wegen der Stille und weil niemand sonst unterwegs ist. Ab und zu sitzen **ein paar Männer am Straßenrand**, ruhen sich von ihrer Arbeit aus. Europäische Frauen betrachten sie intensiv, sind aber ausgesprochen höflich im Gespräch. Trotz dieses beklemmenden Eindrucks ist es auch ein Gefühl von Sicherheit, denn Kriminalität gibt es so gut wie gar nicht.

Der Weg führt zum **Al Markazi Souq**, auch bekannt als Blue Souq, benannt nach seinen blauen Kuppeldächern. Innen liegt alles im Halbdunkel, ein würziger und leicht süßlicher Geruch wabert durch die Luft. Ein wenig Weihrauch ist dabei. Es herrscht geschäftiges Treiben. Frauen, verschleiert mit schwarzen Burkas, bewegen sich wie Schatten durch die Gänge. Rund 600 Geschäfte gibt es hier, Schmucksäulen, Mosaike und farbige Kacheln dekorieren den Souq. Händler preisen lautstark ihre Waren an, Europäer gelten als kauffreudig. Ein nur etwa drei Quadratmeter kleiner Laden erregt Aufmerksamkeit. Kein lärmender Verkäufer steht davor, es gibt keine Auslage. Ein **alter Mann mit grauem Vollbart** kniet auf einem Teppich und macht eine einladende Ges-

Gewürze werden auf zahlreichen Märkten verkauft

te. Dann reicht er mir eine **bronzefarbene Schale mit einem Holzstab**. Er legt mir die Schale auf die flache linke Hand, führt meine rechte Hand mit dem Stab an der Kante entlang. Immer im Kreis. Langsam, aber beständig. Bis ein voluminöser, tiefer Klang den Raum erfüllt. Ich schließe die Augen, spüre die Vibration der Schale. Dann lässt er meine Hand los, ich kreise weiter in der Klangschale. **Ergriffen von einem Ton**, der nur perfekt ist, wenn die Gedanken leer sind und sich meditative Ruhe ausbreitet.

(DK)

Anreise: Flüge von Deutschland nach Dubai, von dort aus mit Bus oder Taxi ins Nachbaremirat fahren. Emirates bietet Flüge in der Economy ab etwa 391 Euro nach Dubai und zurück; www.emirates.com.

Öffnungszeiten: Der Al Markazi Souq in Sharjah ist täglich von 9 bis 23 Uhr geöffnet, freitags, dem „Sonntag" der Arabischen Emirate, ab 16.30 Uhr geöffnet.

Tipp: So viele unterschiedliche Märkte und Souqs anschauen, wie möglich: Fischmarkt, Gemüsemarkt und natürlich den Gewürzmarkt und Gold Souq in Dubai nicht auslassen!

INFO

Australien

Stuart Highway

81 Adelaide – Einmal Cowboy sein

Den ganzen Tag durch orangefarbene Landschaft reiten und gemeinsam mit Cowboys Rinder treiben. Eine Szene aus dem US-Western? Nein, eine echte Reise – zum **Cattle-Drive** in Australien.

Es ist dieses alte, magische Geräusch: Hufeklappern. Ganz viele, mindestens 450 Pferdefüße traben gerade durchs Outback in South Australia. Sie wirbeln roten Staub auf, hüllen ihren Reiter in eine **unwirkliche Wolke aus Dunst und Dreck**. Denn unter den Hufen der Pferde ist die Erde trocken und sandig. Bis zum Horizont zeigt sich diese Landschaft in Rottönen. Kein Grün, kein Baum, nur orangefarbene und rote Erde, wohin das Auge blickt. Und mittendrin trotten 500 Rinder, angetrieben von den 120 Reitern.

Die Luft ist 40 Grad heiß, doch das merken die Viehtreiber kaum, denn die Hitze ist trocken, hier kommen sie kaum ins Schwitzen. Unter ihnen knarzt der Ledersattel – und ständig muht irgendein Rind, weil es lieber stehenbleiben möchte. Doch noch muss es laufen, die Reiter treiben die Herde voran. Jeden Tag ungefähr 14 Kilometer schaffen sie es, die 500 Kühe weiter **auf dem Oodnadatta Track durchs Outback** von South Australia zu scheuchen.

Kleinster Pub Australiens

Auf dem Oodnadatta-Track liegt auch das Mini-Dorf William Creek. Es hat nur fünf Einwohner, aber eine Tankstelle und eine eigene Fugzeuglandebahn. Bekannt ist dort vor allem der **William-Creek-Pub**, in dem viele Reisende kleine Andenken hinterlassen haben. So sind dort die Räume mit Studentenausweisen oder anderen Dokumenten dekoriert. In William Creek gibt es außerdem noch ein Hotel. Informationen unter www.williamcreekhotel.net.au.

Diese Cowboys wirken wie aus der Zigarettenwerbung entsprungen, sitzen mit Lederhosen im Sattel und schwingen Peitschen. Gegen die Sonne ein ganz bizarres Bild, so wie ein **schwarzer Scherenschnitt in orangefarbenem Staub** gehüllt. Manchmal werfen sie auch kunstvoll ihre Lassos, um einen Ausreißer einzufangen. Mit ihnen fünf Tage auf Tour zu gehen und durch die australische Wüste zu reiten, lässt den Reisenden vieles vergessen.

Höhepunkt ist die Ankunft in **Anna Creek Station**, der größten Rinderfarm der Welt. Immerhin hat sie die Ausmaße wie das Land Belgien. Hier campen die Teilnehmer in Luxuszelten mit Warmwasser-Dusche und eigenen Toiletten. Viel zu beeindruckt von der Natur ist der Abenteurer abends, um E-Mails und Bücher zu vermissen. Er setzt sich zu den anderen ans Lagerfeuer und hört ihren Geschichten zu.

Weite Landschaft: der Inbegriff von Freiheit

Unterwegs auf dem Pferderücken als Cowboy

Vielleicht spielt auch eine kleine Band Country-Musik dazu. Idylle, fast zu schön, um sie auszuhalten. Hinten grillt das Rindfleisch über den Kohlen, **hier werden Geschichten erzählt**. Millionen von Sternen leuchten.

Am nächsten Morgen Brötchen und Kaffee genießen und dem Hufschmied zuzusehen, wie er seine rotglühenden Eisen in Form bringt. Dann wieder rauf aufs eigene Pferd und in dessen Tempo den Outback erforschen. Kleine Gräser am Wegesrand wachsen sehen und durch großes Nichts reiten. Die Gedanken kommen zur Ruhe, Europa ist Lichtjahre entfernt.

(AL)

Lage: Adelaide liegt in South Australia und hat sogar einen eigenen Flughafen. Hier startet die Reise, in deren Zentrum sich Anna Creek Station befindet, größte Rinderfarm der Welt. Insgesamt sechs verschiedene Touren können Reisende hier rund um den Viehtrieb buchen.
Pakete: Verschiedene Reiseveranstalter bieten Pakete rund um den Viehtrieb an, etwa Cruising Reise. Dort kostet die 7-tägige Tour 2517 Euro.
Kontakt: Cruising Reise, Leonhardtstr. 10, 30175 Hannover, Tel. 0511-3744470; www.cruising-reise.de.
Informationen vor Ort gibt es unter Tel. +61/8-84634547; www.cattledrive.com.au.

INFO

Besondere Orte

*Schön schräg: Holzhäuser
der Kulturinsel in der Neißeaue*

82 Fünen – Versinken in Kindheitsträumen

Die dänische Ostseeinsel Fünen ist bekannt für Schlösser und Strände. Aber eigentlich liegt ihr Reiz in etwas ganz Anderem: An so mancher Stelle versinken Reisende in Kindheitsträumen und der **Idylle der „guten alten Zeit"**.

Wer sie im Mund hat, kann nicht mehr reden. **Übergroße Bonbons**, weiß mit roten Streifen. Deswegen heißen diese Lutscher auch „Halt-die-Klappe-Bonbons". Klingt wie nach Pippi Langstrumpf – und genau so eine Atmosphäre verströmt auch die „Krambode" in Fünens Stadt Odense. Ladenbesitzer Knud Hage unterhält hier ein Geschäft mit Dingen wie vor 200 Jahren. Im weiß verputzen Fachwerkhaus mitten in der Innenstadt hat sich seit Generationen kaum etwas verändert: Auf den Tischen türmen sich Schneebesen aus gebogenem Holz, Keramikschubladenknöpfe in allen Formen und Farben oder Süßholzstangen – **Hages „Krambode"** verkauft Dinge, die in Deutschland längst aus den Regalen verschwunden sind. Rasseln als purem Holz, ohne Bemalung, kleine Glöckchen, Haken und Tropfenstopper für Teekannen. Niemand würde seinen Laden heute noch so vollstopfen, so ohne System und Strichcodes. Der Besucher kann sich kaum drehen, Tische, Regale sind im Weg und dann hängen auch noch Blechspielzeug und sorgfältig aufgerollte Bindfadenknäuel von der Decke herab. „Dieses ist Papierschnur aus dem ersten Weltkrieg", erzählt Hage und zeigt auf dünnes braunes Band.

Schöne Wasserburg

Auf Fünen gibt es mehr Schlösser und Herrensitze als im übrigen Dänemark. Einer der bekanntesten ist **Egeskov Slot**, bester-haltene Renaissance-Wasserburg Europas, ist vor allem für seine Auto- und Motorrad-sammlung bekannt. Egeskov Slot, Egeskov Gade 18, 5772 Kværndrup, Tel. +45/62-271016; www.egeskov.dk.

Das Schloss von Egeskov sieht aus wie im Märchen

Edle Schokolade aus Dänemark

Die edelste Schokolade Dänemarks stammt aus Fünen: Besonders mit ihrem Marzipan hat sich die Summerbird Chocolaterie in Assens einen Ruf unter Feinschmeckern erarbeitet.
Summerbird Chocolaterie, Mandel Aléen 6, 5610 Assens, Tel. +45/63-710204; www.summerbird.com.

Den Charme der guten alten Zeit verströmt der Laden von Knud Hage

„**Seit 75 Jahren hat das Geschäft dieselbe Warenauswahl**", sagt Knud Hage zeigt stolz auf seinen schwarzen Tee. Er stammt von einer ganz kleinen Farm in Indien und gehört zu den zehn besten Tees der Welt. Der rotbäckige Mann greift mit seiner blechernen Schaufel in die schwarzen Blätter, schüttet sie in einen Papierbeutel auf einer alten Waage mit Schalen und Gewichten. Schüttet hin und her – bis es 100 Gramm sind und faltet die braune Tüte kunstvoll. Dann langt er hinter sich ins Regal, holt große Gläser voller bunter Bonbons hervor, wiegt Süßigkeiten ab und kurbelt an seiner Registrierkasse, die sich klingelnd öffnet.

Die **Zeitreise 200 Jahre zurück** passt gut auf die Märcheninsel Fünen. Hier hat schon Märchendichter Hans-Christian Andersen gelebt und einiges scheint sich seitdem nicht verändert zu haben. Sein Geburtshaus liegt ebenfalls in Odense, in einer malerischen Reihe gedrungener Häuser, denen man fast an die Dachziegel fassen kann. Gar nicht weit entfernt liegt das Freilichtmuseum in Odense. Ein großes Areal mit Buchsbaumhecken, kleinen Kräutergärten und 200 Jahre alten Bauernhöfen. Aus der Schmiede hämmert der Handwerker in historischer Montur sein Eisen. Bäuerinnen melken in alter Tracht Kühe. Kinder treiben Räder mit dem Stock durch die Gassen. Die Schritte hallen auf dem Kopfsteinpflaster, Stockrosen wachsen vor den Häusern. Noch mehr Kindheitserinnerungen.

(AL)

Übernachten: Else Hansens Stævnegården in Flødstrup ist ein Bed & Breakfast auf dem Bauernhof mit selbstgebrautem Bier und hausgemachtem Käse. Dänische Gastlichkeit pur.

Stævnegården, Kertemindevej 20, Flødstrup, 5540 Ullerslev, Tel. +45/65-351019; www.staevnegaarden.dk.

INFO

83 Brandenburg – Schlafen in den Baumkronen

Es riecht nach Holz, Harz und Spänen. Keine Wand ist gerade, alles ist aus Brettern und Stämmen gezimmert – das Baumhaushotel Kulturinsel ist ein wahr gewordener Kindheitstraum: Schlafen in den Bäumen.

Kleine Hütten ganz oben: Schlafen zwischen den Baumkronen...

Weitere Baumhotels

gibt es auch in Schleswig-Holstein, Bayern oder Niedersachsen: Baumhaushotel Hollenbek: Erlebnisbahn Ratzeburg, Am Bahnhof im Zug, 23911 Schmilau, Tel. 04541-898074, www.baumhotel.de. Baumhaushotel Solling, Kontakt über Hans-A.-Kampmann-Str. 8, 37170 Uslar, Tel. 05571-919305, www.baumhaushotel-solling.de. Baumhotel Bayern: Biohof Seeanger, Seeanger 3, 86554 Pöttmes, Tel. 08253-6053, www.baumhaus-bayern.de.

Im **Baumhaushotel Kulturinsel** in der Neißeaue hat jede Hütte eine eigene kleine Geschichte – und einen eigenen Hausgeist. Für die Übernachtung dort sollten Gäste ganz viel Abenteuerlust im Gepäck haben. Wer weit oben in den Baumkronen bei den Elfen übernachten will, muss den Fabelwesen auch ungewöhnliche Geschenke mitbringen: Elfe Fiona beispielsweise wünscht sich Knöpfe. Warum – das ist für den menschlichen Besucher schwer zu verstehen, das zarte Wesen sammelt sie eben. Findet Lichtelfe Fiona einen neuen Knopf, beginnt sie unter ihren hellen Haaren über das ganze Gesicht zu strahlen und räumt freiwillig ihr kleines Häuschen in den Wipfeln. Und wenn die Besucher gegangen sind, dekoriert sie mit dem Knopf Wand oder Decke. So sagt es das Märchen.

Der Besucher klettert eine Treppe hinauf, dann noch eine kleine steile Stiege – und schon beginnt die **Elfenwelt**. Geschälte Äste als Sprossen vor dem Fenster, Kuhfelle als Dekoration an der getäfelten Holzwand. Langbeinige oder breite Menschen haben es schwer, so verwinkelt und klitzeklein sind die Räume.

Die größte Fläche ist das Bett. Hinlegen und lauschen. Nur die **Musik des Waldes** wahrnehmen und die herrlich frische Luft schnuppern: Wind rauscht durch die Blätter und pfeift ums Dach, irgendwo spielen zwei Eichhörnchen und quieken vergnügt. Die Nachtmusik des deutschen Waldes ist viel mehr als nur das Huhuuu des Uhus. Es raschelt, fiept und knackt. Geräusche erraten ist viel spannender als einzuschlafen. Aber Halt, hatte die Frau beim Einchecken nicht gesagt, es gebe eine Überraschung im Baumhaus? „Sie müssen sie nur finden, sie ist versteckt." Also muss der Schlaf noch etwas warten.

Hier oben wird Komfort unwichtig. Es gibt keine warmen Duschen – nur Nottoiletten und kaltes Wasser. Auf einer Zwischenplattform aus Drahtgittern

… ist zwar eng, aber sehr kuschelig

steht für Hartgesottene eine Dusche mit kaltem Wasser bereit – Windtrocknung im Preis inbegriffen. Der Baumhausknigge rät nicht zu Unrecht: „Duscht doch schon mal zu Hause vor." Ein ganz spezielles und vor allem warmes Erlebnis ist die **Badewanne in luftiger Höhe** der Gemeinschaftsplattform. Wer ein Bad nehmen möchte, entfacht ein Feuer im kleinen Holzofen und lässt das so erhitzte Wasser in ein Weinfass ein. Wildfremde Leute haben schon miteinander gemütlich in dieser Holzwanne gesessen und auf dichte, mondbeschienene Wälder und Baumkronen geblickt.

Eine solche Nacht in den Wipfeln, mit funkelnden Sternen überm Kopf und fremdem Geraschel im Ohr, verändert die Sichtweise. Die Natur ist wieder nah ins Leben gerückt. Und Kindheitserinnerungen. Plötzlich scheint es gar nicht mehr so unwahrscheinlich, dass es hier nicht doch Lichtelfen und Waldgeister geben könnte…

(AL)

Hotel: Baumhaushotel Kulturinsel Einsiedel, Kulturinsel Einsiedel 1, 02829 Neißeaue OT Zentendorf, Tel. 035891-49113, www.kulturinsel.de.

Geöffnet von Ostern bis Ende Oktober, Preise: ab 203,50 Euro pro Nacht für das Vier-Personen-Haus.

INFO

84 Limousin –
Genießen wie Gott in Frankreich

Im Limousin ist Frankreich am dünnsten besiedelt und auch am ursprünglichsten. Hier fallen Besucher ganz in das Jetzt, wenn sie durch Ségur-le-Château schlendern – fernab jedes Tourismus.

Diese Bewohner lieben ihr Dorf: Blumenkästen vor den Häusern, Vergissmeinnicht, Kornblumen und Moos wuchern auf Mauern und Wegen, bunte Farbtupfer überall. Dazu diese Fachwerke wie aus einem Mittelalterfilm, ein ganzes Dorf voller betagter Häuser, kein einziger Neubau ist zu sehen, nur **historische Gemäuer aus grauem Stein**. Obwohl sie schon fast tausend Jahre zählen, sind einige ganz frisch restauriert, bei anderen scheint das Ziegeldach gleich zusammenzustürzen. Über Ségure-le-Château wacht eine Burgruine, ebenfalls moosüberwuchert und wegen ihrer Baufälligkeit gesperrt.

Entlang des Dorfes schlängelt sich ein Fluss mit dicken Platanen und Weiden am Ufer, Hühner laufen auf der Straße, ebenso wie Hunde. Ganz nah am Ufer des Flusses liegt die **Auberge Henri IV**. Ein dreistöckiges Fachwerkhaus, weiß verputzt. Andauernd verschwinden französische Männer, Paare und Familien hinter der Tür. Wer ihnen auf die Steintreppe folgt und die Holztür öffnet, landet zunächst in einer Bar, drei Männer sitzen am Tresen und trinken Pastis. Wo sind bloß die anderen zehn, die hier auch hineingegangen sind?

Taschenlampenwanderung und Malwochenende

Ségur-le-Château wirkt auf den ersten Blick wie ein Dornröschen, das wach geküsst werden muss. Aber ganz so verschlafen ist der Ort doch nicht: Im Sommer bietet er interessante Programme, etwa den Tag der Maler. Dann sitzen überall Menschen mit Palette, Block und Bleistift und bringen Szenen aus dem Ort aufs Papier. Abends stellen sie ihre Werke dann aus. Im August findet immer der Bauernmarkt mit lokalen Produkten aus der Region statt. Doch der besondere Tipp ist die Taschenlampenwanderung durch Ségure, abends, drei Stunden lang.

Eine kleine Tür am Ende der Bar öffnet sich. Den Gastraum von Henri IV müssen Gäste erst finden. Und sehen dann: Auch an einem Wochentag im April ist es gerammelt voll bei Thierry und Sabine. Kaum noch ein Platz frei. Auf die Frage nach der **Hausspezialität** antwortet Sabine: „**Omelette aux Cèpes** – mit kleinem Salat." Steinpilze gehören zu den Spezialitäten dieser Gegend und irgendwie haben die Menschen hier im Limousin ein einzigartiges Rezept gefunden, sie einzumachen. Die Pilze sind saftig, ein wenig knorpelig wie Calamaris und tragen das volle Aroma. Der ganze Eierkuchen ist voll mit den kleingeschnittenen, braunen Pilzstücken. Ganz einfach und

Wie im Mittelalter wirkt die Ansicht des Dorfes

doch sehr lecker. Sabine trägt **Rinderfilets** und **Gänseleberpastete** an die anderen Tische – doch die können gar nicht besser schmecken als dieses Steinpilzomelette. Dazu der Landwein – genießen wie Gott in Frankreich.

Anschließend steht die Dorferkundung auf dem Programm. Die Mauer über dem Fluss lädt zu einer kleinen **Rast, ein herrschaftlicher Hof zum Blumenkauf.** Doch am schönsten ist es am Wehr, wo sich der Burgfluss zu einem großen Teich aufstaut. Dort sitzen und einfach nur hören, wie das Wasser rauscht.

(AL)

INFO

Lage: Ségur-le-Château liegt im Limousin, umgeben von kleinen Hügeln und den Apfelbaumplantagen des Landes. Nächster Ort ist Brive-La-Gaillarde im Süden, im Norden Limoges. Ganz in der Nähe liegt auch Pompadour, berühmt für sein Pferdegestüt.

Restaurant: Auberge Henri IV, Ségure-le-Château, Tel. +33/555-987267, dienstags geschlossen, abends reservieren.
Kontakt: Office de Tourisme, 28 Avenue du Château, 19230 Ségur-le-Château, Tel. +33/555-733992; www.offitourisme-segur.com.

85 Balestrino – Verwunschenes Dorf in Ligurien

Hier kann man vormittags Ski laufen und nachmittags an der Adria im Bikini sonnenbaden: In Ligurien liegt alles herrlich nah. Und weiter im Landesinnern herrscht die Ruhe ursprünglicher Dörfer, wie etwa Balestrino.

Wanderweg „Terre Alte"

Dieser Wanderweg führt von Toirano zum Melogno und überwindet 1000 Höhenmeter. Der Weg teilt sich in drei Etappen: Die Strecke von Toirano nach Balestrino und zurück, die Trainierte in dreieinhalb Stunden zurücklegen können. Zweites Teilstück ist Toirano bis nach Pian delle Bosse, es ist in knapp fünf Stunden zu schaffen. Der Ziellauf von Pian delle Bosse bis nach Melogno in sechs Stunden. Der „Terre Alte" führt direkt in die Stille der Wälder des Oberen Bormida-Tals.

In Liguriens Bergen versteckt sich Balestrino

In Deutschland ist der November grau und regnerisch – die perfekte Zeit, um ein paar Tage in die Sonne zu fliehen. Zum Beispiel nach Balestrino in Ligurien. **Zehn Kilometer vom Mittelmeer entfernt**, schlängelt sich eine kleine Straße die Berge hoch. Sie führt vorbei an Zitronenbäumen und Jahrhunderte alten Olivenhainen. Die grünen Hügel reichen bis ans Meer, alte Häuser liegen wie ein Haufen Bauklötze auf den Bergen verstreut und bilden kleine Dörfer. Hier gibt es keine Industrie und kaum Autos. Die Luft ist erfüllt vom **Geruch der Zitrusfrüchte und Mittelmeerkräuter**. Rosmarin, Oregano und natürlich Basilikum. Ohne diese Blätter geht hier gar nichts, schließlich gehört die Region zu den Erfindern der Pesto-Soße. Das grüne Pesto mit Basilikum ist in Trattorien fester Bestandteil der Speisekarte, ebenso wie Gemüseravioli mit Salbeibutter und gerösteten Pinienkernen.

Vor den Gasthäusern sitzen Männer beim Espresso und genießen die dörfliche Ruhe. Sie blicken auf weiße Häuser – und eine Geisterstadt. Verlassen thront eine mittelalterliche Burg auf dem Dorfhügel. Darunter eine Ansammlung grauer, unbewohnter Häuser. Vor 40 Jahren drohte ein Erdrutsch und die Bewohner flohen in andere Ortsteile. Zurückkehren wollte niemand, und so verfallen die Steinhäuser nach und nach. Aus den alten Gemäuern zieht ein muffiger Kellergeruch die engen Gassen entlang, Türen knarren, Autos rosten in der noch ein wenig salzigen

Meeresluft. Nur Ziegen und Katzen bewohnen die einsturzgefährdeten Häuser des unteren Viertels. Ein Dorf, das so malerisch ist, dass es die Autorin Cornelia Funke als Kulisse für ihren Film „Tintenherz" wählte.

Die Dreharbeiten sind längst vorbei und die rund 600 Einwohner haben ihre Ruhe wieder gefunden, ernten Oliven und Tomaten oder vermieten Ferienwohnungen. Denn ab und zu kommen Wanderer vorbei, die den Weg „Terre Alte" laufen, von Toirano bis hinauf auf den Colle di Melogno. Dieser Weg ist **ein Fest für die Sinne**. Selbst im Spätherbst blühen hier noch die Wiesen, alte Buchen- oder Kastanienwälder sorgen für klare Luft und Olivenbaumhaine die Prise Geschmack im italienischen Essen. Zwischendurch herrliche Panoramablicke auf Berge und Mittelmeer.

Ein Teil des Dorfes besteht aus verlassenen Häusern

Egal ob zu Fuß, auf dem Pferderücken oder mit dem Mountainbike - **beim Streifzug durch die ligurischen Orte lockt immer wieder die italienische Küche** in kleinen Dorfrestaurants mit Kichererbsensuppe, Lammschmorbraten, Wildschweinschinken oder Zitronenpudding. Am besten in der Dorftrattoria sitzen, Pasta mit Pesto essen und die Ruhe genießen.

(AL)

INFO

Unterkunft: Ferienhäuser am Ort: Familienfreundliche und großzügige Ferienwohnung für 4 Personen mit Ausblick auf Dorf und Ferne, ab 390 Euro die Woche: www.casapanoramica.com. Albergo Ristorante Pastorino, Via Mazzini 4, Balestrino, Tel. +39/182-988109, Doppelzimmer mit Frühstück 80 Euro.
Kontakt: Italienisches Fremdenverkehrsamt Enit, Barckhausstraße 10, 60325 Frankfurt, Tel. 069-237434; www.enit.de.

Spas

Eine Oase im heiligen Tal der Inka:
Das Spa des Luxushotels Tambo del Inka in Peru

86 Ostsee – Algen für Haut und Magen

Im Kieler Day Spa des Hotels Birke dreht sich alles um **Produkte aus der Ostsee**. Hauptsächlich aber um die Braunalge Saccharina Latissima. Denn sie ist ein wahres Wunderkind, wenn es um Inhaltsstoffe und Heilwirkung geht. Sie soll die Abwehrkräfte stärken und sogar verjüngend wirken.

Komisch. Er riecht gar nicht nach Fisch oder Meer. **Eher wie eine blühende Kräuterwiese** – der Algentee aus Kiel schmeckt viel lieblicher als sein Name klingt. „Er wirkt entgiftend", weiß die Kosmetikerin im Kieler Day Spa Birke und gießt sich eine Tasse ein. Die Alge soll Falten verringern, Zellerneuerung ankurbeln und Durchblutung fördern. Deswegen hat das Spa ein ganzes Programm rund um die Alge aufgelegt: Packungen, Ölmassage, Reinigungsmilch, Gesichtspeelings und eben den Tee. Dazu Bernsteinmassage und Rügener Heilkreide – Schätze aus der Ostsee.

Das Algenprogramm wirkt – und zwar sofort. Heute steht Gesichtsmassage mit Packung und Tonikum auf dem Programm. Die Haut fühlt sich an, wie nach einem Spaziergang am Meer, durchblutet und erfrischt. Doch **das Beste ist der Blick in den Spiegel**: Die Falte zwischen den Augenbrauen ist plötzlich verschwunden. Wahr-

Ausflug zu den Algen

Wer sich für die Braunalge interessiert, kann mit Mitarbeitern von Oceanwell zum „Algengarten" in der Ostsee eine Bootsfahrt machen und beim Schnorcheln die Algenzucht erkunden. oceanBASIS GmbH, Tiessenkai 12, 24159 Kiel-Holtenau, Tel. 0431-3645881; www.oceanwell.de.

Tut einfach gut: Meersalzpeeling

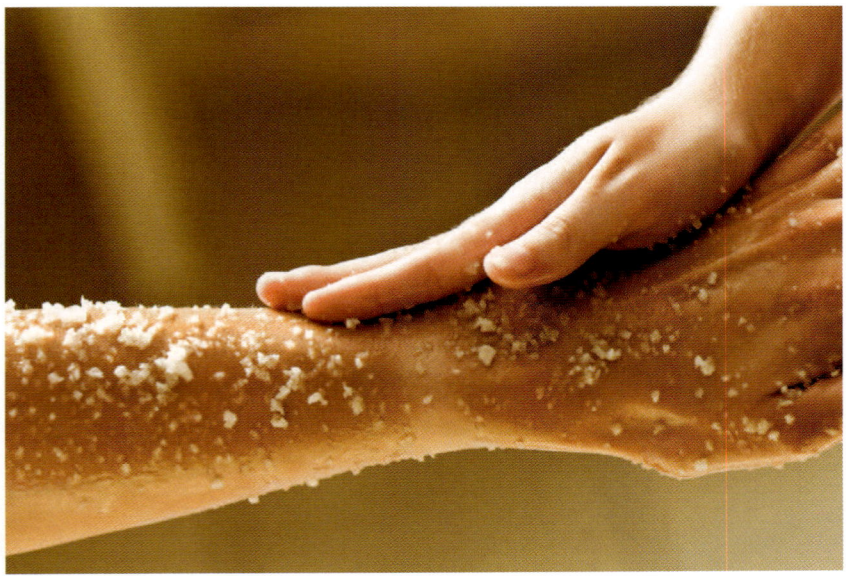

scheinlich liegt es am natürlichen Q 10 der Alge. Das soll die Haut besser aufnehmen als künstliches, ebenso wie die vielen Minerale und Spurenelemente der Meerespflanze. Die Erfinder, ein Team von Meeresbiologen, halten es übrigens für möglich, dass Falten auf diese Weise wieder geglättet werden. Gemeinsam mit zwei Kollegen hat Inez Linke die Firma Oceanwell in

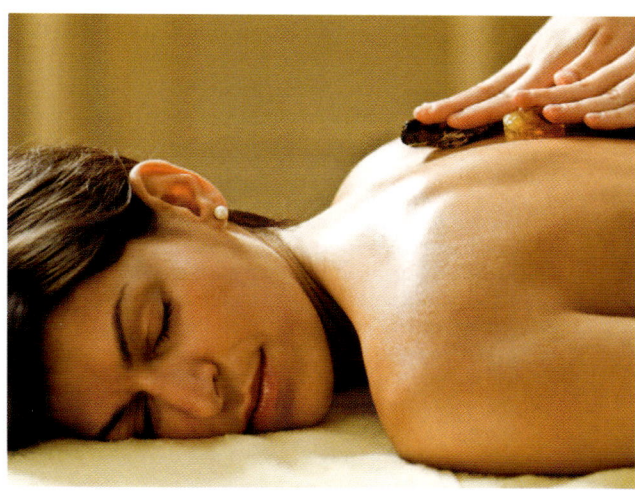

Bernsteinmassage soll den Energiefluss im Körper wieder ins Lot bringen

Kiel gegründet und Deutschlands einzige **Kosmetik-Linie auf Basis von Ostseealgen** entworfen: Oceanwell-Produkte. Von der Tagescreme über die Bodylotion, in allen ist diese Braunalge enthalten. Und alle Produkte können Gäste im Kieler Spa ausprobieren.

Oceanwell ist die erste Firma weltweit, welche die Algen nicht aus dem Meer fischt, sondern selbst anbaut. Das macht die Produkte besonders nachhaltig, denn Pflanzen sind ein wichtiger Bestandteil der Meere und so ist gewährleistet, dass nicht einzelne Ostseegebiete leer geerntet werden.

Immerhin – die Nachfrage nach den Oceanwell-Produkten steigt ständig. Nicht nur als Kosmetikbestandteil ist die Alge beliebt, sondern mittlerweile auch als Nahrungsmittel. Im Restaurant des Hotel Birke gibt es extra ein Algenmenü: Suppe, Salat, Fischgericht – sogar der Aperitif ist aus Algen gewonnen.

Oceanwell forscht derweil weiter an der Alge – so haben sich die Meeresbiologen zum Ziel gesetzt, mit der Kosmetik-Linie ihre Forschungen zu finanzieren, wie die Braunalge Saccharina Latissima in der Medizin als Heilmittel eingesetzt werden kann.

(AL)

Hotel: Day Spa im Hotel Birke, Martenshofweg 8, 24109 Kiel, Tel. 0431-331470; www.hotel-birke.de.

INFO

87 München – Wellness nach den Jahreszeiten

Über den Dächern von München – so könnte der Titel eines Spa-Besuchs im „The Spa" im Kempinski Hotel Vier Jahreszeiten lauten. Der Wellness-Bereich thront auf dem Hotel und garantiert mit seiner Lage in der sechsten Etage einen umwerfenden Blick über die Stadt.

Von der **Außenterrasse auf dem Dach** des Hauses präsentieren sich architektonische Meisterleistungen: Die Frauenkirche ragt ebenso heraus, wie die Theatinerkirche und natürlich auch die Staatsoper. Sie ist gerade einmal zwei Häuser von dem Luxushotel entfernt. Wer den Blick lieber nach innen richtet, wird mit einem lichtdurchfluteten **Poolbereich** belohnt. Dunkelblau sticht das Becken von den hellen Wänden ab, Rattanliegestühle mit hellen Kissen und weißen Handtüchern komplettieren das moderne Ensemble. Im Jahr 2006 ist die Entspannungs-Oase rundum renoviert worden und hat Anfang 2010 auch ein neues Wellness-Konzept bekommen: Passend zum Namen des Hotels gibt es **Anwendungen basierend auf den vier Jahreszeiten**.

„Wir bestimmen zuerst einmal den Jahreszeiten-Typen jedes Gastes und suchen dann eine passende Behandlung für ihn aus", erklärt Mélissa Filion, stellvertretende Spa-Managerin. Es gibt einen Fragenkatalog, der unter anderem klären soll, ob sich der Besucher eher im Sommer oder im Winter wohl fühlt, ob er unter Hitze leidet, müde ist, wenn es kalt ist oder zu Stimmungsschwan-

Der Pool auf der Wellness-Etage des Hotels – mit Blick über die Dächer der Stadt

Auf bequemen Liegen entspannen Gäste auch nach ihrer Massage

kungen neigt und wenn ja, zu welcher Jahreszeit. Ist der Typ bestimmt, kann der Gast zwischen zwei Massagen oder anderen Treatments wie **Scrubs oder Gesichtsbehandlungen** wählen. Je nach Vorliebe geht es danach in einen hellen oder eher dunklen Raum mit warmem Holzboden, hellen Wänden und duftenden Kerzen. Jede Therapie beginnt mit einer Fußmassage und anschließender **Packung auf den Fußsohlen**, beispielsweise aus Mango und Sheabutter. Der ganze Körper ist währenddessen mit einem Laken zugedeckt.

Eine 90-minütige Ganzkörpermassage schließt sich an, die intensiv gegen Verspannungen wirkt. „Wir streicheln nicht, zu uns kommen hauptsächlich Geschäftsleute, die wieder fit gemacht werden wollen", erzählt Mélissa. Mit Fingerknöcheln, Ellenbogen und ganzen Unterarmen **knetet sie die verhärtete Muskulatur weich. Nacken- und Kopfmassage sowie Dehnungen zaubern sogar hartnäckige Kopfschmerzen weg**. Die Therapeutin berührt dabei den Gast immer mit ihren Händen, unbemerkt nimmt sie neues Massageöl, geräuschlos bewegt sie sich barfuß um die Liege. Zeit und Raum lassen sich hier für eineinhalb Stunden vergessen. Sie massiert Entspannungssuchende mit duftenden Ölen und langsamen Bewegungen in eine Art Trance-Zustand, drückt Triggerpunkte, die mit jeder Sekunde eine **deutliche Erleichterung im ganzen Körper** bringen. Als Aufwachhilfe gibt es eine Inhalation aus verschiedenen Kräutern und ein Glas frisch gepressten Orangensaft. Und wer weiter schlafen will, kann es sich auf einer Liege am Pool oder auf der Terrasse bequem machen und der Massage noch ein wenig nachspüren.

(DK)

Kontakt: Kempinski „The Spa" ist das Spa des Hotels Vier Jahreszeiten, Maximilianstr.17, 80539 München; Tel. 089-21252155; www.kempinski.com.
Spa: Für Hotelgäste ist die Benutzung von Indoor-Pool, Sauna, Dampfbad, Fitnessstudio und Terrasse kostenlos, aber auch Tagesgäste können hier entspannen: Ein Tagesticket kostet 26 Euro, ein halber Tag im Spa kostet 18 Euro. Massagen basieren auf dem neuen Konzept der vier Jahreszeiten, 90 Minuten kosten 140 Euro. Aber auch Schönheitsbehandlungen und andere Massagen, wie klassische Rückenmassage (75 Euro), Hot Stone (120 Euro)

oder eine Massage für Schwangere (ab 100 Euro) sind buchbar, ebenso Hand- und Fußpflege. Spezielle Angebote für Männer gehören zum Programm wie auch entschlackende Packungen oder Anti-Jetlag-Behandlungen. Die verwendeten Produkte sind rein organische Kräuter.
Öffnungszeiten: Der Wellness-Bereich ist täglich 6.30–22.30 Uhr geöffnet, Behandlungen finden zwischen 9 und 21 Uhr statt.
Tipp: Vom Hotel einen Opernbesuch organisieren lassen, denn das Kempinski Hotel liegt nur zwei Häuser von der Staatsoper entfernt.

INFO

88 Kos – Wellness wie bei den alten Griechen

Das Neptune Hotel verbindet die Antike mit der Moderne. Schon die alten Griechen wussten die **heilende Wirkung der Aloe Vera** zu schätzen, die Therapeuten auch heute noch einsetzen. Aber nicht nur das. Das Neptune Spa richtet sein Augenmerk auf etwas viel Entscheidenderes in Punkto Wellness: Zeit für sich selbst.

Die **private Suite im Spa** ist ein Konzept, das überzeugt. Gedämpftes Licht, leise Musik und ein Hauch exotischer Düfte liegt in der Luft. Es ist warm, ganz so, wie der Gast es mag, der sich diese Auszeit gönnt. Wer hierher kommt, braucht mehr als eine Massage oder Schönheitsbehandlung zur Entspannung.

Es ist eine Art Fluchtgedanke, der Hotelgäste für eine gewisse Zeit hierher treibt. Flucht vor dem Alltag, dem Stress, dem Ständig-Erreichbar-Sein. Da reicht Schwimmen im großen Indoor-Pool, der mit seinem riesigen Fenster viel Tageslicht herein und das Wasser blau strahlen lässt, nicht mehr aus.

Claudia hat sich für ein ganz **persönliches Ayurveda-Ritual** entschieden. Sie hat bereits Erfahrung damit, verbrachte schon mehrere Wochen in einem indischen Ayurveda-Tempel. Die knapp zweistündige Behandlung im Neptune Spa ist al-

Edel und lichtdurchflutet: der Poolbereich des Hotels

lerdings eine Light-Version dessen, was sie in Indien erlebte. „Das macht nichts, denn ich will mich in erster Linie entspannen und mich verwöhnen lassen. Mit einer richtigen Kur hat das in diesem Fall ja nichts zu tun", freut sie sich auf die Anwendungen. Zu Recht, wie sich schon bald herausstellt. Die Therapeutin lässt ihr zunächst einmal ein warmes Aromabad ein. Um die Wanne herum brennen Kerzen, dazwischen liegen rote und violette Blütenblätter. Romantik pur, Wohlgefühl garantiert. Nach etwa 15 Minuten im warmen Wasser reicht die Therapeutin Claudia einen weichen Bademantel und führt sie nach nebenan. Der Raum riecht würzig, neben Handtüchern auf der Liege und dem Boden, sind auf einer kleinen Anrichte verschiedene Tiegel mit Pasten vorbereitet.

Ein **Ganzkörper-Peeling** schließt sich an das Bad an. „Die Haut ist jetzt aufnahmefähiger und das Peeling kann tiefer eindringen", erklärt die Spa-Mitarbeiterin und reibt Claudia mit leichtem Druck die körnige Creme auf den Rücken. „Das tut gut", sagt die Deutsche und schließt die Augen. Bis Beine, Bauch, Arme und Dekollete ebenfalls eingerieben sind, dauert es nur wenige Minuten. Doch die hatten nicht nur den Scrub- sondern auch einen Massageeffekt. „Die Durchblutung wird angeregt, nach dem Abduschen müsste die Haut ein we-

Hier sind Entspannung und Privatsphäre garantiert: im Relaxbereich des Spas

nig gerötet sein", prognostiziert die Masseurin. Und richtig. Als Claudia vom
körnigen Peeling befreit von der Dusche zurück zu der frisch bezogenen Liege schlendert, sieht sie im Spiegel das Ergebnis: „Die Haut scheint schon jetzt
glatter und irgendwie weicher zu sein." Spätestens aber nach der sich anschlie-
ßenden 50-minütigen tiefenentspannenden Ayurveda-Massage ist die Urlaube-
rin sicher: **„Eine bessere Auszeit hätte ich mir nicht nehmen können."**

(DK)

INFO

Angebot: Das Spa ist 1.600 m² groß;
die Angebote des Neptune Spas
reichen von klassischen Rücken- und
Ganzkörpermassagen über exotische
Anwendungen wie Lomi Lomi-
Massagen, orientalische und brasiliani-
sche Rituale bis hin zu ausgefallenen
Behandlungen wie Huna-Mana oder
Bioenergetik. Es gibt Tages- und mehrtägige Pro-gramme. Auch Bäder sind
buchbar, wie beispielsweise Farblicht-
sprudelbäder, ebenso Gesichts- und
Schönheitsbehandlungen – für Damen
und Herren. Geöffnet täglich von 10
bis 19 Uhr.

Wet-Spa: Indoor-Pool, Solegrotte,
Bäder, Erlebnisduschen, Eisbrunnen
und Laconium warten auf Besucher;
Eintritt 25 Euro pro Person.
Kontakt: Neptune Hotel & Spa,
Mastichari 85302, Kos, Griechenland,
Tel. +30/22420-14180;
www.neptune.gr.
Tipp: „Happy Kids" heißt das Wellness-
Programm für Kinder, mit kurzen
Massagen oder Seifenbürsten-
Massagen.

89 Kerala – Entgiften mit Ayurveda

Ayurveda gilt als die hohe Kunst der körperlichen Reinigung, Entgiftung und Entschlackung. Für eine wirkungsvolle Kur empfehlen Experten einen mindestens zweiwöchigen Aufenthalt in einem Ayurveda-Haus. Am besten geeignet ist ein Wellness-Tempel im Ursprungsland dieser Kur: in Indien.

Anke hat sich gut vorbereitet auf ihre Reise ins Kalari Kovilakom in Kerala, wo diese Anwendungen eine mehr als 5.000-jährige Tradition hat. Die Wuppertalerin will **Ayurveda an einem authentischen Ort erleben** – welcher wäre besser geeignet als der ehemalige Maharani-Palast im Süden des Landes? Zudem kann sie mit leichtem Gepäck reisen, denn vor Ort gibt es bequeme, weite Kleidung vom Hotel. Vier Ärzte betreuen die Gäste und entscheiden anhand des ausführlichen Aufnahmegesprächs, welche Anwendungen passen und Erfolg versprechen.

Wissen vom Leben

Ayurveda ist Sanskrit und bedeutet übersetzt „Wissen vom Leben", damit ist die ganzheitliche Behandlung während einer Kur gemeint, die alle Lebensumstände des Gastes mit einbezieht.
Tipp: Eine Kur während des Monsuns von Mai bis August unterstützt auch klimatisch eine schnelle Entgiftung und Reinigung des Körpers.

Anke erzählt von ihrer Lebenssituation, dass sie viel Sport treibt, seit einigen Jahren Beschwerden in der Halswirbelsäule hat und wenig Gemüse isst. Am Ende des Gesprächs legt der Arzt die Massagen und die Form der Diät fest. Tee wird von nun an der Hauptbestandteil der Nahrung sein. Ein medizinisch auf-

Der heutige Ayurveda-Tempel Kalari Kovilakom ist ein ehemaliger Palast, jedes Zimmer ist individuell gestaltet

bereiteter **Ghee-Trunk** aus Butterreinfett leitet die Entgiftung ein, schleust Toxine aus dem Gewebe.

Eine Umstellung, die nicht jedem leicht fällt. Aber Ankes Wunsch, ihren Körper von allen Schadstoffen zu reinigen, ist stärker als der Hunger. Und schon nach wenigen Tagen hat sie sich daran gewöhnt. „Die erste Phase war schon schwer", gesteht sie. „Ich hatte Magenprobleme und war ziemlich schlapp. Aber die tollen Entspannungsmassagen helfen über vieles hinweg." Jetzt genießt sie ihren Aufenthalt, die vierhändigen Massagen, die den Entgiftungsprozess mit langen streichenden Bewegungen unterstützen sollen. Spezielle Öle transportieren dabei die Schadstoffe in den Darm, damit sie ausgeschieden werden können. „Anstrengend sind die Schwitzbäder, danach muss ich mich immer ausruhen", beschreibt die 40-Jährige ihre Erfahrungen.

Entspannung beim ayurvedischen Stirnölguss

Aber auf dem Tagesprogramm gibt es genügend Zeit für Erholung und Entspannung. Auch für **Yoga und Meditation** – denn es geht um eine ganzheitliche Kur, die auch den Geist reinigen und zur Ruhe bringen soll. Dass das Handy ausgeschaltet ist, reicht der vielbeschäftigten Selbstständigen nicht: „Ich will hier lernen, mich richtig zu entspannen und das möglichst auch mit nach Hause nehmen." Es funktioniert. Die Medizin, die ihre Kur unterstützt, schlägt an, Anke fühlt sich leichter, unbeschwerter, gesünder. Und gönnt sich natürlich auch den berühmten Stirnguss. 40 Minuten lang läuft warmes Öl in einem dünnen Rinnsal aus einem Gefäß und träufelt auf ihre Stirn. Das entspannt nicht nur, sondern wirkt vor allem gegen Stresssymptome wie Kopfschmerzen und Schlafstörungen.

(DK)

Wellness-Tempel: Es gibt 30 verschiedene Hauptanwendungen, 25 Therapeuten stehen den maximal 36 Kurgästen rund um die Uhr zur Verfügung. Die 18 Palast-Suiten sind alle luxuriös und individuell eingerichtet; zum Konzept gehört auch, dass Gäste sich um nichts zu kümmern brauchen, deswegen auch nicht ihre eigene Kleidung tragen.

Kontakt: Kalari Kovilakom, The Palace für Ayurveda, Kollengode, Palakkad, Kerala 678506 Indien, Tel. +91/4923-263737; www.kalarikovilakom.com. **Preise:** Ein zweiwöchiger Aufenthalt kostet ab 3.725 Euro pro Person im Doppelzimmer.

INFO

90 Meran – Wollwellness und Traubenpeeling

Zum Baden gehört normalerweise Wasser. Aber nicht in Südtirol. In der Therme dort verwenden die Therapeuten Schafwolle.

Es kratzt gar nicht, sondern ist wunderbar **flauschig auf der Haut**. Die Physiotherapeutin wickelt ganz weiche Wollpakete um den Körper. Sie sind weicher als Moos – und geben eine wunderbare Wärme ab. Doch nicht nur das, ein solches Wollbad soll vor allem **bei chronischen Erkrankungen lindernd wirken**. Die Südtiroler wissen schon lange um die heilenden Eigenschaften der Wolle, schließlich haben sie traditionell gewoben, gesponnen und mit Schafwolle gehandelt. Doch das ist fast ausgestorben, die Wolle bringt kein Geld mehr und wird billiger aus Neuseeland importiert. Nur in der Therme Meran kommt noch einheimischer Schafspelz in die Anwendungen.

Das natürliche Lanolin der Wolle macht die Haut so weich, dass Besucher anschließend gar nicht mehr in die Therme gehen wollen. Deswegen sollten sie zuerst baden und saunieren, bevor sie sich im Spa verwöhnen lassen.

Die Therme hat sich voll auf Südtiroler Produkte konzentriert. So gibt es hier Apfelwellness, **Gesichtsmassagen mit Apfelessenzen oder Rosenbutter**, Solebäder mit Kastanienextrakten oder das Liegen in einem Haufen Heu. Nicht umsonst steht der Apfel im Mittelpunkt der Behandlungen, er ist

Moderner Glaswürfel mitten in den Alpen: Therme in Meran

wichtigstes Produkt der Region und soll mit seinem Kalzium-, Kalium- und Zinkgehalt das Gewebe straffen, den Zellaufbau ankurbeln und sogar als Anti-Aging wirken.

Im Spa gibt es Holzwannen und Paar-Räume – und die meisten mit Blick auf den lichtdurchfluteten Kubus im Zentrum der Therme. Unten springen Kinder ins Wasser – doch zu hören ist nichts von ihnen, hier oben im Spa-Bereich plätschert nur leise Musik aus den Lautsprechern.

Eingehüllt in Wolle – das tut der Haut gut

Insgesamt 25 Pools gibt es in der **Therme Meran**, Whirlpools draußen, ebenso wie ein Open-Air-Quellenbad, ein Solebecken mit Unterwassermusik, Felsgeysire und eine Dampfgrotte. Die schönste Zeit für einen Thermenbesuch ist früh morgens, gleich, wenn das Haus öffnet. Dann liegt draußen noch Tau auf dem weichen Rasen und die ersten Blumen öffnen ihre Blüten. Etwa die Seerosen, die am Ende des Sportschwimmbeckens blühen, das in einen Teich übergeht. Einfach nur durch diesen großen Park spazieren und hin und wieder Wasseranwendungen genießen – so fängt der Tag genau richtig an. Und im Spa für den Abend eine Massage buchen, mit abschließendem Wollbad natürlich, damit das Lanolin über Nacht auf der Haut einwirken kann.

(AL)

Altes Handwerk im Ultner Tal

Wer mehr über Schafe, Wolle und altes Handwerk wissen will, besucht Ulten. Dort hat die Biobäuerin Traudl Schwienbacher ein besonderes ökologisches Projekt gestartet: Eine Sommer- und Winterschule. Dort wird den Schülern in Kursen altes Wissen um Kräuter, Körbeflechten und Wollbearbeitung vermittelt. **Kontakt:** Marketinggesellschaft Meran, Gampenstraße 95, 39012 Meran, Tel. +39/0473-200443 www.meranerland.it.

Therme Meran: Die Therme wurde vom Südtiroler Stardesigner Matteo Thun neu gestaltet. Sie ist täglich 9–22 Uhr geöffnet, das Spa nur bis 19 Uhr, der Außenbereich schließt um 20 Uhr. Zwei Stunden Therme und Sauna kosten wochentags 16,50 Euro, die Tageskarte 23 Euro, am Wochenende 18,50 und 26 Euro. **Kontakt:** Therme Meran, Thermenplatz 9, 39012 Meran, Tel. +39/0473-252000; www.thermemeran.it.

INFO

91 Onsen –
Bad mit göttlicher Wirkung

Dicke Nebelschwaden wabern in der kalten Luft. Die Erde speit heißes Quellwasser aus ihrem Inneren, in hohen Fontänen und schmalen Rinnsalen. Das Wasser sammelt sich in Felsbecken, es brodelt und dampft. **Jigokudani – Höllental haben die Japaner diesen Ort getauft.**

Die Bewohner lassen sich davon nicht bange machen. Weißgraue Makaken-Affen mit rosafarbenen Gesichtern und Ohren schwingen sich von Ast zu Ast, gleiten wohlig grunzend in die natürlichen Badewannen. Affen-Wellness. Die heißen Quellen gehören ihnen ganz alleine, das Tal wurde 1964 zum Jigokudani-Affenpark erklärt. „Die Makaken sind kaum krank und werden uralt", erzählt der Leiter des Parks. Die Tiere kennen die **Kraft der heißen Quellen**, Onsen wie sie auf japanisch heißen.

Affe oder Mensch? Wer zuerst die **wohltuende Wirkung des Badens** entdeckt hat, ist unbekannt. Tatsache ist, dass die japanische Badekultur sehr alt ist. Frühzeitliche Aufzeichnungen sagen einem **Bad in den Onsen göttliche Wirkungen nach: ewige Jugend, wundersame Heilung** oder gar Auferstehung vom Tod.

Hier dampfen die natürlichen heißen Quellen, die Onsen. Ein Bad ist vor allem dann entspannend, wenn es draußen kalt ist

Aufgrund seiner tektonischen Struktur, sprudeln überall in Japan heiße Quellen. Nicht weit vom Höllental entfernt liegt der traditionelle Badeort **Shibu Onsen**. Gleich neun verschiedene öffentliche Onsen gibt es hier. Die neun Quellen sollen so ziemlich gegen alles helfen, von Hautausschlag über verstauchte Wirbel bis zur inneren Unruhe.

Für viele Ungeübte ist das erste Bad kein Vergnügen, sondern Mutprobe. Das Wasser, das in den Bädern von Shibu dampft, ist heiß. Sehr heiß. Meistens um die 40 Grad, aber Temperaturen mit bis zu 60 Grad sind nicht selten.

„Aahh, jiaaaaa! Oooaaa, mmmmhhh." Einige Laute klingen wie Katerschnurren: tief, genussvoll und wohlig. Andere erinnern an die Schreie Verbrennender. Damit verraten sich die Neulinge, die Hastigen. Meist Europäer, die schnell in die heißen Fluten tauchen. Das funktioniert nicht. „Langsam, ganz langsam den Körper an das heiße Wasser gewöhnen und vorher Wasser über Arme, Beine,

Brad aus Kanada (links) testet, ob das Wasser der heißen Quellen wirklich gesund machende und verjüngende Effekte hat

Bauch und Rücken gießen!", rät Mayumi Yamazaki, Japans erste Onsen-Botschafterin. Wer es erst einmal ins Wasser geschafft hat, will nicht wieder raus. **Die Wirkung kommt langsam, durchströmt den Körper**: Die Beine werden schwer, der Körper wird leicht und eins mit dem Wasser. Die Gedanken fliegen davon, der Kopf ist leer. Langsam schwappen winzige Wellen um das Gesicht, streicheln sanft Hals und Brust. Die Mineralien im Wasser machen die Haut weich, voll und rosig. Der Spiegel lügt nicht: Das lächelnde Gesicht ist mindestens zehn Jahre jünger. Die alten Schriften sagen die Wahrheit: Es gibt sie, die göttliche Wirkung der Onsen.

(SH)

Eier auf Onsen Art

Kochen Sie sich Eier auf Onsen-Art. Vor einigen Häusern sind kleine Becken, in die heißes Quellwasser rinnt, daneben stehen Körbchen mit Eiern. Geben Sie die Eier für ein paar Minuten ins Wasser. Salz brauchen Sie keines, die hart gekochten Eier schmecken unglaublich würzig.

Einreise: Ein Touristenvisum ist kostenlos bei der Ankunft erhältlich, der Reisepass muss noch mindestens sechs Monate gültig sein.

Kontakt: Japanische Fremdenverkehrszentrale, Kaiserstr. 11, 60311 Frankfurt/Main, Tel. 069-20353; www.jnto.de.

INFO

92 Ste. Anne's Spa –
Ein heilendes Fleckchen Erde

Wer auf der schmalen Straße zu **Ste. Anne's Spa** fährt, erlebt Kanadas Weite. Keine Wildnis, sondern das satte Grün gepflegter Weiden, gehegter Gärten und gestutzter Hecken. Dazwischen leuchten und duften im Sommer Blumen in allen Farben. Schon die Fahrt stimmt auf den Aufenthalt ein. Psychologen schreiben der Farbe Grün eine beruhigende Wirkung zu. Eine **Heilfarbe für Körper und Seele**, die Kräfte sammeln und Regeneration bringen soll.

Zwischen Grün und Blumen taucht das Hotel auf, ein **weitläufiges Farmhaus im englischen Stil** aus dem Jahr 1858, gemauert aus großen, rotbraunen und grauen Steinen. Gläserne Tür- und Fensterfronten lassen Luft, Licht und Sonne hinein.

Klare Kleiderordnung: Der kuschelige Bademantel ist immer richtig

„Es gibt Orte, die Energie ausstrahlen. An ihnen wirken positive Kräfte", davon ist Jim Corcoran, Eigentümer und Manager des Hotels, überzeugt. Ste. Anne's Country Inn and Spa ist einer von diesen Orten. „Als meine Eltern das Anwesen kauften, war es heruntergekommen und verfallen", erinnert er sich. Moos, Flechten und Schimmel wucherten an Wänden und Fußböden. Brennesseln und Disteln hatten Blumen und Rasen verdrängt.

Nur ein Beet hatte das Unkraut verschont: „Hier wuchsen **Heilpflanzen und Kräuter** ohne Wasser und Pflege", erzählt Jim. „Für meine Eltern war das ein Zeichen, ein Wink Gottes." Carl und Nan Corcoran kauften Haus und Grundstück, bauten um, renovierten und eröffneten ein Bed & Breakfast. Die Gäste waren begeistert. Frühstück alleine reichte natürlich nicht, sodass Nan nicht nur für ihre Familie, sondern auch für die Gäste kochte. Aus dem B & B wurde ein Hotel und es dauerte nicht lange, bis ein Spa hinzukam – die perfekte Ergänzung: Therapeuten, die mit ihren heilenden Händen die Spannungen lösen, die Haut verwöhnen, Körper und Seele wieder zu einer Einheit werden lassen.

Gäste haben **das Gefühl, alte Freunde zu besuchen**. Jedes Zimmer ist individuell und mit persönlichen Dingen der Eigentümer eingerichtet. Fernseher und Telefon fehlen, stattdessen stehen Bücher, Zeitschriften und Magazine in den Regalen. Auch hier gilt: Essen hält Leib und Seele zusammen. Die Küche ist

Großzügige Gärten mit bunten Blumen gehören zum Wohlfühl-Konzept von Ste. Anne's

raffiniert und reichhaltig. Kalorien werden nicht gezählt. Obst, Gemüse und Kräuter kommen aus dem eigenen Garten, das Fleisch von benachbarten Bauern aus artgerechter Tierhaltung.

In jedem Zimmer hängen zwei Bademäntel. Ein dicker für kalte Tage und ein leichter, luftiger für Sommertage. Man trägt ihn den ganzen Tag, am Pool, im Spa und auch im Speisesaal. „Niemand muss ihn anziehen", sagt Jim, „aber die Stimmung ist entspannter, wenn der Kleiderstress wegfällt. Und im Bademantel sehen alle gleich aus." „In diesem schönen Garten sollen viele Menschen geheilt werden", steht auf einem Stein im Giebel. Es stimmt. Wer diesen Ort verlässt, ist mit sich im Reinen.

(SH)

Ste. Anne's zählt zu Ontarios Premium-Spas und wird seit Jahren mit internationalen Preisen ausgezeichnet. **Einreise:** Ein Visum ist nicht erforderlich, der Reisepass muss noch mindestens sechs Monate gültig sein.

Kontakt: Ste. Anne's Country Inn & Spa, 1009 Massey Road, Grafton, Ontario K0K 2G0, www.steannes.com. **Tipp:** Den Nachmittags-Tee nicht versäumen, die Platte mit Scones und Clotted Cream, Gurken-Sandwiches und einer Tee-Spezialität sind himmlisch.

INFO

93 Mauritius –
Ein Spa wie eine Burg

Zarter Rosenduft lockt in das Gebäude, das wie eine Festung mitten aus der Hotelanlage des Mövenpick Resort & Spa aufragt. Aus den Steinen einer ehemaligen Zuckerrohrfabrik errichtet, trotzen die Türme dem starken Wind, der mitten im Juli auf Mauritius für Winter-Feeling sorgt. Doch die Festung ist nur eine Fassade, die einen kleinen Pool mit schweren, dunklen Holzliegen verbirgt. Von außen soll niemand hinschauen können, die Ruhe und Privatsphäre des Wellnessbereichs darf nicht gestört werden. Neben der Eingangstür stehen zwei große Schalen, gefüllt mit Wasser und knallroten Blüten und verströmen einen rosenähnlichen Duft. Wohlfühlen beginnt hier schon auf den drei flachen Stufen vor dem eigentlichen Betreten des Aldana Spas.

Die Räume schimmern in Beige- und Brauntönen, leise Musik und intensiver Blütenduft schaffen **Wohlfühlatmosphäre**. Malala hat wunderbar feste Hände, streicht mit sanftem Druck über Waden und Oberschenkel. Holzboden und gläserne Front des Raumes strahlen Gemütlichkeit aus, unter dem Kopfende der Liege steht eine Schüssel mit Blüten. Dann mischen sich neue Gerüche dazu: **Lemongras und Rose**. Der Duft des beinahe gel-artigen Massageöls erfüllt innerhalb von Sekunden den Raum. Malala ist 31 Jahre alt und kommt aus

Madagaskar, hat dort bereits fünf Jahre als Masseurin gearbeitet. Seit vier Jahren ist sie nun schon auf Mauritius und verwöhnt die Gäste des Mövenpick-Hotels. Ihr spezielles Massage-Öl hat sie damals direkt von zuhause mitgebracht. Diese Mixtur geht auf ein **traditionelles Rezept aus Madagaskar** zurück. „Es eignet sich hervorragend für Entspannungs-Massagen", sagt Malala und verteilt das Gel großzügig auf dem Rücken.

Mit Händen, Knöcheln und den kompletten Unterarmen bearbeitet sie verspannte Nacken und Schultern, streicht mit langen Strichen verkrampfte Waden wieder geschmeidig. Die Hintergrundmusik verschwindet immer mehr, die Muskulatur wird weich. Der Duft der zahlreichen Blüten im Raum scheint intensiver zu werden durch die Mi-

Auch innen sieht das Spa aus wie eine Burg. Den größeren Pool mit Meerblick gibt es jedoch außerhalb

Hotel und Wellnessbereich – hier ist alles vom Feinsten und duftet nach Blüten

schung mit dem Massage-Öl. Malala übt leichten Druck neben der Wirbelsäule aus, nimmt sich dann sanft jeden einzelnen Wirbelkörper vor. Für etwa eine Stunde vergisst der Gast hier das große Hotel mit den vielen Angeboten rund um Wassersport, Fitness, Tennis und Golf. Auch der weiße Strand mit den seichten Wellen, die Swimmingpools und Gärten verlieren an Bedeutung. **Hier geht es um eine Pause von allen Aktivitäten.** Um Luxus in seiner reinsten Form, nämlich Zeit für sich und seinen Körper zu haben.

(DK)

Massagen: Das Angebot reicht von Maniküre und Pediküre über sämtliche Schönheitsbehandlungen und Massagen. Von der einfachen Fußmassage bis hin zur Ganzkörper- oder speziellen Kopfmassage ist hier alles vorhanden. Angeschlossen ist außerdem ein Hair Salon, es gibt zwei Saunen, zwei Hamams, Whirlpool und Hydro-Jet-Massage.
Preisbeispiele: Eine einstündige Relaxing-Massage kostet 50 Euro, eine vierhändige Ganzkörpermassage 77 Euro. Die 90-minütige Hot-Stone-Massage kostet 71 Euro.
Kontakt: Mövenpick Resort & Spa Mauritius; www.moevenpick-mauritius.com. Das Aldana Tropical Spa liegt in unmittelbarer Nähe des Hauptgebäudes des Hotels.
Tipp: Auch mehrtägige Behandlungen sind möglich: Um den Energiefluss anzuregen, die Silhouette zu verfeinern oder dem Stress Adieu zu sagen.

INFO

94 Mokuti – Mit einer Giraffe ins Spa

Die Mokuti Lodge steht mitten im namibischen Busch. Hier wird nichts verändert, keine Beete neben den Pfaden angelegt, die zum Wellness-Bereich oder zum Fitnessraum führen. Da begleitet auch gern mal eine Giraffe den Besucher auf dem Weg zu seiner Massage.

Die Füße stehen in einer großen, flachen Metallschüssel, weiße Blüten schwimmen im lauwarmen Nass. Jede Massage beginnt im Spa der **Mokuti Lodge** mit einem reinigenden und entspannenden Fußbad. Sanft gleiten Delysias Hände an der Wade entlang, verharren kurz auf dem Fußspann. Mit zwei Fingern massiert sie oberhalb der Zehen, reibt mit warmem Wasser die cremige Reinigungslotion wieder ab. Danach tupft die Therapeutin die Füße mit weichen Frottee-Handtüchern trocken und steckt sie in bequeme Pantoffeln. Erst dann geht es auf die Massageliege.

Die Räume des Spas **am Rand des Etosha-Nationalparks** in Namibia sind in dunklem Holz gehalten, Laken und Handtücher leuchten schneeweiß. Delysia dimmt das Licht, bis es beinahe ganz dunkel ist. Die braunen Vorhänge vor

Erholung gibt es in der Mokuti-Lodge auch am Pool zwischen Suiten und Restaurant

der Terrassentür wehen leicht im warmen Wind des afrikanischen Sommers. Steine und Holz sind die einzige Dekoration, sie verströmen im Raum einen süßlich-herben Duft, der so typisch für Afrika ist. **Ruhe und Wohlgefühl** breiten sich aus. Schon die ersten Minuten haben entschieden: Dieser Therapeutin kann man vertrauen, sich selbst fallen und ihre Hände arbeiten lassen. Delysia verliert niemals den Kontakt zu ihrem Gast, erkundigt sich, ob der Druck zu stark und ob die Position bequem ist. Mit starken, langsamen Streichbewegungen massiert sie Verspannungen weg, bewegt sich lautlos auf nackten Füßen um die Liege herum. Ebenso geräuschlos steigt sie sogar immer wieder auf die Liege, um den Druck verstärken zu können. Doch man muss schon sehr wach sein, um das überhaupt zu merken. Und wach bleiben fällt wahrhaftig schwer bei dieser mehr als 90-minütigen Behandlung.

Therapeutin Delysia hat magische Hände, Verspannungen haben keine Chance

Die Lodge selbst ist eine Oase mitten im namibischen Busch, mit Ausblick in die Wildnis. Das etwas abseits von den Unterkünften gelegene Spa verspricht aber noch mehr: absolute Ruhe und besondere Erlebnisse. Antilopen laufen vorbei, Eichhörnchen spielen neben dem Whirlpool, Giraffen schreiten eleganten Schrittes am Relax-Bereich vorüber, schauen kurz unter das weiße Laken, das als Sonnendach fungiert. Es ist ein **starkes Gefühl, Teil des Busches zu sein**, Teil der Wildnis. Nur wenige Kilometer entfernt lockt die afrikanische Natur jedes Jahr tausende Touristen in die Etosha-Pfanne, um Löwen, Nashörner und Elefanten in freier Wildbahn beobachten zu können.

(DK)

INFO

Lodge: Kempinski Mokuti Lodge, Etosha, Namibia; die Lodge liegt am Namutoni Gate, einem der Tore zum Etosha-Nationalpark. Die Lodge liegt mitten im namibischen Busch, bietet zwei Swimmingpools, mehrere Restaurants, Bar, Fitnessraum, Tennisplätze und das Mokuti Spa abseits der Lodgegebäude. Das Spa bietet neben Massagen (Einzel- und Paarmassagen) und Schönheitsbehandlungen auch ein Dampfbad, sowie im Außenbereich auch Whirlpool und Ruhezone. Hier sind ebenfalls Massagen möglich.
Kontakt: Kempinski Mokuti Lodge, P.O. Box 403, Tsumeb, Namibia, Telefondurchwahl der Lodge: Tel. +264/67-229 084; reservations.mokuti@kempinski.com, www.kempinski.com.
Tipp: Von der Lodge sollte ein Ausflug in den Etosha Nationalpark unternommen werden.

95 Mühlviertel: Aviva – nur für Singles

Modern, stylisch, farbenfroh – so gar nicht das, was Besucher gewöhnlich in einem Hotel in Oberösterreich erwarten. Kein Plüsch, keine Schörkel, stattdessen gerade Linien. Große Räume, riesige Fensterfronten, **Licht von allen Seiten**. Schick und gemütlich.

Der Weg zum Spa führt nach unten. Am Hang gebaut haben alle Zimmer im Aviva Spirit & Spa freien Blick auf die Alpen, ebenso der Wellnessbereich. Glasfronten entlang des Indoor-Pools, Panoramafenster in der riesigen Sauna, Blick auf die Berge auch aus den Gartensaunen, den kleinen Häuschen im Grünen. Schwitzen für die Gesundheit und ein **Ausblick für die Seele** – und das ohne nervige Beziehungsprobleme. Denn das Konzept des Aviva Hotels ist ebenso klar wie sein Design: **nur für Alleinreisende!**

Das Singlehotel Aviva ist schon von außen ein Novum für die oberösterreichische Landschaft

Wer hierher kommt, sucht Ruhe und Entspannung. Zeit für sich, Zeit zum Lesen, oder sich einfach mal verwöhnen zu lassen. Deshalb kommen Gäste allein. „Wir haben 100 Zimmer, allesamt Einzelzimmer", erläutert Manager Christian Grünbart das Konzept. **Familie oder Partner bleiben zuhause.** „Alle, die es ausprobiert haben, sind begeistert."

Das glaubt sofort, wer im Bademantel auf einer dunkelbraunen Rattanliege ausruht und dabei über die Landschaft schaut. Die Lage des Hotels in 925 Metern Höhe ermöglicht freie Sicht über den Böhmerwald. Die Region nennt sich selbst Traumarena – und ihr Name ist Programm. Zumindest wenn der Gast sich in einen der hellen und großzügigen Behandlungsräume begibt und sein Wohl in die Hände von zwei Therapeutinnen legt.

Vier Hände gleiten in parallelen Bewegungen an den Waden entlang, massieren mit sanftem Druck jeden einzelnen Muskelstrang. Kreisend geht es dann zu Oberschenkeln und Hüfte, die Hände agieren als wären sie ihr eigenes Spiegelbild. Beide Therapeutinnen sind perfekt aufeinander eingespielt, sogar das Massageöl nehmen sie zeitgleich.

Nur innerhalb der ersten Minuten ist der Gast noch in der Lage, auf Einzelheiten der Anwendung zu achten, danach verschwimmen seine Gedanken. Müdigkeit breitet sich bleiern schwer im Körper aus. Ein Wohlgefühl, von dem er weiß, dass das ein einzelner Masseur wohl nie in gleicher Weise hinbekommen

Alle Zimmer sind moderne und komfortable Einzelzimmer mit Blick auf die Alpen

kann. Auch den Rücken nehmen sie von den Seiten her in Angriff, große Kreise mit ordentlichem Druck, der verspannte Muskeln lockert. Es ist ein fast unbeschreibliches **Gefühl von Gleichmäßigkeit**. Ordnung breitet sich im Kopf aus, der „Gleichstand" aller Körperteile wirkt beruhigend für den Geist. Wer hier liegt, wird in eine Art Trance massiert, **Müdigkeit verwandelt sich in Schwerelosigkeit**. Eine Leichtigkeit absoluten Wohlbefindens, das noch lange über die 90 Minuten Behandlungszeit hinauswirkt.

(DK)

Kontakt: Hotel Aviva, Höhenweg 1, 4170 St. Stefan am Walde, Österreich, Tel. +43/7216-37600; www.hotel-aviva.at; www.singleresort.at.
Gäste: Alleinreisende, denn das Hotel verfügt ausschließlich über Einzelzimmer; jedes Zimmer mit französischem Bett und Panoramafenster mit Alpenblick; auch Suiten sind buchbar. Auch Seminargäste buchen das Aviva; bei den Mahlzeiten kann jeder Gast entscheiden, ob er allein speisen, sich an einen Gruppentisch setzen oder mit einem anderen Gast essen will. Kontakte zu knüpfen ist ausdrücklich erwünscht und wird vom Personal unterstützt.
Angebote: Pauschalangebote mit Wellness und Sport ganzjährig verfügbar.
Tipp: Zum Haus gehört ein Fuhrpark mit Audi R 8, X-Bow und Harley. Unbedingt eine Testfahrt durch das Mühlviertel buchen!

INFO

96 Turracher Höhe – Entspannung für Eltern

Auf eine kleine Auszeit im Seehotel Jägerwirt freuen sich vor allem Eltern. Im hauseigenen **Bali-Spa** entspannen sie mit Anwendungen und Ölen der indonesischen Insel, während die Kleinen Spaß im Kinderland haben.

Wandern war anstrengend, die Waden schmerzen ebenso wie der Rücken. Das Kindertragegestell ist zwar ergonomisch gebaut – aber kostet Kraft. Doch es ist vergessen, sobald der Gast das Spa des Hotels Jägerwirt betritt. Ein großer Bereich, der nach Zirben, dem typischen Nadelholz der Region, duftet. Am Eingang sitzen zwei Therapeutinnen und vergeben Termine, drinnen räkeln sich Menschen eingehüllt in kuscheligen Bademänteln und genießen den Blick aus den großen Fenstern. Der **Turracher See** glitzert kristallklar in der Sonne, fern gleitet die Seilbahn den Hang hinauf. Wie ausgeschnitten zeichnet sich **am Horizont das Bergpanorama** ab. Kaum können sich die Besucher losreißen von diesem Blick, selbst wenn nebenan Dampfbad und Kräutersauna locken.

Bali-Atmosphäre mitten in den Alpen

Die beste Entspannungsecke aber verbirgt sich an anderer Stelle im Hotel. Ganz unscheinbar hinter einer Holztür mit der Aufschrift „Bali-Spa" beginnt ein zweiter Wellnessbereich. Das Hotel Jägerwirt leistet sich doppelte Wohlfühlzonen.

Im Bali-Spa gibt es keinen Empfangsbereich und keine anderen Gäste. Es schirmt seine Besucher vom Rest des Hotels ab - gefühlt sogar vom Rest der Welt, wenigstens für zwei Stunden. Das **Räucherstäbchen verbreitet feinen Blütenduft**, ganz leicht und frisch. Sanft tönen helle Instrumentalklänge durch den Raum, begleitet von heilenden balinesischen Gesängen. Dunkle Teakholzmöbel mit geschnitzten Verzierungen finden sich prägen den Stil. Kerzen hüllen den Raum in warmes Licht und **überall lachen dicke Buddhas**. Im Nebenraum steht ein riesiges Himmelbett aus Teak, mit einer großen Kuscheldecke aus gebatiktem Stoff – wie einladend. Doch zuerst die Massage. Es riecht nach **Sesamöl und Ingwer,** als die Physiotherapeutin zur Pijat-Massage ihre Hände über den Rücken rollt. Auf der an-

Räucherstäbchen und Buddha sorgen für Entspannung

deren Seite der Liege steht ihr Kollege und gleitet ebenfalls mit den Fingern über den Rücken. Eine solche **vierhändige Massage ist pures Verwöhnen**.

Asien mitten in Kärnten. Und dabei ist das Seehotel Jägerwirt so österreichisch wie kein zweites in der Gegend: Deckengemälde mit Hirschen und Möbel mit ausgeschnitzten Herzchen in der Stuhllehne. Doch der erste Eindruck trügt, das Hotel hat ein sehr modernes Konzept. Mit seiner Lage auf 1763 Metern Höhe ist es auch gut für Allergiker geeignet, denn hier oben ist es praktisch pollenfrei.
(AL)

Fliegenfischen lernen

Experte Markus Kaaser führt bei ganztägigen Intensivtraining in die Kunst des Fliegenfischens ein: Ein Tag kostet 275 Euro. Er gibt zudem spezielle Fliegenfischkurse nur für Frauen.
www.marksflyfishing.com.

Lage: Die Turracher Höhe liegt direkt am Nationalpark Nockberge nördlich von Millstatt in Kärnten.
Anreise: Mit dem Auto die A10 über Salzburg gen Villach fahren. Nächster Flughafen ist Klagenfurt.

Hotel: Seehotel Jägerwirt, Turracher Höhe 63, Tel. +43/4275-82570; www.seehotel-jaegerwirt.at.
Kontakt: Österreich-Werbung, Hotline: 0810-101818 (zum Ortstarif); www.austria.info.

INFO

97 The Spa at Valle Sagrado –
Im Schatten der Anden

Das Spa liegt mitten im heiligen Tal der Inkas, im Schatten der Anden und der mächtigen, glänzenden Gletscher. „**The Spa at Valle Sagrado**" gehört zum Luxushotel Tambo del Inka – und geht eine besondere Verbindung mit Natur und Geschichte ein.

Der Weg ist verwinkelt und führt durch beige-braune Gänge mit gedämpftem Licht. In zwölf Räumen auf zwei Etagen und auf insgesamt 1800 m² lassen sich Gäste im Spa verwöhnen – mit Massagen, Schönheitsbehandlungen, Sprudelbädern, Hydrojet oder einfach nur mit Sauna, Dampfbad und verschiedenen Whirl- und Swimmingpools. In einem sind sogar **Unterwasser-Liegen** installiert, die auf Knopfdruck von Kopf bis zu den Füßen zu sprudeln beginnen, Massageeffekt garantiert.

Im Mai 2010 erst eröffnet, ist in Sauna und Whirlpools alles top modern und gepflegt

Bevor eine Behandlung beginnt, geht es erst einmal für etwa 20 Minuten in einen warmen Whirlpool zur Entspannung. Nach dem Blubberbad reicht Carmen einen kuscheligen Bademantel und es kann losgehen. In Peru sollte der Gast natürlich etwas **Typisches mit lokalen Produkten** ausprobieren. Wie zum Beispiel eine Gesichtsbehandlung mit Anden-Schokolade oder eine Ganzkörper-Anwendung mit Coca. Wer schon einige Tage in Peru unterwegs ist, hat den einen oder anderen Coca-Tee bereits getrunken und sicher auch die Blätter gekaut. Ein Wundermittel gegen Höhenkrankheit. Aufputschend, Kopfschmerz lindernd und bitter im Geschmack. Auf dem Körper stimuliert es die Durchblutung, regt den Kreislauf an und kann wie ein wahres Verjüngungswunder wirken.

Der erste Schritt der 180 Minuten dauernden Anwendung ist ein **Scrub aus Coca und Salz**. Mit kräftigen Strichen massiert Carmen die Paste auf Rücken, Beine, Arme und Bauch. Am Hals angekommen, endet auch schon das prickelnde Vergnügen. Mit einer ausgiebigen warmen Dusche wird alles wieder runtergewaschen. Für den nächsten Schritt hat die Therapeutin bereits eine silbrige Folie auf der Liege ausgebreitet: Die **Ganzkörper-Maske aus einer Coca-Creme**. Die verteilt sie sanft auf dem ganzen Körper, danach verpackt sie den

Gast komplett in der Folie. 20 Minuten bleibt man in dieser Packung liegen, um auch garantiert zehn Jahre jünger wieder auszusteigen. Aber Achtung! Wer kühlende Essenzen nicht gut auf der Haut verträgt, sollte ein anderes Treatment buchen. Denn Eukalyptus und Coca kühlen sehr stark.

Wenn auch die Maske abgewaschen ist, kommt der angenehmste Teil der Behandlung: eine etwa einstündige **Ganzkörpermassage**. Der Gast bestimmt die Stärke des Drucks, peruanische Musik und der herbe Duft von Holz runden die **Anden-Wellness** ab. Für die Massage verwendet Carmen eine Lotion, die nicht mehr kühlend, sondern nur noch nachhaltig auf den Feuchtigkeitshaushalt der Haut wirkt. Am Schluss legt sie ihre Hände auf die Stirn des Gastes. Sekunden vergehen. Scheinbar eine Ewigkeit. Sobald sie den leichten Druck wegnimmt, ist es wie ein Aufwachen aus einer tiefen Entspannung.

(DK)

Viel Holz auch im Spa – das Motto des Hotels ist, die Natur nach innen zu holen

Hotel: Das 5-Sterne-Hotel Tambo del Inka liegt im Heiligen Tal im Bezirk Cusco im Süden Perus. Das Luxus-Resort hat im Mai 2010 eröffnet, das Haus verbindet in seiner Einrichtung sowohl die Inka-Tradition, welche die Sonne im Mittelpunkt des Lebens sieht, modernes Design aber vor allem soll die Natur in die Räume hereingeholt werden. Überdimensionierte Holzstämme ragen mitten im Restaurant und der Lobby auf, symbolische Bäume. Geöffnete Fensterfronten lassen Licht und Luft ins Gebäude. Das Hotel verfügt über 228 Zimmer aufgeteilt in vier Kategorien; je nach Jahreszeit ist ein Deluxe-Zimmer ab 220 US Dollar pro Nacht buchbar.

Spa: „The Spa at Valle Sagrado", das luxuriöse Spa liegt im Heiligen Tal der Inkas, im Hotel Tambo del Inka.

Massagen: Die 180-minütige Coca-Behandlung kostet rund 156 US Dollar, eine Rückenmassage ab 90 US Dollar.

Kontakt: Tambo del Inka Luxury Collection Resort & Spa, Urubamba, Cusco, Peru.
ww.luxurycollection.com/vallesagrado,
www.luxurycollection.com/tambodelinka.

Tipp: Ein Ausflug ins heilige Tal der Inkas mit Besuch der Ruinenstädte.

INFO

98 Kafue Nationalpark – Wellness in der Wildnis

Golden schimmert das Gras in der aufgehenden Sonne, der Blick reicht bis zum Horizont. Die Temperaturen steigen knapp über den Gefrierpunkt – die beste Zeit für eine Massage unter freiem Himmel.

Zartrosa steigt die Sonne hinter Nebelschwaden auf. Noch ist es kalt. Auf der Holzterrasse ist eine Feuerstelle mit wärmender Glut in den Boden eingelassen. Mia steht mit ihren leichten Sandalen ganz dicht an den glimmenden Holzscheiten, wartet auf ihren ersten Gast. Susanne kommt ein wenig fröstelnd im dicken weißen Bademantel den Holzsteg entlang. Eine **Massage bei Sonnenaufgang**, unter freiem Himmel und vor der Traumkulisse Sambias – das Shumba-Camp im Kafue-Nationalpark erfüllt seinen Gästen fast jeden Wunsch.

Terrasse, Liegestühle, Restaurant mit Bar und Kaminecke – alles ist aus dunklem Holz. Passend zu den weißen Kissen auf den Sofas rings um den kleinen Swimmingpool, steht auch die Massageliege mit hellen Laken im Freien. Die Luft riecht frisch, das Holz duftet herb. Von Minute zu Minute wird es wärmer, die Sonne

kräftiger. Mit ihr steigt der süß-würzige Geruch auf, der so typisch ist für das südliche Afrika. Der Duft aus warmer Erde. Auch bei Massagen und Schönheitsbehandlungen legt das Shumba-Camp Wert auf Naturverbundenheit: Es werden nur **afrikanische Produkte** verwendet wie Macadamia-Nussöl aus Sambia oder einheimische Shea-Butter. Mit Marula-Öl geht es los. Sanft streicht Mia über den Rücken, findet dabei einzelne Punkte neben der Wirbelsäule, die sie mit leichtem Druck entspannt. Sie hat ihre ganz eigene Massagetechnik entwickelt, eine Kombination aus sanfter Akupressur und Streichbewegungen, die den Energiefluss anregen sollen.

„The Shumba Full Body Massage" beinhaltet aber noch mehr. Nach dem sanften Einstieg, geht es tief in die Muskulatur. „Ist der Druck so angenehm?", vergewissert sich die Therapeutin. Susanne bringt nur noch ein langgezogenes, wohliges „mmmmmmmh" heraus. Kräftig knetet Mia Schulter- und Nackenmuskulatur, wechselt immer wieder zu Streichbewegungen den ganzen Rücken entlang. Mia arbeitet mit vollem Körpereinsatz. Die Massage scheint die Verlängerung einer fließenden Bewegung zu sein, in der sie sich selbst befindet. Sie

Entspannung mitten in der endlosen Weite: Im Shumba Camp der Luxuskategorie wird draußen auf der Terrasse massiert

schaut hoch, blickt über die weite Landschaft. Die Sonne steht mittlerweile leuchtend über dem Horizont. Mia liebt ihren Job, aber noch viel mehr liebt sie den Ort, an dem sie arbeitet. „Diese Weite ist einfach unbeschreiblich schön", flüstert sie. Dann lächelt sie. Ein Lächeln, das tief aus ihrem Inneren kommt.

(DK)

INFO

Kontakt: African Jacana Tours, Willibaldstr. 27, 80689 München, Tel. 089-5808041; www.wilderness-safaris.com; www.jacana.de.
Camp: Das Shumba-Camp liegt im Kafue-Nationalpark in Sambia; der Park umfasst 22.500 km²; das Luxus-Camp von Wilderness-Safaris wird nach der Regenzeit (Dezember bis April) im Mai immer wieder neu aufgebaut. Alle Zelte stehen auf einer Holzkonstruktion, sind sehr komfortabel eingerichtet, verfügen über eine Außen- und Innendusche, sowie Strom und eine kleine eigene Terrasse.
Massagen: Massagen oder Beautybehandlungen gibt es im eigenen Zelt, auf der eigenen oder der Hauptterrasse.
Tipp: Afrikanische Aromatherapie mit original sambischem Macadamia-Nussöl.

99 Antalya –
Behandlungen, die die Seele berühren

Unzählige Teelichter, viel Holz und gedeckte Farben verbreiten eine ruhige, fast feierliche Stimmung im Spa-Bereich. Auf 3.600 m² konzentrieren sich hier jahrhundertealte Erfahrungen in Entspannungstechniken aus unterschiedlichen Kulturen. „Wir versuchen, den Menschen das wiederzugeben, was viele verloren haben: **Harmonie von Körper, Geist und Seele**", beschreibt Abu, Leiter des Spas, seine Philosophie. Ob der Weg dahin durch den türkischen Hamam, die finnische Sauna oder über eine Massage führt, muss jeder für sich selbst herausfinden. „Es gibt viele Arten zu massieren", sinniert Abu. „Manche kneten die Haut, viele nehmen sich die Muskeln vor, andere gehen bis auf die Knochen. Wir aber berühren die Seele."

Die 40-jährige Heike ist gespannt. Die Programmiererin leidet an chronischen Kopfschmerzen – Folgen eines dauerverspannten Nackens. Sie besucht zum ersten Mal ein Spa. Massagen kennt sie bisher nur von ihrer Krankengymnastin, nach dem Motto: „Was nicht weh tut, wirkt auch nicht." Geholfen hat es bisher nicht.

Das sanfte, aber gleichzeitig feste Kneten ihrer balinesischen Masseurin ist das absolute Gegenteil. Heike spürt ihre Hände im Nacken, an den Schultern und auf dem Rücken. Es schmerzt ein wenig. Die Verspannungen wehren sich, knacken und knirschen. Vergebens. Die Therapeutin versteht ihr Handwerk, sie hat die verschiedenen **Griffe und Techniken der traditionellen Bali-Massage** in Indonesien gelernt. Sie schafft es, Heikes zementierten Computernacken zu lockern. Der erste Schritt zu einem harmonischen Körpergefühl.

Am nächsten Tag will Heike das Hamam besuchen. Im Mittelpunkt des traditionellen, türkischen Bades steht ein beheiztes Marmorpodest, der Nabelstein – Göbektasi. An den Wänden reihen sich warme Marmorbänke. Dazwischen stehen Becken, ebenfalls aus Marmor, mit silbernen Kannen, aus denen Zeynep, die Hamam-Meisterin, temperiertes Wasser über den Körper der Besucherin gießt. Anschließend beginnt das eigentliche Ritual auf dem Göbektasi: Reinigen, Peeling und Massagen.

Heike hat ihre Zweifel: „Man liegt nackt und eingeseift auf einem Stein, **wie eine**

Kein Märchen aus tausendundeiner Nacht, sondern Wirklichkeit

Massage, Peeling und ein anschließendes Blütenbad zaubern Stress und Falten weg

Robbe auf der Klippe. Dann kommt der Bademeister und übergießt einen mit Wasser. Wie soll ich da auf dem Stein bleiben, statt wie die Robbe ins Meer, auf den Fußboden flutschen?"

Die Angst vor dem Robben-Glitsch ist unbegründet. Ein flauschiges Handtuch gibt Halt, während Zeynep mit einem besonderen, rauen Handschuh, dem Kese, Heike bearbeitet. Dann schlägt sie mit einem großen Baumwollbeutel aus Olivenseife duftenden Schaum, Schaumküsschen kosen den Körper, den die Meisterin nach alten Regeln massiert. Der Körper scheint mit dem Schaum zu fließen, ist warm und weich. Die Seele gesellt sich hinzu und beide vereinen sich in wohliger Entrücktheit, bis literweise, warmes Wasser diesen Zustand beendet.

(SH)

INFO

Informationen: Kempinski Hotel The Dome, Uckumtepesi Mevkii, 7500 Belek Antalya, Turkiye, Tel. +90/242-7101300, www.kempinski.com.
Hotel: The Dome gehört zur Kempinski Gruppe und verfügt über 157 Zimmer und Suiten.
In fünf Restaurants können die Gäste türkische, italienische und asiatische Spezialitäten genießen.

Spa: Auf 3.600 m² bietet „Sanitas Spa & Wellness" verschiedene Massage- und klassische Entspannungstechniken sowie Gesichts- und Körperanwendungen. Diese werden mit den exklusiven Produkten von St. Barth durchgeführt.
Tipp: Unbedingt Baklava versuchen. Auch wer eigentlich keine Naschkatze ist, wird die orientalische Süßigkeit aus Filoteig, Nüssen, Mandeln und Rosenwasser lieben.

100 Miami – Im Spa von Al Capone

Schon der Mafiaboss wusste, wo er sich am besten entspannen konnte: Im Biltmore Hotel. Abenteuerlustige Gäste können sogar die ehemalige **Capone-Suite** mieten – mit Original-Möbeln und Einschusslöchern in den Wänden. Große, runde, cremeweiße Säulen tragen die gewölbte Decke, der lange Gang wirkt hell und freundlich. Barfuß und nur mit einem weißen kuscheligen Bademantel bekleidet, führt der Weg des Gastes über einen warmen Holzsteg. Unter ihm plätschert glasklares Wasser, auf dessen Grund Kieselsteine in allen Brauntönen liegen. Ruhe breitet sich aus, noch bevor man die eigentlichen Therapie-Räume des Wellness-Bereichs im Biltmore Hotel betreten hat. Es duftet leicht süßlich, violette Aromakerzen brennen überall im Eingangsbereich.

Das Spa ist so beeindruckend wie das Biltmore Hotel selbst. Und dessen Gästeliste, auf der seit Jahren Präsidenten – nicht nur der Vereinigten Staaten – und Schauspieler verzeichnet sind. Sie liest sich wie das „Who is who" der obersten Tausend der Gesellschaft weltweit. Dennoch hat das Biltmore noch jemand ganz Speziellen zu bieten: Al Capone wohnte hier in den 1930er-Jahren. Sporadisch über Wochen und Monate. Der berühmt-berüchtigte Gangsterboss

Einer der größten Pools der USA wartet hier auf seine Badegäste

veranstaltete in seiner Suite legendäre Pokerabende, bei denen auch das ein oder andere Mal Pistolen zum Einsatz gekommen sein sollen. Noch heute ist die zweigeschossige Suite im einzigen Turm des Hotels so eingerichtet, wie Capone sie zurückließ. „Sofa, Sessel und Tische sind noch Originale", sagt Claire Tabak vom Biltmore Hotel. Nur selten können Besucher die Suite besichtigen, ein einziger Aufzug fährt aus der Lobby in den 13. Stock. Dort stieg einst der Gangsterboss aus dem Lift und ging durch die einzige Tür, die zu seinen Gemächern führt. „Er legte großen Wert darauf, dass jeder, der in die Suite wollte, hierdurch kommen musste", erzählt Claire Tabak und öffnet die massive Holztür.

Über einen Holzsteg führt der Weg zu den Behandlungsräumen

Wer heute die **Everglades-Suite**, wie die Capone-Suite richtig heißt, bewohnen will, zahlt 5.000 Dollar pro Nacht. Neben dem Hauch der Gefahr, die man noch in den Räumen zu spüren meint, ist auch der Ausblick faszinierend: die Skyline von Miami Beach. Sechs Etagen unter der „Capone-Suite" lockt das Spa. Wer in der Wellness-Etage zu einer **Thai- oder Shiatsu-Massage**, einer Behandlung mit heißen Steinen, Reflexzonen- oder Lomi Lomi-Massage kommt, genießt von jedem Therapiezimmer aus den Blick in die Ferne bis nach Miami Beach. Oder kann dem **Sonnenuntergang über Coral Gable** zusehen. Etwas Besonderes versprechen die Rituale von Ylang Ylang über Chardonnay und Ayurveda bis hin zu Hawaii Lulur. 100 Minuten wird dabei eine individuell abgestimmte Therapie angewendet, die blubbernde Bäder mit Orchideen-Blüten, Vier-Hand- oder Aromaöl-Massagen beinhaltet. Anwendungen kann man **allein oder zu zweit genießen** – das hätte dem Gangsterboss wohl auch gefallen.

(DK)

Kontakt: Biltmore, Coral Gables, 1200 Anastasia Avenue, Florida 33134, Miami; Hotelzimmer sind ab 199 US Dollar pro Nacht buchbar. www.biltmorehotel.com
Öffnungszeiten: Das Spa ist täglich 9–21 Uhr geöffnet.
Preisbeispiele: Eine 70-minütige Paar-Massage mit verschiedenen Techniken in der Zen Spa-Suite, die sehr viel Privatsphäre verspricht, ist ab 190 US Dollar pro Paar buchbar. Eine revitalisierende Körperpackung mit verschiedenen Anwendungen kostet 180 US Dollar pro Person.
Tipp: Einen Tagestrip nach Miami Beach unternehmen – zum Shoppen.

INFO

101 Kouklia – Wo die Liebesgöttin den Wellen entstieg

Aphrodite, die Göttin der Liebe, soll hier einst den Wellen entstiegen sein – in der **Bucht nahe Pafos**, im Südwesten Zyperns. Das Intercontinental Hotel „Aphrodite Hills" überrascht mit einem ganz besonderen Spa.

Terrakottafarbene Kerzen brennen an den Wänden und auf dem Boden, ein süßlicher Duft betört die Sinne, das Atrium in der Mitte des Warteraums lässt viel Licht herein. Ein durchsichtiger, weißer Vorhang weht sachte im Wind und verbirgt wie ein orientalischer Schleier die weiß bezogenen Rattansofas: Der Warteraum im Wellness-Bereich des Aphrodite Hills Resorts auf Zypern ist schlicht und elegant.

Wer dort sitzt, wartet auf eine der zahlreichen Massagen oder Schönheitsbehandlungen. **Allein oder zu zweit**. Einen einfachen Saunagang oder das Hamam mit anschließender Waschzeremonie. **Abschalten, die Ruhe genießen, sich verwöhnen lassen** – das sind die Begriffe, mit denen Spa-Managerin Anna Donovan ihre Wellness-Oase charakterisiert:

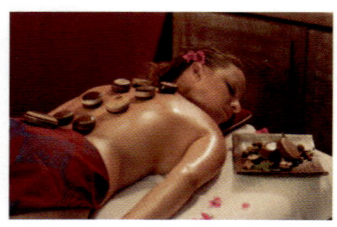

„Die Gäste sollen sich sofort wohlfühlen bei uns, das Interieur strahlt Gemütlichkeit aus." Kein lautes Geräusch stört die Ruhe, an der Rezeption werden neue Gäste flüsternd begrüßt. „Wir haben hier viel Platz, das ist unser größter Luxus", erzählt Donovan und zeigt den Garten, die beiden Terrassen mit Pool und Liegen nur für die Spa-Gäste. Hier können Gäste den ganzen Tag verbringen, ausruhen, essen, trinken, baden oder im Fitnessstudio trainieren.

Eine Massage mit heißen Steinen beseitigt alle Verspannungen

Die Behandlungsräume sind in warmen Tönen wie Weinrot-, Beige- und Terrakotta-Farben gehalten und verströmen eine ruhige Atmosphäre. „Wir wollen zuerst wissen, wie die Menschen leben und arbeiten, welche Erkrankungen sie möglicherweise haben und was sie von einer Behandlung erhoffen", beschreibt Donovan den ersten Schritt zum Spa.

Auch **Exotisches können Besucher hier ausprobieren**. Zum Beispiel Li' Tya: Leise Musik, indianischer Gesang, mehr Geräusch als Melodie. Der Raum liegt im Halbdunkel. Aus einem kleinen Gefäß steigt Rauch auf, es riecht würzig, fremd, aber angenehm. „Das dient der Entspannung vor der Massage", sagt die Therapeutin leise. Flüsternd erklärt sie die Zusammensetzung der Kräuter, die langsam verglühen. **Tief einatmen und die Sinne vernebeln lassen**. Danach an einer Auswahl verschiedener Salze und Öle schnuppern, die kombiniert zuerst eine stimulierende Massage, danach eine Ganzkörper-Packung ergeben. Li' Tya ist eine **Behandlung nach alter Aborigine-Tradition** mit natürlichen Produkten aus Australien. Die Therapeutin streicht behutsam mit entspannenden Massagegriffen über den ganzen Körper, drückt einzelne Punkte für die Tiefenentspannung. Am Schluss verteilt sie eine reichhal-

Hier plantschen Gäste abgeschieden vom Hotel im Swimmingpool mit Blick auf den Golfplatz an der Küste

tige Creme auf der Haut. In wärmende Tücher eingehüllt wirkt diese Feuchtigkeit spendend und besonders pflegend. Nach wenigen Minuten eine warme Dusche, um die Packung abzuwaschen. Eine Massage mit darauf abgestimmtem Öl bildet den Abschluss. Für mehr als eine Stunde taucht der Gast in eine besondere Entspannung ein, kann alles um sich herum vergessen. Und fühlt sich nachher ein bisschen wie Aphrodite…

(DK)

INFO

Informationen: InterContinental Aphrodite Hills Resort Hotel, 1, Aphrodite Avenue, 8509 Kouklia, Cyprus, Tel. +357/26829000, www.aphroditehills.com.

Hotel: Das Aphrodite Hills Resort gehört zur InterContinental Gruppe und verfügt über 290 Zimmer und Suiten, mehrere Pools, Kinderbetreuung, Meetingräume, Festsäle für große Gesellschaften, eine kleine Kapelle für Hochzeiten, einen 18-Loch Golfplatz, unterschiedliche Restaurants, neun Tennisplätze und Shops. Das integrierte Spa umfasst 10 000 m² und bietet zudem Fitness-Studio, Saftbar und Terrassen, Garten und Pool. Ein Doppelzimmer ist ab 265 Euro pro Nacht buchbar.

Spa: „The Retreat Spa" ist mit dem Condé Nast Traveller Readers' Spa Award 2010 als drittbestes Hotel-Spa in Europa, Kleinasien und Russland ausgezeichnet worden.

Tipp: Ein Ausflug in die Bucht bei Petra tou Romiou, in welcher nach der griechischen Mythologie Aphrodite den Wellen entstieg.

Anhang

Einladend: eine Hängematte in der freien Natur

Auszeit in Berlin – Interview mit Markus Dallmann

Redaktion Iwanowski's Reiseverlag: *Sie sind Stadtplaner und Stadtführer in Berlin und Ihr Anliegen ist es, die Besucher für die deutsche Metropole mit immerhin über 3 Millionen Einwohnern zu begeistern. Gibt es auch Ruhepole in dieser bewegten und lebendigen Stadt, die Sie als Stadtführer zeigen können?*

Markus Dallmann: Ich bin selbst immer auf der Suche nach neuen Perspektiven auf die Stadt und entdecke gern Kostbarkeiten. Das sind oft etwas stillere und für den Besucher weitgehend unbekannte Orte, die ich in eine Stadtführung dann einbaue. Das kann ein reizvoller und überraschend ruhiger Hinterhof abseits von lauten Straßen in Kreuzberg oder Prenzlauer Berg sein, eine weitgehend unbekannte Passage in der Friedrichstadt oder die Aussicht von einer erhöhten Stelle. Oder nehmen Sie den alten Dorfanger von Rixdorf inmitten des quirligen Neuköllns. Da fühlt man sich in eine andere und verlangsamte Zeit versetzt.

Natürlich möchten die Besucher Großstadtfeeling erleben und viele spannende Geschichten hören. Doch dabei fällt mir gelegentlich auf, dass einigen Besuchern das intensive, schnelle Leben in der Stadt nach einigen Tagen zu schaffen macht. Diese sind sehr dankbar, wenn sie stillere Orte finden, an denen sie sich zurückziehen können, ohne fluchtartig die Stadt verlassen zu müssen.

Markus Dallmann

ist Wahlberliner und führt seit mehreren Jahren Besucher durch die Stadt. Dabei beobachtet und verfolgt er die ständige Veränderung und Weiterentwicklung von Menschen, Kunst, Kultur aber auch die verborgenen und stillen Plätze. Er ist Co-Autor des Bandes Iwanowski's 101 Berlin, Geheimtipps und Top-Ziele für Entdecker.

Die Wünsche und Vorstellungen sind da sicher ganz unterschiedlich. Was empfehlen Sie dann?
Direkt im westlichen Berliner Stadtzentrum bietet sich als wohltuende Verschnaufpause der Gemeindesaal der Kaiser-Wilhelm-Gedächtniskirche am Ku'damm mit seinem meditativen blauen Licht an. Wem die Füße qualmen, läuft barfuß über die großen Wiesen im Tiergarten. Ein langer Tag unterwegs auf dem harten Straßenasphalt lässt sich auch mit einem entspannenden Hamam-Besuch abschließen. Und wer Natur erleben möchte, findet herrliche Wander- oder Radtouren z.B. entlang der Havel oder dem Tegeler See.

Können Sie als Stadtführer auch den Erholungswert einer Route beeinflussen?
Durchaus, es gibt Besucher, die aktiv sein müssen, um sich zu erholen. Denen schlage ich z.B. eine Radtour durch die Berliner Innenstadt vor – vielleicht entlang des Mauerstreifens. Es gibt Interessenten für die Radtour rund um den Großen Müggelsee in Köpenick, wo man den Kopf garantiert frei bekommt. Oder man kombiniert z.B. einen Stadtspaziergang mit einer Schifffahrt und dem Besuch des Charlottenburger Schlossparks.

Glücklicherweise bietet Berlin eine unerschöpfliche Quelle an Möglichkeiten, Kraft schöpfen, sich körperlich und geistig zu erholen. Das reicht von der Ayurveda-Wellnesskur im Prenzlauer Berg oder dem buddhistischen Haus in Frohnau bis hin zum kühnen Sprung in den nächtlichen Berliner Himmel von der 39. Etage des Park Inn Hotels am Alexanderplatz, was wahnsinnig viele Glückshormone freisetzen soll...

Sind Sie von Besuchern in diesem Zusammenhang schon auf Ideen gebracht worden?
Durchaus. Ich erinnere mich an englische Jugendliche, die von einem klirrend kalten, aber schönen Berliner Winter derart begeistert waren, dass wir nach dem Besuch des Hauses der Wannseekonferenz eine Wanderung auf dem zugefrorenen Wannsee gemacht haben.

Haben Sie einen persönlichen Geschmack, möchten Sie die Stadt gern aus einem bestimmten Blickwinkel zeigen?
Mir ist wichtig, dass die Besucher etwas

Markus Dallmann

mitnehmen aus Berlin. Das kann reines Wissen sein, aber auch Erlebtes und Erfahrenes. Die Mischung macht es meistens. Ich stelle in letzter Zeit fest, dass sich die Menschen mit Kurzurlauben etwas gönnen, etwas erleben, sich aber auch regenerieren und erholen möchten.

Und dafür fahren sie nach Berlin?
Unbedingt, denn Berlin ist da im positiven Sinn eine besondere Herausforderung. Viele Besucher sind überrascht, wie grün die Stadt ist. Mitten im Zentrum finden sich Orte der Entspannung – sei es der Große Tiergarten, der direkt hinter dem Brandenburger Tor beginnt oder die vielen Strandbars entlang der Spree und Landwehrkanal. Bei kaltem Wetter bieten sich z.B. das Winterbadeschiff mit Sauna auf der Spree oder das Liquidrom am Anhalter Bahnhof an.

Gibt es einen Ort in Berlin, den Sie so schön und interessant finden, dass Sie ihn für sich behalten möchten?
Oh ja, den gibt es und den werde ich auch nicht verraten (lacht)... Aber das Schöne an Berlin ist ja sein ständiger Wandel: z.B. kann man seit Kurzem auf dem ehemaligen Flughafen Tempelhof auf den Startbahnen spazierengehen, skaten oder radeln, während sich der Blick in den Tiefen des Wiesenmeeres verliert. Ein perfekter Ort, um Zeit und Raum zu entfliehen. Tipp: Handy abstellen!

Berlins Orte für die Seele

AKTIV SEIN

Berliner Badeorte, Infos unter www.berlinerbaederbetriebe.de
Strandbad Wannsee, Wannseebadweg 25, 14129 Berlin, S-Bahn Nikolassee und 15 Min. Fußweg.
Strandbad Neukölln, Ganghoferstr. 3, 12043 Berlin, U1 Schlesisches Tor und 15 Min. Fußweg.
Badeschiff Arena, Eichenstr. 4, 12435 Berlin, www.arena-berlin.de, U7 Rathaus Neukölln oder Karl-Marx-Str.

Sprung vom Park Inn Hotel Berlin am Alexanderplatz, auch in den nächtlichen Berliner Himmel: www.jochen-schweizer.de/geschenke/base-flying, default,pd.html

Schwimmen mit Blick auf den Alex

SICH TREIBEN LASSEN

Grillboote z. B. auf dem Müggelsee bei Bootscharter Müggelsee, Steganlage Rübezahl, Müggelheimer Damm 143. Mindestmietdauer 1 Std., Mietpreis 35–55 Euro, Kaution 250 Euro. Weitere Informationen unter www.grill-boot.de, Tel. 030-43028296.

MIT DEM RAD ODER ZU FUß

Tegeler Fließ vom Ortsteil Lübars bis zum Tegeler See, mit Naturlehrpfad, Wanderwegen, Nordic-Walking Parcours. Weitere Informationen unter www.berlins-gruene-seiten.de/Gaerten-und-Parks/Tegeler-Fliess/index.php, U6 Alt-Tegel oder Bus 222 Alt-Lübars, Radverleih Bike Market, Berliner Str.aße 17–29A, 13507 Berlin, Tel. 030-43094512.

ABTANZEN

Clärchens Ballhaus Auguststr. 24, 10117 Berlin, www.ballhaus.de, täglich ab 10 Uhr bis open end für Tanzlustige jeden Alters, wechselndes Programm von Salsa, Swing, ChaChaCha, Walzer bis Tango oder einfach Schwoof mit DJ.

MEDITIEREN

Buddhistisches Haus in Frohnau, Edelhofdamm 54, 13465 Berlin, Tel. 030-4015580, www.das-buddhistische-haus.de. Di ab 17:30 Uhr Anleitung zum Verständnis der Lehren Buddhas.

Entspannung im Liegestuhl an den Ufern der Spree

AUSRUHEN

im **Gemeindesaal der K-W-G**edächtniskirche, Breitscheidplatz/Kurfürstendamm, geöffnet 9–19 Uhr. Meditatives Licht schirmt den Besucher vom großstädtischen Trubel ringsum ab.

WELLNESS

Liquidrom: Möckernstr. 10, 10963 Berlin, geöffnet täglich 10–24 Uhr, www.liquidrom-berlin.de, S-Anhalter Bahnhof. Wellnesslandschaft (Katakomben, Solewasser, Unterwassermusik...).

Sultan Hamam: Bülowstr. 57, 10783 Berlin, www.sultanhamamberlin.de, U2 Bülowstraße oder S-Yorckstraße oder Bus M19 Dennewitzplatz. Öffnungszeiten für Herren Mo 12–23 Uhr, Damen Di–Sa 10–23 Uhr, Familien So 12–23 Uhr.

Ayurveda-Wellness Zentrum, Surya Villa, Rykestr. 3, 10405 Berlin, www.ayurveda-wellnesszentrum.de, Tel. 030-48495780, Bus M2 Knaackstraße, U2 Senefelder Platz und 5 Min Fußweg. Angeboten werden Ayurveda, Entspannung & Bewegung, Massagen & Bäder, Seminare & Schulungen.

Auszeit in Namibia –
Interview mit Beate Schindler

Daniela Kebel: *Sie wohnen seit mehr als 25 Jahren in Swakopmund in Namibia. Warum gingen Sie aus Deutschland weg?*
Beate Schindler: Ich habe damals mit meiner Freundin den Urlaub in Namibia verbracht und fühlte mich hier sehr wohl und irgendwie angekommen. Als gehörte ich hierhin. Also bin ich geblieben. In einem Land, in dem ich mich zwar wohlfühlte, aber in dem ich mir erstmal eine Existenz aufbauen musste.

Ein Ort für die Seele also?
Absolut. Ein ganzes Land für die Seele. Es war ein seltsames Gefühl, als ob ich schon mal hier gewesen bin, oder als ob das hier meine Heimat wäre. Das Herz hat eine viel größere Rolle bei der Entscheidung gespielt als der Verstand.

Welche Einwände hatte denn der Verstand?
Es ist nicht leicht, als Deutscher hier zu leben. Vor allem in der aktuellen politischen Situation, in der die Regierung nicht berechenbar ist und es Ausländern, vor allem aber Deutschen, erschwert, eine Aufenthaltserlaubnis zu bekommen. Vor 25 Jahren war das noch einfacher. Ich habe permanentes Aufenthaltsrecht. Aber das bekommt jetzt fast niemand mehr. Mein Mann Klaus und ich haben uns in Swakopmund kennengelernt und haben ein eigenes Reiseunternehmen aufgebaut. Es war finanziell oft sehr hart. Deswegen haben wir vergangenes Jahr überlegt, dass es schlauer wäre, nach Deutschland zurückzukehren. Im Alter ist man dort einfach besser versorgt. Wir haben alles geplant und einen Tag vor der Abreise nach Deutschland habe ich Stunden lang weinend in der Wüste gesessen und wusste: Ich kann Namibia nicht verlassen. Denn das würde mir das Herz brechen.

Beate Schindler

Timeout Ladies Travel Namibia,
PO. Box 1676, Swakopmund,
Namibia
Tel. +264/81-2083501
www.ladiestravelnamibia.com
www.africa-adventure.org
buchbar auch über Iwanowski's
Individuelles Reisen
www.afrika.de.

Also Emotion statt Verstand?
Nach so vielen Jahren weiß man ja hier auch, wie es läuft. Wir sind nicht naiv und gehen geschäftliche Dinge nicht blauäugig an. Aber jeder, der hierhin auswandert, tut dies meiner Meinung nach aus rein emotionalen Gründen. Er kommt her, verliebt sich in die Namib oder die Küste – und will nicht wieder weg. Die einen packen es nicht und steigen in den Flieger, die anderen rufen zu Hause an und sagen: „Ich komm nicht mehr zurück."

Das heißt, für Sie haben es diejenigen geschafft, die sich entschließen, hier zu bleiben?
Im Grunde ja. Denn der Schritt ist nicht leicht. Man lässt Familie und Freunde zurück. Die Eltern werden älter, können irgendwann nicht mehr reisen. Man selbst hat vielleicht nicht jedes Jahr das Geld, nach Deutschland zu fliegen. Man gibt viel Geborgenheit auf für ein Leben in einem Land, in dem man zunächst

Beate Schindler in der Namib

ganz allein ist. Und in dem man nie weiß, was als nächstes passiert. Und das kein so sicheres soziales Netz hat wie Deutschland. Es ist schwer, seinen Eltern am Telefon zu sagen, man bleibe noch länger. Und ihnen beim ersten Heimatbesuch in die Augen zu schauen und nicht zu wissen, ob man sie je wiedersieht. Denn wenn etwas passiert, ein Unfall oder sonstiges – uns trennen mindestens elf Stunden Flug.

Das klingt aber doch ein bisschen nach Reue...
Nein. Das sind Emotionen, die manchmal mit den anderen wetteifern. Und die im Inneren für den stillen Vorwurf sorgen, ich sei rücksichtslos und egoistisch. Aber ich habe nur dieses eine Leben. Und ich habe meinen Platz gefunden. Den Ort, an dem meine Seele für immer bleiben will.

Als Reiseveranstalterin zeigen Sie Leuten das Land, die einen tollen Urlaub verbringen wollen. Was macht den Beruf so besonders für Sie?
Draußen in der Natur zur sein, ist das Schönste für mich. Ich habe mir ja nicht ein so tolles, neues Heimatland ausgesucht, um nur am Schreibtisch zu sitzen. Am liebsten mache ich Wüstentouren – die Namib fasziniert mich am meisten. Und die Veränderung bei den Touristen, die ihr Herz für Afrika entdecken zu sehen, ist immer wieder toll. Wie sie plötzlich das Land in ihr Herz lassen, ergriffen sind. Dann weiß ich: Ich habe alles richtig gemacht.   *(DK)*

101 Auszeiten in der Natur – Interview mit Michael Haeser

Daniela Kebel: *Wie wichtig sind Auszeiten für den Menschen?*
Michael Haeser: Regelmäßig abzuschalten ist heute wichtiger denn je. Beruflicher Druck, Konkurrenzsituationen und die Angst, den Job zu verlieren, nehmen zu. Wer da nicht zwischendurch den Kopf frei macht, läuft Gefahr psychisch krank zu werden bis hin zum Burnout.

Welche Art der Auszeit eignet sich am besten?
Haeser: Das kommt ganz darauf an, wie sich derjenige am besten entspannen kann. Der eine bleibt auf dem Sofa und liest ein Buch, der andere legt sich in die Badewanne oder macht einen Saunatag. Meine Empfehlung ist allerdings die freie Natur.

Michael Haeser

Psychotherapeut und Sportpsychologe aus Duisburg
Praxis für Psychotherapie, Sport- und Verkehrstherapie
Kammerstraße 38, 47057 Duisburg, Tel. 0203-3635697, www.haeser.de.

Wieso lieber Natur als Badewanne?
Hier kommen mehrere Faktoren zusammen. Erstens: der Sauerstoff. Zweitens: das Grün ringsum. Drittens: die Bewegung.

Was genau ist der positive Effekt von Sauerstoff? Welche sind die auslösenden Faktoren dafür, dass Menschen sich normalerweise in der Natur besser fühlen als in geschlossenen Räumen?
Der hohe Sauerstoffgehalt der Luft erleichtert das Atmen und löst ein Gefühl von Freiheit aus. Die Freiheit stellt sich aber noch stärker über die optische Wahrnehmung ein: Über die scheinbar endlose Weite, anstatt in vier Wänden zu sitzen. Wenn man Himmel und Erde gleichzeitig betrachten kann und sieht, wo der Horizont mit dem Boden verschmilzt – das löst bei vielen Menschen ein besonderes Wohlgefühl aus.

Im Wald kann man nicht so weit schauen. Ist er deshalb weniger geeignet als beispielsweise die Wüste?
Das wiederum hängt vom persönlichen Empfinden ab. Das muss jeder selbst ausprobieren, ob er grenzenlose Weite oder lieber dichten, schützenden Wald um sich hat. Ein wichtiger Faktor, den die Wüste nicht hat, ist das Grün. Es wirkt beruhigend auf die Augen und somit auch aufs Gehirn. Außerdem hat es unbestritten eine archaische Wirkung auf uns. Als die Menschheit noch draußen lebte, war die Natur der normale Lebensraum. Und solche Gefühle tragen wir noch immer tief in uns. Der eine mehr, der andere weniger.

Und wieso ist Bewegung so wichtig?
Haeser: Bewegung ist gut für den Körper, und was gut für den Körper ist, schadet auch dem Geist nicht. Wer sich bewegt hat, fühlt sich hinterher wohl, hat mehr Sauerstoff aufgenommen und mehr erlebt, als derjenige, der zuhause geblieben ist. Sport macht den Kopf frei.

Und die eben angesprochene Freiheit? Wie passt die zu einer Auszeit vom Alltag?

Haeser: Freiheit bedeutet, dass man völlig selbstbestimmt und ohne kontrolliert zu werden, agieren kann. Und das erleben Menschen an einem Ort für die Seele. Ein Ort, den sie entdecken, an dem plötzlich alles zu stimmen scheint – an dem sie alles andere für einen Moment vergessen können. Niemand ist frei von Zwängen. Aber wenn man sie für eine gewisse Zeit verringern oder gar ausblenden kann, ist das schon ein riesiger Schritt in Richtung Erholung.

Können Sie feststellen, wann und ob sich jemand auf die Natur seelisch eingelassen hat und ob es positive Auswirkungen hat?

Das merkt man sofort. An sich selbst, wenn man plötzlich die Zeit und die Ruhe hat, einfach nur da zu sitzen und auf den Sonnenuntergang zu warten. Wenn ich an Patienten nicht herankomme, gehe ich mit ihnen in den Wald. Sie

Michael Haeser

werden sofort ruhiger, weil sie aus der gewohnten Umgebung, die den Stress auslöst, raus sind. Sie sprechen leiser, weil es im Wald nicht laut ist. Sie reflektieren anders und wissen plötzlich, wie sie es anstellen müssen, um ans Ziel zu kommen. Jeder braucht etwas ganz anderes, als er sonst tut. Zum Beispiel einfach nur auf der Wiese liegen und Kleeblätter suchen.

(DK)

Bildnachweis

Abu Dhabi Tourism: S. 182, 183
Aphrodite Hills Resort: S. 10, 232, 233
Australian Cattle Drive: S. 168, 169
Hotel Aviva: S. 220, 221
Jean Barbosa: S. 151
Anke Bestem: S. 114, 115
Biltmore Hotel, Miami: Umschlagrückseite (Bild 2), S. 230, 231
Marina Büning: S. 93
Wolfgang Buntrock/Frank Nordiek: hintere Umschlagklappe (Bild 3), S. 20, 21
La Claustra, St. Gotthard: S. 70, 71
Hauke Dressler/Look-Foto: Titel
Andreas Fischer, S. 245 (oben)
Griechisches Zentrum für Tanz, Hamburg: S. 82, 83
Silke Haas: hintere Umschlagklappe (Bild 4, 7), Umschlagrückseite (Bild 3), S. 112, 113, 215
Hauser Exkursionen: S. 178, 179
Angelika Hermann-Meier PR: S. 208, 209
Kloster Himmerod: S. 24, 25
Jamaica Tourist Board: S. 156, 157
Kanaan Farm, Hermi Strauss: hintere Umschlagklappe (Bild 1), S. 132, 133
Daniela Kebel: hintere Umschlagklappe (Bild 2, 5), Umschlagrückseite (Bild 1), S. 50, 51, 90, 91, 102, 110, 111, 118, 119, 128, 129, 130, 131, 135, 136, 137, 138, 139, 148/149, 160, 161, 162, 163, 166, 167, 174, 176, 177, 180, 181, 218, 219, 227
Kempinski Hotel The Dome: S. 228, 229
Julia Klinkusch: S. 86, 87
Kulturinsel Einsiedel: S. 190/191, 194, 195
Kumano Tourism Bureau: S. 175, 212, 213
Lamar Reisen: S. 120, 121
Andrea Lammert: hintere Umschlagklappe (Bild 6), S. 16, 17, 30, 31, 40, 41, 54, 55, 57, 58, 59, 60, 62/63, 66, 67, 72, 73, 76, 77, 80, 81, 94/95, 96, 97, 98, 99, 100, 101, 126, 127, 142, 143, 144, 145, 147, 152, 153, 159, 192, 193, 197, 198, 199
Carlo Mächler: S. 68, 69
Mayr Nell GmbH und Tourismusamt München: S. 34, 35
Mövenpick Resort & Spa Mauritius: S. 216, 217
Mosaikatelier Trixi Bürger: S. 44, 45
Tourismusamt München: S. 32, 33
Neptune Hotel & Spa: S. 206, 207
Niederrhein Tourismus GmbH: S. 6, 36, 37
Oceanwell, Kiel: S. 202, 203
Touristikamt Ottobeuren: S. 14, 15
Pixelio: S. 12/13, 78, 150, 185 (R. Sturm), 18 (K. Brockmann), 19 (B. Spreen), 22 (P. Schmidt), 23 (Sapurini), 28 (H. Ewert), 29 (B. Winter), 42 (G. Havlena), 43 (Gemen), 46 (R. Aschenbrenner), 47 (F. Göthel), 48/49 (M. Barnebeck), 52/53 (E. Westendarp), 56 (U. Linnenbrinck), 61 (U. Sodeikat), 64/65, 74/75 (D. Stricker), 79 (Moser), 84 (Rohaviedeo), 85 (R. Handke), 88 (F. Hofgesang), 89 (T.M. Müller), 92 (A. Baxel), 103 (A. Neumann), 116/117 (A.-E. Arnold), 125 (Tokamuwi), 141, 168 (D. Schütz), 164/165 (H.-J. Spengemann), 169 (T. Klonus), 170 (T. Bahr), 172 (Glasmost), 173 (M. Leps), 186/187 (T. Schüßler), 234/235 (S. Hofschläger), 238 (R. Wenkel), 239 (H. Dittmar-Ilgen)
Portugiesisches Fremdenverkehrsamt: S. 108, 109
Seehotel Jägerwirt: S. 222, 223
South Africa Tourism: S. 140
Spitsbergen Travel: S. 104, 105, 106, 107, 154, 155
Ste. Anne's Spa: S. 214
Strandperle Hamburg: S. 26, 27
Hotel Tambo del Inka, Cusco: S. 200/201, 224, 225
Tappeiner/Therme Meran: S. 210, 211
Unlimited Travel & Car Hire cc t/a Tok Tokkie Trails: S. 122/123
Landhaus Töpferhof, Warnsdorf: S. 38, 39
Hotel Vierjahreszeiten Kempinski: S. 204, 205
Andreas Wyss: S. 124

Autorinnen

Die Redaktions-Partnerschaft Reisefeder (www.reisefeder.de) hat sich spezialisiert auf Reportagen und Reiseberichte aus aller Welt. Dafür sind die unten stehenden vier Journalistinnen ständig auf der Suche nach der besonderen Geschichte, skurrilen Bräuchen oder herausragenden Menschen. Das Spektrum reicht von China, über Frankreich, Namibia bis nach Florida.

Daniela Kebel (DK) ist als Reisejournalistin und Buchautorin spezialisiert auf Abenteuer- und Wellnesstrips. Ihre ganz persönlichen Orte für die Seele liegen auf Texel und in Namibia. Fünf Monate im Jahr ist sie weltweit auf der Suche nach spannenden und berührenden Geschichten.

Andrea Lammert (AL) lässt sich als Journalistin und Autorin auf ihren Touren immer wieder von Afrika, seinen Menschen und seiner Natur faszinieren. Doch auch Grönlands Eisberge und die Geysire in Chiles Anden haben nachhaltigen Eindruck bei ihr hinterlassen – ebenso wie die Tiroler Berge.

Silke Haas (SH) wusste schon früh, was sie will: in die Welt hinaus. Ob in Afrika, Asien, Amerika, aber auch im heimischen Hamburg – als Reisejournalistin ist sie immer auf der Suche nach dem Besonderen: Menschen und ihre Geschichten, magische Gegenden und Orte.

Seit **Anke Benstem (AB)** denken kann, zieht es sie in den Norden. Das spezielle Licht im Sommer, der Duft der Wälder und die Weite der Berge – allen Mücken zum Trotz erkundet sie die skandinavischen Länder regelmäßig als Outdoor-, Kultur- und Familienziel.

Berlin individuell

Berlin gehört zu den meist besuchten Städten Europas. Gegenwart und Geschichte sorgen für ereignisreiche Wechsel, die auf Schritt und Tritt spürbar sind.
Der Verleger und Autor Michael Iwanowski hat sein Herz an Berlin verloren: Er verbrachte einen Teil seiner Jugend in Berlin, sein jetziger Zweitwohnsitz liegt in Heiligensee/ Tegel. Mit „101 Berlin – Geheimtipps und Top-Ziele für Entdecker" gibt er seine ganz persönlichen Reisetipps. Seine Begeisterung für Berlin wird in jedem Satz spürbar.
Dies ist kein Reiseführer im klassischen Sinn: Mehr als einhundert Porträts von Restaurants, Gärten, Kiezen, Ausflugszielen und klassischen Sehenswürdigkeiten machen neugierig auf Mehr – und dieses Mehr sollte man individuell entdecken. Ob besondere Plätze in den Stadtvierteln von Berlin, ob besuchenswerte Kleinode, ob erholsame Wanderungen oder Radausflüge im grünen Herzen oder im Umland von Berlin, ob Stippvisiten zu besonderen, historischen Plätzen oder zu Orten, wo sich die neue Kreativität der Stadt auslebt – „101 Berlin" lässt das neue „Berliner Tempo" erahnen!

Das komplette Verlagsprogramm unter:
www.iwanowski.de

Florida individuell

Florida ist der „Sunshine State" in Amerika: Das stets warme und sonnenreiche Klima und die endlosen Sandstrände machen den südlichsten Bundesstaat zu einem attraktiven Ziel für Urlauber, Ausreisewillige und Europäer mit zweitem Wohnsitz. Wunderbare Traumstrände, quirlige Metropolen wie Miami, Freizeitparks wie Disney World oder die Sumpflandschaft des Everglades National Parks sind für viele Reisende ein Muss.

Die Top-Reiseziele und zahlreiche Geheimtipps zusammen in diesem neuen Band der „101-Serie". Faszinierende Berichte zu Themen wie Städte & Architektur, Natur & Landschaft, Tiere, Menschen, Essen & Trinken, Musik / Freizeit / Show, Kultur & Geschichte sowie Sport & Outdoor spiegeln das ganze Spektrum einer Reise in den Sunshine-State. Jeder der „101-Tipps" wird ausführlich auf einer Doppelseite vorgestellt und mit Farbfotos illustriert. Weiterführende praktische Reisetipps finden sich in den gelben Info-Kästen. Die vorgestellten Reiseziele sind auf zwei Übersichtskarten in den Klappen verzeichnet. Im Anhang finden sich eine Übersicht über die schönsten Tourenvorschläge, Tipps zum Überwintern oder zum Immobilienkauf.

Das komplette Verlagsprogramm unter:
w w w . i w a n o w s k i . d e

Inseln individuell

„Sonnenhungrige und Gestresste fühlen sich ‚reif für die Insel'. Doch wohin auf welche, um dem Alltagstrott zu entfliehen? Auf Mallorca und Kreta waren wir zigfach. Wer nun mehr erfahren will über Inseln abseits der bekannten, der greift zu ‚101 Inseln – Geheimtipps für Entdecker'. Für 10 EUR erfährt der Leser zum 25-jährigen Iwanowski's Verlagsjubiläum von wunderbaren Eilanden und Tauchrevieren rund um den Globus: Etwa von Chiloé vor Chile oder dem Archipel Lamu vor Kenia, das ebenso zum Weltkulturerbe zählt. Ein spannendes Werk für alle Reiselustigen!" **Badische Zeitung**

„101 Inseln: Das ist … der Band für Fortgeschrittene. Schon einmal Grimsey (Island), Niki (Griechenland) oder Pulau Ubin (Singapur) gehört? Einige von 101 ‚Geheimtipps für Entdecker', die dieser Band für wahre Inselfreaks zusammengestellt hat. Jörg Kachelmann erklärt zu Beginn die Faszination des Inselklimas, ein Inselhändler verrät, wie man denn so ein Eiland kauft und verkauft, und in den Infokästen gibt es spezielle Tipps zu Anreise und Unterkunft. Ein hilfreicher Führer für alle, die das wirklich Neue suchen." **Berliner Morgenpost**

Das komplette Verlagsprogramm unter:
www.iwanowski.de

Skandinavien individuell

"Das Beste im Norden: Sauna, Hering und Design verbinden die meisten Menschen mit dem Stichwort Nordeuropa. Weit über diesen Dreiklang hinaus geht der Band '101 Skandinavien – Geheimtipps für Entdecker' von einem Autorenteam des Iwanowski-Verlages.

Das Buch ist kein Reiseführer im klassischen Sinne, sondern eine Art Best-of-Album. Es taugt daher sehr gut zur Inspiration und Vorfreude vor einer Reise gen Norden oder zum Schwelgen in Erinnerungen nach der Rückkehr. Wie mit einem Scheinwerferspot werden Höhepunkte in Dänemark, Schweden, Norwegen, Finnland, Island und sogar auf Grönland und den Färöern beleuchtet.

Zu den je zweiseitigen Tipps gibt es meist farbig unterlegte Infokästen mit Adressen, Telefonnummern und Internethinweisen. Obgleich ein riesiges Gebiet beackert wird, hat man nicht das Gefühl, dass nur an der Oberfläche gekratzt wird. Alles ist klar strukturiert, übersichtlich und gut recherchiert. Kurze Abhandlungen zur Anreise sowie zu nordischen Besonderheiten wie Mitternachtssonne runden das Ganze ab." **Sonntag aktuell**

Das komplette Verlagsprogramm unter:
www.iwanowski.de

Namibia individuell

Namibia feierte am 21. März 2010 seine zwanzigjährige Unabhängigkeit. Die junge Republik erfreut sich bei Afrika-Reisenden großer Beliebtheit: Die außergewöhnliche Natur und die nahezu unendliche Weite des Landes stellen einen besonderen Reiz für Besucher dar. Die hervorragende touristische Infrastruktur ist ideal für Selbstfahrer, die eine Fülle an individuellen Unterkünften vorfinden.

"Neues Konzept eines Reiseführers. Zum einen die Beschreibung von Reisezielen, die hier auch unter dem Aspekt Naturschutz und Tourismus betrachtet werden, zum anderen eine kurze Beschreibung von acht möglichen Touren quer durch Namibia für unterschiedliche Zielgruppen: z.B. Familien, Frauen. Und schließlich eine umfangreiche Auswahl von preislich sehr unterschiedlichen Lodges und Gästefarmen, die bei der Planung einer Tour oder auch eines längeren Aufenthalts hilfreich sein kann. Natürlich kann man alles noch einmal im Internet nachlesen, es werden stets die Links angezeigt. Aber in dieser Übersicht mit jeweils zwei Seiten für eine Farm oder ein Gästehaus ist das so sehr schön gelöst." **ekz**

Afrika individuell

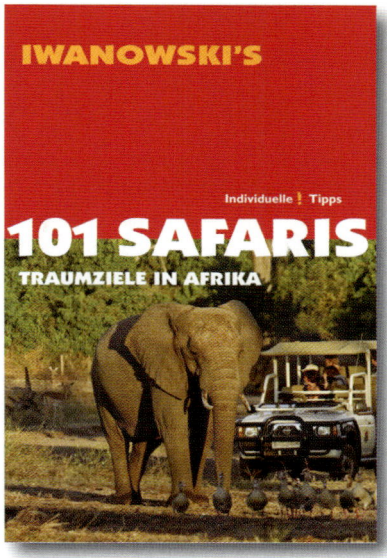

"Im Auge des Löwen: 101 Safaris – der Titel klingt wie ein Nachruf auf den Tierfilmer Heinz Sielmann, ist aber in Wirklichkeit eine Anleitung für Entdeckungen auf eigene Faust. Wer die Nähe der Big Five –Elefant, Büffel, Nashorn, Löwe und Leopard –sucht, der findet in dem handlichen Buch der Afrika-Kenner Michael Iwanowski und Nico Thomas reichlich Inspiration. In locker geschriebenen Essays stellen die Autoren 101 Reiseziele in Südafrika, Namibia und Tansania vor. Sie zeigen auch den Weg zu weniger besuchten Ländern wie Mali und Ruanda oder spüren die seltene Giraffengazelle in Kenias Shaba-Nationalpark auf. Zahlreiche Fotos machen Lust auf eine Fahrt durch die Savanne, auf Bootstouren in die Mangrovenwälder des Niassa Game Reserve in Mosambik. Zum 25jährigen Bestehen des Verlages erscheint der Band wie der Vorgänger 101 Inseln zu einem attraktiven Sonderpreis."

DIE ZEIT

„Die schönsten Touren in elf Ländern hat der Autor und Afrika-Veranstalter Michael Iwanowski herausgesucht. Dazu präsentiert er die schönsten Lodges und gibt darüber Auskunft, wo Familien mit Kindern unterkommen." **Travel Talk**

Das komplette Verlagsprogramm unter:
www.iwanowski.de

Amerika individuell

Die USA sind ein Traumreiseziel vieler Menschen. Doch wohin in diesem weiten „Land der unbegrenzten Möglichkeiten"? Auch beim Wie und Was kann die Wahl schon schwerfallen.

101 USA: Geheimtipps für Entdecker zeigt eine Auswahl bekannter und weniger bekannter Reiseziele, die ideale Anregungen für eine eigene Amerikareise sind. Möchten Sie mit dem Hausboot auf dem St. John's River in Florida kreuzen, auf Barack Obamas Spuren in Washington, Chicago und Hawaii wandeln oder dem Freedom Trail in Boston folgen?

Faszinierende Berichte zu Architektur & Landschaft, Naturparks & Kultur, Stars & Shows sowie vielfältige Tipps zu Sport & Strand, Essen & Trinken zeigen das ganze Spektrum einer USA-Reise.

Wie plane ich eine Tour per Greyhound-Bus, mit dem Motorrad, dem Mietwagen oder dem Wohnmobil? Was zeichnet die einzelnen Staaten aus? Was gilt es bei der Einreise zu beachten? Praktische Reisetipps sowie Steckbriefe zu jedem Bundesstaat runden diesen Sonderband ab.

Reisegast in ...

„Mit den unentbehrlichen Tipps für alle, die sich ein Land mit persönlichen Kontakten erschließen möchten. Die Reihe zeichnet sich aus durch eine humorvolle, verständliche Sprache von Fachautoren aus dem Zielgebiet." **Literatur-Report**

978-3-933041-36-4

978-3-923975-71-6

978-3-923975-78-5

978-3-933041-24-1

978-3-923975-82-2

978-3-86197-004-0

978-3-933041-30-2

978-3-923975-84-6

978-3-933041-88-3

978-3-933041-59-3

„Ein sehr nützliches Buch, das mit Vorurteilen aufräumt, Verhaltenspeinlichkeiten vermeiden hilft und das Verständnis fördert."
Die Zeit über Reisegast in Polen

„Flott geschrieben, knapp und übersichtlich zusammengefasst, ist der Band die passende Lektüre für unterwegs. Das Fazit für Korea-Reisende: Kaufen!"
Asia Bridge über Reisegast in Korea

Das komplette Verlagsprogramm unter:
www.iwanowski.de

Namibia
Endless horizons

Der Blick schweift bis zum Horizont, das Licht taucht die Landschaft in immer neue Farben, die Seele atmet auf. Eine Reise nach Namibia ist unvergesslich.

Und das Land der Kontraste bietet wirklich für jeden etwas: Grandiose Landschaften, eine faszinierende Tierwelt, zahlreiche Outdoor-Aktivitäten, luxuriöse Lodges oder einfache Unterkünfte und diese einzigartige Mischung aus afrikanischen und europäischen Einflüssen.

Mit mehr als 300 Sonnentagen ist es eine echte Ganzjahresdestination und einfach und sicher zu bereisen.

Nach einem nur 9 1/2 stündigen Nachtflug erwacht man in einer völlig anderen Welt. Spannend, fremdartig und vertraut zugleich.

Namibia
Endless horizons

Namibia Tourism Board
Schillerstraße 42 44
60313 Frankfurt am Main
Telefon: +49 69 / 13 37 36-0
Fax: +49 69 / 13 37 36-15
info@namibia-tourism.com
www.namibia-tourism.com